普通高等教育经管类专业"十三五"规划教材

广告学原理与实务

田雪莲　宋小燕　主　编
　　　　桑红莉　副主编

清华大学出版社
北　京

内 容 简 介

本书系统阐述了广告学的相关理论、广告管理与实践，特色鲜明，观点新颖。本书选取最新的广告管理案例，配合广告管理相关课程的教学要求，内容精练实用，精心编写各章案例和思考题，为读者理解与掌握各章节知识点提供了有效的途径和方法。本书嵌入了全国大学生广告艺术大赛的相关内容，加入了相关广告策划方法的学习内容和相关实训，使学生通过学习课程能够为大学生广告艺术大赛真实企业进行全面广告策划，从而达到学以致用的目的。全书共有十二章，包括：导论、广告调查、广告心理、广告创意原理及思考方法、广告创意策略、广告战略与广告策划、广告主题策划、广告预算、广告创作、广告媒体及选择、广告效果评估和广告管理。

本书既可用作高等院校工商管理、市场营销、企业策划等管理类专业的教材，也可用作广告行业从业人员的参考书。

本书对应的电子课件和习题答案可以到 http://www.tupwk.com.cn/downpage 网站下载，也可以通过扫描前言中的二维码下载。

本书封面贴有清华大学出版社防伪标签，无标签者不得销售。
版权所有，侵权必究。举报：010-62782989，beiqinquan@tup.tsinghua.edu.cn。

图书在版编目(CIP)数据

广告学原理与实务 / 田雪莲，宋小燕 主编. —北京：清华大学出版社，2019（2025.1 重印）
普通高等教育经管类专业"十三五"规划教材
ISBN 978-7-302-53081-7

Ⅰ.①广… Ⅱ.①田… ②宋… Ⅲ.①广告学—高等学校—教材 Ⅳ.①F713.80

中国版本图书馆 CIP 数据核字(2019)第 102170 号

责任编辑：胡辰浩
封面设计：周晓亮
版式设计：孔祥峰
责任校对：成凤进
责任印制：刘海龙

出版发行：清华大学出版社
    网　　址：https://www.tup.com.cn，https://www.wqxuetang.com
    地　　址：北京清华大学学研大厦 A 座　　邮　　编：100084
    社 总 机：010-83470000　　邮　　购：010-62786544
    投稿与读者服务：010-62776969，c-service@tup.tsinghua.edu.cn
    质 量 反 馈：010-62772015，zhiliang@tup.tsinghua.edu.cn
印 装 者：三河市君旺印务有限公司
经　　销：全国新华书店
开　　本：185mm×260mm　　**印　　张**：19.5　　**字　　数**：474 千字
版　　次：2019 年 12 月第 1 版　　**印　　次**：2025 年 1 月第 5 次印刷
印　　数：6101～6600
定　　价：79.00 元

产品编号：082858-03

前 言

当今社会广告无处不在，如影随形，广告学的相关理论研究也越来越深入，广告学原理与实务是一门实践性较强的课程。本书的撰写与全国大学生广告艺术大赛相结合，由于该赛事参赛范围广，参赛院校学生数量巨大，而相关特色教材却存在空白，本书的撰写填补了该空白，能够使教学理论和实践更好结合，本书的特色主要表现在以下几方面。

第一，内容体系完整。本书系统介绍广告管理理论体系和方法体系的主要内容，并力求反映广告管理理论研究与策划方法的最新成果。

第二，突出实用性。本书内容上与全国大学生广告艺术大赛紧密结合，进行深入介绍与分析，并对教材案例进行精选，从而使得理论与实践紧密结合。

第三，紧密围绕应用型本科教育目标，采取理论知识与实际案例相结合的方式，突出特色案例教学和广告管理的实际应用。

第四，为配合各高校案例教学的发展方向，本书不仅在各章章首设有导入案例，每章章末还设有案例分析与讨论，旨在使读者在学习的过程中能更好地将书本中的理论知识与现实生活中的实际现象和问题紧密联系起来，以便提高读者分析问题和解决问题的能力。本书既可用作高等院校工商管理、市场营销、企业策划等管理类专业的教材，也可用作广告行业从业人员的参考书。

本书由黑龙江科技大学的专业教师联合编写，其中，田雪莲任主编，宋小燕任第二主编，桑红莉任副主编，具体的撰写分工如下：第1章、第2章、第3章、第6章、第7章及第10章第四节由田雪莲撰写，第4章、第5章、第8章及第9章由宋小燕撰写，第10章前三节及第11章、第12章由桑红莉撰写。

本书在撰写过程中，参考了大量的国内外专家的文献资料，在此致以诚挚的谢意，同时也对在编写过程中为我们提供帮助的各方人士表示感谢。

由于编写人员受能力的限制，书中可能会存在一些不足之处，恳请读者朋友批评指正，也欢迎与我们联系就相关问题进行探讨。我们的电话是010-62796045，邮箱是 huchenhao@263.net。本书对应的电子课件和习题答案可以到 http://www.tupwk.com.cn/downpage 网站下载，也可以通过扫描下面的二维码进行下载。

编者于哈尔滨

2019年10月

目　录

- 第1章　导论 ·· 1
  - 1.1 广告的含义和功能 ······················· 3
    - 1.1.1 广告的含义 ························· 3
    - 1.1.2 广告的分类 ························· 6
    - 1.1.3 广告的功能 ······················· 10
    - 1.1.4 广告的基本要素 ················· 14
  - 1.2 广告学的研究对象与研究方法 ······ 16
    - 1.2.1 广告学的研究对象 ············· 16
    - 1.2.2 广告学的研究方法 ············· 18
  - 1.3 广告的历史沿革 ·························· 19
    - 1.3.1 世界广告发展史 ················· 19
    - 1.3.2 中国广告发展史 ················· 23
  - 1.4 广告产业的三大支柱 ··················· 28
    - 1.4.1 广告客户 ··························· 28
    - 1.4.2 广告媒介 ··························· 28
    - 1.4.3 广告公司 ··························· 30
  - 本章思考题 ··· 31
  - 课堂实训 ··· 34

- 第2章　广告调查 ································ 35
  - 2.1 广告调查的概念和作用 ················ 36
    - 2.1.1 广告调查的概念 ················· 36
    - 2.1.2 广告调查的作用 ················· 36
  - 2.2 广告调查的内容 ·························· 37
    - 2.2.1 环境调查 ··························· 38
    - 2.2.2 企业经营状况调查 ············· 38
    - 2.2.3 商品调查 ··························· 39
    - 2.2.4 消费者调查 ······················· 39
    - 2.2.5 媒体调查 ··························· 41
    - 2.2.6 广告效果调查 ···················· 42
  - 2.3 广告调查方法 ······························ 42
    - 2.3.1 文献调查法 ······················· 43
    - 2.3.2 访问法 ······························ 43
    - 2.3.3 观察法 ······························ 45
    - 2.3.4 实验法 ······························ 46
    - 2.3.5 焦点小组访谈法 ················· 46
    - 2.3.6 问卷法 ······························ 47
  - 2.4 广告调查的步骤 ·························· 48
  - 本章思考题 ··· 50
  - 课堂实训 ··· 51

- 第3章　广告心理 ································ 52
  - 3.1 广告与消费者行为的关系 ············ 53
    - 3.1.1 广告受众心理活动过程 ······· 54
    - 3.1.2 广告心理与AIDMA法则 ····· 55
  - 3.2 广告与感觉、知觉和注意 ············ 57
    - 3.2.1 广告与感觉 ······················· 57
    - 3.2.2 广告与知觉 ······················· 59
    - 3.2.3 广告与注意 ······················· 61
  - 3.3 广告与记忆、联想和态度 ············ 63
    - 3.3.1 广告与记忆 ······················· 63
    - 3.3.2 广告与联想 ······················· 65
    - 3.3.3 广告与态度 ······················· 67
  - 3.4 广告心理策略 ······························ 69
    - 3.4.1 吸引消费者注意策略 ·········· 69
    - 3.4.2 增强消费者记忆策略 ·········· 71
    - 3.4.3 联想在广告中应用策略 ······· 73

3.4.4 影响消费者态度策略……………73
　本章思考题……………………………74
　课堂实训………………………………76

第4章 广告创意原理及思考方法……77
　4.1 广告创意的概念和原则………………79
　　4.1.1 广告创意的概念………………79
　　4.1.2 广告创意的原则………………80
　4.2 广告创意原理…………………………85
　　4.2.1 意念、表象、意象和意境……85
　　4.2.2 意象的意义……………………86
　　4.2.3 意象的选择和创造……………89
　4.3 广告创意的过程………………………91
　　4.3.1 准备阶段………………………91
　　4.3.2 酝酿阶段………………………92
　　4.3.3 顿悟阶段………………………92
　　4.3.4 完善阶段………………………93
　4.4 广告创意的思考方法…………………93
　　4.4.1 垂直思考法……………………93
　　4.4.2 水平思考法……………………94
　　4.4.3 头脑风暴法……………………94
　本章思考题……………………………96
　课堂实训………………………………98

第5章 广告创意策略……………………99
　5.1 固有刺激广告策略……………………100
　　5.1.1 固有刺激广告策略的内容……100
　　5.1.2 固有刺激广告策略的运用……101
　5.2 USP广告策略…………………………102
　　5.2.1 USP广告策略的内容…………102
　　5.2.2 USP广告策略的运用…………103
　5.3 品牌形象策略…………………………104
　　5.3.1 品牌形象策略的内容…………104
　　5.3.2 品牌形象策略的运用…………105
　5.4 广告定位策略…………………………107
　　5.4.1 广告定位策略的内容…………107
　　5.4.2 广告定位策略的运用…………109
　本章思考题……………………………110
　课堂实训………………………………112

第6章 广告战略与广告策划……………113
　6.1 广告战略的概念和性质………………115
　　6.1.1 广告战略的概念………………115
　　6.1.2 广告战略的性质………………115
　6.2 广告战略的类型………………………117
　　6.2.1 品牌战略………………………117
　　6.2.2 集中战略………………………119
　　6.2.3 全方位战略……………………119
　　6.2.4 渗透战略………………………119
　　6.2.5 防御战略………………………120
　　6.2.6 心理战略………………………120
　　6.2.7 广告战略决策选择……………121
　6.3 广告策划概述…………………………125
　6.4 广告策划的内容和程序………………127
　　6.4.1 广告策划的内容………………127
　　6.4.2 广告策划的程序………………128
　6.5 广告策划书的撰写……………………130
　　6.5.1 广告策划书的内容……………130
　　6.5.2 广告策划书的写作……………135
　本章思考题……………………………135
　课堂实训………………………………137

第7章 广告主题策划……………………138
　7.1 广告主题概述…………………………140
　　7.1.1 广告主题的含义………………140
　　7.1.2 广告主题的深入理解…………141
　7.2 广告主题的构成要素…………………143
　7.3 广告主题的确定………………………146
　　7.3.1 建立产品价值网………………146
　　7.3.2 建立产品价值链………………154
　　7.3.3 挖掘产品潜在价值创造
　　　　　新价值……………………………157
　本章思考题……………………………162
　课堂实训………………………………164

第8章 广告预算…………………………165
　8.1 广告预算概述…………………………166
　　8.1.1 广告预算的概念和作用………166
　　8.1.2 广告预算的内容………………168

8.1.3　广告预算的影响因素·············168
8.2　广告预算的方法··························170
　　8.2.1　百分比法··························170
　　8.2.2　目标达成法······················172
　　8.2.3　竞争对抗法······················174
8.3　广告预算的分配与管理··············175
　　8.3.1　广告预算的分配···············175
　　8.3.2　广告预算的管理···············177
本章思考题·······································178
课堂实训··180

第9章　广告创作·························181
9.1　广告创作的基本要求··················183
　　9.1.1　真实性····························183
　　9.1.2　科学性····························184
　　9.1.3　思想性····························184
　　9.1.4　艺术性····························185
9.2　广告文案的创作··························185
　　9.2.1　广告文案的定义···············185
　　9.2.2　广告文案的组成···············187
　　9.2.3　广告文案的写作特征········189
9.3　平面广告创作·····························191
　　9.3.1　平面广告的构成要素········192
　　9.3.2　平面广告的设计过程········196
　　9.3.3　平面广告的编排布局········196
　　9.3.4　平面广告设计的注意事项···199
本章思考题·······································201
课堂实训··203

第10章　广告媒体及选择···············204
10.1　广告媒体概述··························206
　　10.1.1　广告媒体的含义·············206
　　10.1.2　广告媒体的分类·············207
　　10.1.3　广告媒体的功能·············209
10.2　主要广告媒体的特点················210
　　10.2.1　报纸广告媒体················210
　　10.2.2　杂志广告媒体················212
　　10.2.3　广播广告媒体················215
　　10.2.4　电视广告媒体················218

　　10.2.5　互联网广告媒体·············221
　　10.2.6　其他广告媒体················225
10.3　媒体选择策略··························228
　　10.3.1　广告媒体选择影响因素···228
　　10.3.2　广告媒体评价指标·········231
　　10.3.3　广告媒体的确定·············233
10.4　广告媒体策略··························233
　　10.4.1　广告媒体组合策略·········233
　　10.4.2　广告媒体时机策略·········234
　　10.4.3　广告媒体区域策略·········235
　　10.4.4　广告媒体频度策略·········236
本章思考题·······································237
课堂实训··239

第11章　广告效果评估···················240
11.1　广告效果概述··························241
　　11.1.1　广告效果的含义·············241
　　11.1.2　广告效果的分类与特性···241
　　11.1.3　广告效果评估的意义与
　　　　　　复杂性·····························246
11.2　广告传播效果评估···················248
　　11.2.1　广告作品和媒体组合评估···248
　　11.2.2　广告传播效果评估方法···249
11.3　广告心理效果评估···················254
　　11.3.1　广告心理变化效果评估···254
　　11.3.2　广告心理效果评估的
　　　　　　两种理论·························255
　　11.3.3　广告心理效果评估方法···256
11.4　广告经济效果评估···················258
本章思考题·······································262
课堂实训··266

第12章　广告管理·························267
12.1　广告管理概述··························268
　　12.1.1　广告管理的含义及特征···269
　　12.1.2　广告管理的内容·············270
　　12.1.3　广告管理的方法·············274
12.2　广告组织机构··························275
　　12.2.1　企业广告组织················276

12.2.2 专业广告公司……………285
　　12.2.3 广告媒体单位……………292
　　12.2.4 广告团体组织……………293
12.3 广告法规……………………………296
　　12.3.1 广告法规概述……………296
　　12.3.2 我国广告法规的主要内容……297
　　12.3.3 发达国家广告法规的
　　　　　主要内容………………299

12.4 广告行业自律………………………300
　　12.4.1 广告行业自律的定义……300
　　12.4.2 广告行业自律的特点……301
　　12.4.3 广告行业自律的作用……301
本章思考题………………………………302
课堂实训…………………………………303

参考文献……………………………………304

第1章

导　论

广告是商品经济发展的产物。随着经济日益繁荣，广告已经成为人们生活的重要组成部分，它给人们带来形式多样的各类信息，对人们形成强有力的冲击，甚至直达其心灵的深处。正如法国著名广告评论家罗贝尔·格兰所说的一句至理名言："我们呼吸着的空气，是由氮气、氧气和广告组成的。"

【本章要点】
1. 了解广告学的研究对象与研究方法。
2. 掌握广告的含义、功能及基本组成要素。
3. 掌握广告的三大支柱。
4. 了解国内外广告发展的历史。

导入案例

有一种经典广告叫华为精神

拥有自主 CPU 品牌的手机厂商华为，在 2016 年风生水起，坐上了国内手机销量头把交椅，并且入选 2016 年度"全球最具价值 100 大品牌"排行榜。如今华为早已是我们身边的大品牌，身边也有越来越多的朋友使用华为的产品与服务，然而将时间退回到 2012 年就会发现，那时候的华为可和现在很不一样。从华为多年来的广告就可以看出华为精神。

2012 年的华为已然是《财富》排名第 351 位的 500 强企业之一，可老百姓拿着印有"HUAWEI"商标的手机时，却并不了解华为。当时的华为知名度并不高，华为很想要改变这一现状，于是不久之后，下面这句话抢占了全国大大小小的屏幕："华为，不仅仅是世界 500 强。" 这句并不惊奇的话，在现在看来，其效果几乎是不可估量的。它引起了大众对华为品牌与广告语的讨论，它让更广泛的用户认识了华为，或者说是重新认识了华为。

如果说，华为做产品，是 "28 年只对准一个城墙口冲锋"，那么，多年来的华为广告也只与用户沟通一件事情：华为人心中流淌的华为精神。从宣传 "华为，不仅仅是世界 500 强" 开始至今，华为的广告里，我们几乎看不到产品介绍，它更像是在和用户谈心，交流多年的经验，而这些略显高深的方法论里，也隐藏着华为的世界观。华为相信，感动了自己的故事，也能感染更多人。例如，华为有一则广告(用于宣传两万个靠大自然驱动的基站)，其文案如下：华为全球部署近两万个绿色基站，依靠风能、光能补充供电，减少 80%的燃油消耗，还草地和天空一片洁净。所有的努力只为实现一个梦想——联结无处不在，畅想无限可能。华为的每一则广告都在诉说一种情怀，以求与消费者产生深层次的共鸣。

2013年，在巴塞罗那MWC展会上，华为发布了全新品牌理念——"以行践言"(Make it Possible)，并且推出了品牌TVC。如果说"华为，不仅仅是世界500强"是让大众认识或者重新认识华为品牌，那么"以行践言"的全新品牌理念更像是华为向大众做出的承诺。配合平面广告一步步向用户诠释品牌理念，并最终告诉所有人，华为要"做世界级的终端品牌，有人说很难，我坚持给你看。"

2015年，华为推出"烂脚"广告，华为创始人任正非曾阐述过这则广告的含义："我说这就是华为人生，痛并快乐着。华为就是那只'烂脚'，如果不表现出来，社会还觉得我们这只脚还挺好。"这幅广告牌出现在全国各地的机场、高铁站里，人们每次看到都会忍不住躲避它，又忍不住多看几眼，看到的时候都会泛起一阵心酸，也许，这就是与广告之间产生了某种共鸣吧。

2016年，华为推出全新品牌形象广告，与全世界的用户沟通心得。在推广Mate8的时候，华为提出了一个很严肃的话题：我们想和这个时代谈一谈。其中的一则广告文案："坚持是这个时代的奢侈品，还是必需品？"就像是华为向全世界抛出的一个问题，让关注的人去审视，你还在坚持自我吗？华为不紧不慢地告诉大众，28年，华为不求快，但求做精品国货。2016年年末，Mate9产品预热期间的广告依然不直接强调产品功能，但是坚持依旧、热爱依旧、创新依旧。华为Mate8的广告图片如图1-1和图1-2所示。

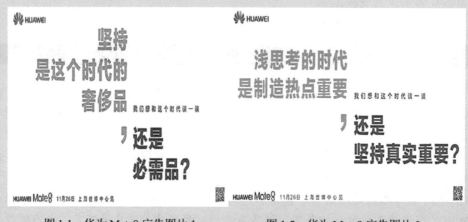

图1-1　华为Mate8广告图片1　　　图1-2　华为Mate8广告图片2

从知名度不高到国货代表，再到全球最具价值100大品牌，这样的华丽转身并不容易，这其中的奥秘也不是一篇简短的文章能够详尽道出其精华的，但在不断了解华为广告及华为品牌的宣传"套路"之后，可以发现华为精神有以下4个明显可供学习的方面。

(1) 清晰的品牌形象与品牌理念，用符合品牌理念的语言和内容与用户做深入沟通。
(2) 清晰的用户群定位，投放渠道和内容与用户群合拍。
(3) 将品牌的内涵植入用户的工作和生活中。
(4) 选择一条路，然后坚持、坚持再坚持。

从华为的广告发展历程可以看出广告对企业的重要性,广告学作为一门独立学科,也越来越受到人们的重视。作为营销决策者,如何科学合理地进行广告策划,如何制定正确的广告战略,首先需要深入地理解广告的本质。

资料来源:广告常识(adernous)(经编辑)

1.1 广告的含义和功能

1.1.1 广告的含义

广告是商品经济的产物,自从有了商品交换,就有了广告。因而,广告有着非常悠久的历史。根据有关资料,"广告"一词最早源于拉丁文adverture,意思就是"引起注意,进行诱导"。中古英语时期,其演变为英语单词advertise,含义是"某人注意到某事",后来演变为"通知别人某件事,以引起别人的注意"。直到17世纪中后期,随着英国商业活动规模的扩大,"广告"一词得以流行,受到人们的关注。在当时的报纸上,就经常出现advertisement的字样,作为标题,表示"通告"的意思,以引起读者的注意。《牛津英语词典》中有这样一个例句:1750年有一位市民发布公告,说谁能找到偷他60基尼的人,将给予奖赏(A citizen had advertised a reward for the discovery of a person who had stolen sixty guineas)。随着时代的发展,现代的广告已不单指某一个广告,更多是指一系列的广告活动。因此,广告的表述也由表示静止的物的名词advertise转化成具有现代意义的广告总称advertising。

广告产生的历史悠久,不同的国家、不同的学者对广告内涵的认识并不完全相同。

关于广告的定义最简洁的表述是由被称为现代广告学之父的拉斯克(1880—1952)所给出的。他认为广告就是"印在纸上的推销术",这一定义显然具有时代局限性。

英国《简明不列颠百科全书》给广告下的定义是:"广告是传播信息的一种方式,其目的在于推销商品、劳务,影响舆论,博得政治支持,推进一种事业,或引起刊登广告者所希望的其他反应。"这一定义注重对广告传播目的的阐述。

目前,业界人士普遍认可的广告定义是由美国市场营销协会(AMA)做出的界定:"广告是由特定的出资者(即广告主),以付费的方式,通过各种传播媒体,对商品、劳务或观念等所做的任何形式的'非人员介绍及推广'。"这一定义比较全面地概括了现代广告的内涵,并体现了现代广告特征。

从上述广告定义可知:我们可以从广义和狭义两个方面来理解广告的内涵。广义的广告含有广而告之的意思,包括一切能唤起人们注意、传播某种信息、说服人们接受某种观点和见解的活动。广义广告的内容比较广泛,包括商业广告和非商业广告,图1-3所示为政治广告,图1-4所示为公益广告。狭义的广告是一种付费的宣传,即商业广告。本书所探讨的广告是后者,也是传统广告学主要研究的对象。

图1-3 政策宣传政治广告

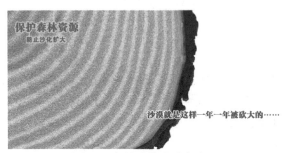

图1-4 保护森林公益广告

综上所述,根据美国市场营销协会对广告所下的定义,结合我国的广告研究,我们可以把广告定义为:广告是以营利为目的的广告主,以付费的方式,通过传播媒体将企业的商品、劳务、观念等信息进行传递并劝说公众的一种信息传播活动。广告概念的类别如表1-1所示。

表1-1 广告概念的类别

广告概念的类别		举例
广义的广告	商业广告(经济广告)	产品广告、劳务广告、观念形象广告、公共广告等与企业有关的广告
	非商业广告(不以营利为目的的广告)	政治广告、公益广告、个人广告等
狭义的广告	商业广告(经济广告)	

1. 广告要有明确的广告主

所谓广告主,就是广告的发布者。在商业广告中,广告主通常是企业。在一则广告中,必须要明确这则广告的广告主是谁,是为谁的利益服务的,同时也要便于和消费者进行信息沟通。做广告的企业不仅要表示愿意公开承担责任,而且要使消费者了解广告的真实动机,便于消费者挑选商品。

2. 广告是一种付费传播

广告是一种营利性活动,需要付出一定的代价。广告活动的整个过程包括广告调研、广告制作、通过媒体传播、进行效果调查等环节,每一个环节广告主都需要支付一定的费用。同时,因为广告主支付了一定的费用,因此其可以在法律和道德允许的情况下,控制广告信息传播的内容和形式。

案例链接

微信游戏"跳一跳"植入广告

2018 年春节期间,微信"跳一跳"小游戏尝试做起了小广告,将麦当劳和耐克植入"跳一跳"中的小盒子,这一次试水更像是在试探玩家的态度和对品牌在"跳一跳"中做广告的市场调查。相关植入广告如图 1-5 和图 1-6 所示。

图 1-5 麦当劳植入广告　　　　　图 1-6 耐克植入广告

据说耐克花了两千万元做了三天广告,而从耐克的曝光量和相关产品的销售量来看,这两千万元应该是很值的。因为耐克在植入"跳一跳"小游戏后被媒体大号纷纷报道,并登上了知乎的热门话题榜单,它的广告效应似乎已经达到了。在"跳一跳"中植入不影响游戏体验的广告,这对于腾讯来说,应该是一件双赢的事。因为游戏玩到一定程度总是会厌烦的,而这些广告的植入可以提升"跳一跳"的新鲜感,留住用户,而广告植入带来的广告费更是一笔不菲的收入。

资料来源:BOSS 商业智慧(经编辑)

3. 广告是一种非人际传播活动

广告通过传播媒体来进行信息传递,是一种非人际传播活动,同时也正是由于这种非人际传播,使广告信息在传递过程中几乎不失真,使企业的商品、劳务、观念、形象等信息完整地传递给接触到它的受众。

4. 广告具有劝说企图

广告是经过精心设计的、劝服某些人采取某种行动的传播活动。所以,有人说广告是传达劝说性信息的艺术。虽然广告通常借助艺术的表现手法来增强感染力,从而达到劝说目标消费者及公众的目的,但需要指出的是,劝说必须遵循一定的道德规范,以一定的客观事实为基础。

5. 传播对象具有选择性

企业做广告的目的是向目标受众进行有效的信息传递，而目标受众是根据企业营销的重点来确定的，因此在制定广告媒体策略时，选择好传播对象十分重要。广告的创作传播活动以此为中心展开，可减少成本开支，增加广告效益。

> **案例链接**
>
> 肥皂剧有一个很形象的名字，叫 soap opera，它是指以家庭问题为题材的广播或电视连续剧。有些人以为叫 soap opera 这个名字是因为这类连续剧非常休闲并且冗长，为了节省时间，人们可以一边洗泡泡浴一边看连续剧。但事实上，最早的肥皂剧是指 20 世纪 30 年代美国无线电广播中播放的一种长篇广播连续剧，而这种连续剧主要以家庭妇女为主要观众，因此当时的赞助商主要是日用清洁剂厂商，期间插播的广告也主要是肥皂广告，"肥皂剧"之名由此而来。由此可以看出，聪明的日用清洁剂厂商早在 20 世纪 30 年代就意识到了准确选择广告传播对象的重要性。
>
> 资料来源：大学生新闻网(经编辑)

6. 广告具有强制性

从广告受众的角度来看，广告是一种强制性信息传播活动。广告受众在接受广告信息时，处于一种勉强、被动的境地，但为了提高受众的参与度，一些广告活动也做了很好的尝试。例如百事可乐公司进行的"百事我创"活动，其着眼于吸引用户参与互动，使受众在互动过程中不自觉地接受品牌宣传。

1.1.2　广告的分类

按照不同的标准可以将广告划分为许多不同的类型。合理地对广告进行分类，有利于正确选择和使用广告媒体，有利于理清广告与各种因素之间的关系，进而有利于更好、更快地实现广告目标。

1. 按传播对象划分

在广告活动中，不同的主体所处的地位和发挥的作用是不同的。广告就是要针对不同的受众采用不同的信息传播策略。根据广告的传播对象，可以将广告划分为消费者广告、工业用户广告、经销商广告等类别。

1) 消费者广告

消费者广告的传播对象是为满足个人生活需要而购买商品的一般消费者。消费者广告是由商品生产者或是经销商向消费者传播其商品信息的广告。消费者广告的广告主大多是生产和销售日常及耐用生活用品的企业。

2) 工业用户广告

工业用户广告主要是向工业企业传播有关原材料、机械器材、零配件等生产资料的信息，这类广告主要面对的是企业或组织市场用户。

3) 经销商广告

经销商广告是以获取大宗交易的订单为目的，以经销商为传播对象的广告。这类广告的诉求对象大多为商业批发商和零售商，主要是生产企业向商业批发企业、批发商向批发商或批发商向零售商推销其所生产或经营的商品。这种广告的诉求方式大多采用报道式，常采用报纸、广播、电视等媒体；有些产品也采用邮寄广告形式，如寄送商品目录、商品说明书或展销会请柬等。

2. 按传播目的划分

广告活动要想顺利而有效进行，首先必须明确广告的目的。根据广告所要达到的目的，可以将广告划分为商品广告、企业广告、品牌广告、观念广告等。

1) 商品广告

商品广告以促进产品的销售为目的，通过向目标受众介绍有关商品的质量、功能、价格、品牌、生产厂家、销售地点以及该商品的独到之处，给消费者带来何种特殊的利益和服务等有关商品本身的一切信息，以引起目标受众和潜在消费者的关注与兴趣，激发消费者的购买欲望，从而提高产品的市场占有率，最终实现企业的营销目标。

2) 企业广告

企业广告是以建立商业信誉、树立企业形象为直接目的的广告。虽然企业广告的最终目的是实现利润，但它一般着眼于长远的营销目标和效果，侧重于传播企业的信念、宗旨或者企业的历史、发展状况、经营情况等信息，以改善和促进企业与公众的关系，提高企业的知名度和美誉度。虽然这种广告宣传对企业的销售业绩不会有立竿见影的效果，但是对企业的长远发展具有重要的战略意义。如太阳神的"当太阳升起的时候，我们的爱天长地久"、海尔的"海尔和你在一起"等广告，就是向社会传播一种哲学思想、价值观念、理念风格和企业精神，这样有利于全体员工树立共同的价值观念，增强企业凝聚力，同时给广大的社会受众留下良好的印象。

3) 品牌广告

品牌广告是通过树立产品的品牌形象提高市场占有率而进行信息传播的广告。品牌广告不直接介绍产品，而是以品牌作为传播的重心，从而为铺设经销渠道、促进该品牌下的产品销售起到很好的作用。例如，烟草广告在宣传时，通常不直接介绍烟草产品的相关信息，而是宣传一种文化、一种生活态度和生活方式，从而达到树立品牌形象的目的。

4) 观念广告

观念广告是企业对影响到自身生存与发展的，并且也与公众的根本利益息息相关的问题，通过广告诉求发表看法，以引起公众和舆论的关注，促使消费者建立一种新的消费观念，从而有利于企业获得长远利益的一种信息传播活动。

3. 按传播范围划分

根据营销目标和市场区域的不同，从广告传播范围的角度划分，广告可以分为国际性广告、全国性广告、区域性广告和地方性广告等。

1) 国际性广告

国际性广告是面向国际市场或以国外消费者为信息传播对象的广告。它在媒介选择和广告的制作技巧上都是针对国外消费者，迎合受众心理特点和需求，从而使产品迅速进入国际市场。这类广告通常选择国外有影响力的广告媒体或国际性报纸、杂志、卫星电视、广播等传播媒介。

2) 全国性广告

全国性广告是以全国受众作为信息传播对象的广告。这类广告多选择全国性的大众传播媒介来传播信息，例如行销全国的报刊、传播全国的广播电视等。这类广告较适用于地区差异小、通用性强、销量大的产品，而且在发布时要注意不同地区受众的不同特点。

3) 区域性广告

区域性广告多是为配合差异性市场营销策略而选择某一区域消费者作为信息传播对象的广告。广告的产品也多是一些地方性产品，销售量有限，选择性较强，如加湿器、防滑用具、游泳器材等。广告多采用地方报纸、电台、电视台、路牌等地方性的传播媒介，来促使受众使用或购买其产品。

4) 地方性广告

地方性广告是以某一地方或特定地点的受众作为信息传播对象的广告，其传播范围狭窄，多采用地方性报纸、广播、电视广告等媒体以及户外广告、售点广告、海报、招贴等形式来传播信息。广告主多是商业零售企业和地方性工业企业，其宣传的重点是促使人们使用地方性产品或是认店购买。

4．按传播使用的媒介划分

按广告所选用的传播媒体，可把广告分为以下几大类。

1) 印刷广告

印刷广告主要包括报纸广告、杂志广告、画册广告、挂历广告、书籍广告，以及发布在电话簿、交通图、火车时刻表等印刷媒体上的广告。

2) 电子广告

电子广告是以电子媒介如广播、电视、电影等为传播载体的广告。

3) 邮寄广告

邮寄广告又称DM广告，是指广告主通过邮寄将传单、商品目录、订购单、产品信息等形式的广告直接传递给特定的组织或个人。邮寄广告按邮寄形式也可分为普通邮寄和电子邮寄。

4) 户外广告

户外广告主要包括路牌广告、橱窗广告、旗帜广告、灯箱广告、霓虹灯广告、售点广告等利用户外媒介所做的广告，以及利用热气球、飞艇甚至云层等作为媒介的空中广告。图1-7所示为一张具有创意的户外广告的图片。

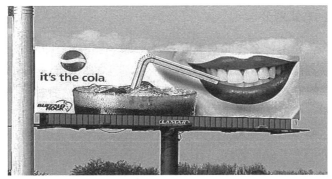

图 1-7 户外广告

5) 交通工具广告

交通工具广告是利用与交通工具有关的载体作为信息传播媒介的一种广告形式,如公共汽车车身广告、地铁车厢广告等。

6) 网络广告

利用网络作为媒介发布的广告称为网络广告。

除此之外,还有烟幕广告、香味广告、会说话的杂志广告等。随着科技的高速发展,将会有越来越多的传播媒体加入广告行业,进一步形成"百花齐放"的局面。

📖 案例链接

成功的网络广告:锤子 ROM

如何成功地进行网络广告宣传,吸引更多消费者的注意呢?锤子 ROM 就是一个成功的案例。

锤子 ROM 是罗永浩进行社会化营销的代表之作。从宣布做手机到锤子 ROM 正式提供下载,罗永浩的社会化营销烙印始终深刻其中。

罗永浩是个名人,之前在新东方教英语。罗永浩所做的配合形象的广告图片,从一开始就吸引了大家的眼球,而罗永浩也一直在网上持续制造话题,吊足了网民的胃口,使锤子 ROM 发布这一事件在当今这样海量信息的世界里得到持续发酵,让网民和媒体对锤子 ROM 始终保持高度的关注,并产生了极大的期许。罗永浩的自我营销方式既能向众人展示自己公司的良好形象及价值观,也能鼓励下属,还可以让人觉得他们的团队很和谐、很有实力,自然也能让人觉得这样的团队做出来的产品也不会差。

罗永浩不断高调地向 HTC、苹果等品牌进行"挑衅",与其他品牌的操作系统对比,宣称自家的锤子 ROM 将秒杀魅族 Flyme 和小米 MIUI,而且还是毫秒……

消费者可以提意见,但是不能否认罗永浩在锤子 ROM 营销中取得的巨大成功。他用最低的成本,最大限度地宣传了自己的产品,成功地运用了网络这一广告宣传媒介。

资料来源:学习啦(经编辑)

5. 按传播诉求的方式划分

广告诉求是指广告采用什么样的劝说方式来表现广告主题，即解决广告的表达方式——"怎么说"的问题。广告诉求是广告所要传达的重点，包含"对谁说"和"说什么"两个方面的内容。按传播诉求的方式划分，可以把广告划分为理性诉求广告和感性诉求广告两大类。

1) 理性诉求广告

理性诉求广告主要是以理服人，广告通常采用摆事实、讲道理的方式，通过向广告受众提供信息，展示或介绍有关的广告物，有理有据地论证接受该广告信息能带给他们的好处，使受众理性思考、权衡利弊后，能被说服而最终采取行动。例如TDK磁头广告："TDK磁头，失真系数2.0%"。

2) 感性诉求广告

感性诉求广告主要是以情动人，诱发购买动机。以受众的喜怒哀乐等情感为基础，通过传递的信息激发受众的共鸣，并使之移情于广告物，从而在受众的心目中占有一席之地，使受众对广告产品产生好感，促进产品的销售。例如，可口可乐刘翔回家过年篇广告就是利用亲情来感染观众。还有一些药品、保险等产品的广告，通过恐怖情感诉求来感染观众，这类广告强调不幸情境，为预防或阻止其出现而希望消费者购买。

1.1.3 广告的功能

目前，广告已经构成我们生活中不可缺少的一部分，它已触及现代社会的各个领域，不论人们持何种态度，广告对现代社会的影响日益广泛且作用巨大。正如美国历史学家、斯坦福大学教授波特所说：广告对社会的影响，目前已发展到可以与拥有悠久传统的教会和学校相匹敌。广告支撑了各种媒体的发展，对大众兴趣的形成也起了很大的作用。可以说，广告已成为当代社会的重要组成部分。

现代社会，广告的功能日益增多。归纳起来，广告的影响和作用主要体现在以下几个方面。

1. 广告对企业的影响和作用

广告对企业的生存和发展起着举足轻重的作用。

首先，广告为企业提供市场信息。生产者通过研究他人的广告信息，可以掌握经济动态，预测市场走向；可以了解竞争产品、竞争厂家的新变化和新的营销策略，从而改进自身经营，改进自己的形象，改进自己的产品。广告会使企业更深刻、更及时地感受到外部的压力，促进企业加快产品的更新换代以及对新技术的认识和采用。

其次，企业通过广告信息的传播能够扩大市场容量，提高生产量和销售量，从而降低成本和售价，提高市场竞争能力。正如广告大师大卫·奥格威在《一个广告人的自白》中曾引用利弗兄弟公司前董事长海沃斯勋爵(Lord Heyworth)的话："广告带来的是节省的效果。在销售方面，它使资金周转加速，因而使零售价得以降低而不致影响零售商人的利润。在生产方面，这是使大规模生产得以实现的一种因素。"例如，可口可乐公司每年要投入巨额资金进行广告宣传，而平均分摊到每一位顾客身上的广告成本不过0.3美分，但采用人力销售时，平均分摊到每一位顾客身上的广告成本则需要60美元。

最后,广告有助于企业形象的建立。大卫·奥格威说:"广告是神奇的魔术师,它是一种神奇的力量,经过它的点化,不只是能卖出商品,而且能化腐朽为神奇,使被宣传的普通商品蒙上神圣的光环。"这种说法实际上就是指广告在树立企业形象方面的作用。企业运用广告和公关可以进一步提升企业的形象,使其从各方面在消费者心目中树立一个良好的形象。例如,北京奥运会期间,一些企业借助广播、电视、网络等平台,发出"热烈祝贺中国奥运健儿勇创佳绩"的祝贺广告,引起了广大消费者的共鸣,让消费者感到,这家企业和我们消费者一样关注国家的荣誉,很好地塑造了企业的形象,增强了企业的亲和力。

图1-8是阿迪达斯品牌在北京奥运会期间推出的广告"一起2008",通过全民奥运,很好地与消费者产生共鸣,塑造企业形象。

图1-8 阿迪达斯广告"一起2008"

广告在促进企业销售方面也具有重要的影响力和作用。现代化的社会大生产具有巨大的能量,每天都生产和销售数量众多的商品,产品日新月异,市场竞争异常激烈。广告信息的传播,沟通了经济活动中的供应、生产、销售、消费等各个环节,使之成为一个有机的整体,进一步促进了社会化大生产。通过广告信息的传播,消费者已有条件根据自己的意愿、喜好来选择商品,因而企业必须使消费者了解有关商品信息,才能获得被选择的机会。"好酒不怕巷子深"的时代已经过去,广告运用一定的媒体有效地把信息传达给目标消费者,直接促进销售,其影响效果绝非人员推销等所能比拟。

很多著名的大公司都非常注重广告的投入。例如,据Wind资讯数据显示,2016年上半年,共有1903家上市公司披露了其广告宣传推广费用,累计达到686.84亿元,而2015年上半年所有上市公司的此项费用为587.71亿元。在所有上市公司中,上汽集团的广告费用最多,达到47.43亿元,紧随其后的是伊利股份,也超过了40亿元。医药、食品饮料行业的上市公司在广告方面的投入居前。

另外,有些企业因为不注重广告沟通产销、促进销售的功能而得到了深刻的教训。例如,全球著名食品企业家佛利斯·马斯的食品公司生产的烧豆和宠物食品罐头一直受消费者欢迎,而其中的Kit-E-cat猫食罐头比其他罐头更畅销。马斯自认为这个产品无可挑剔,同类产品在市场上永远也赶不上,于是,他认为每年3百万美元的广告支出没有必要了,并做出停止广告的决定。广告停播后,猫食罐头的销售量也随之一落千丈,先是低于本公司其他罐头的销售额,后又低于其他公司的名牌宠物食品罐头,不到一年,它几乎被市场遗忘,沦落到了濒于亏本的地步。这时,公司又决定恢复广告支出,但恢复市场地位比维护市场地位更难,付出的代价更高。为其代理广告的马希斯·惠尼威廉广告公司的总裁说:"你必须花钱去保住钱。"可见,产品在滞销时需要广告,畅销时同样需要广告。广告在沟通产销、促进销售方面均起到重要的作用。

2. 广告对消费者的影响和作用

(1) 广告能够对消费者的消费理念和消费行为加以指导。随着商品经济的发展,产品种类不断丰富,同类产品可能有几种、几十种,往往令人眼花缭乱。消费者很需要了解各种商品的性能、特点、质地、价格、使用、维修等信息,以购买到自己满意的商品。

(2) 广告能够刺激消费者的消费欲望。广告具有示范和诱导的作用,它通过对商品的各种优点进行集中、连续的展示,有效地调动和刺激了消费者的潜在需要,使消费者产生一种"不足之感、求足之愿",从而诱发购买欲望,导致购买行为。例如,高档奢侈品的广告往往用一些高档豪华的场所作为背景进行衬托,从而显示拥有这款产品是身份地位的象征,是成功人士的象征,进一步激发有这方面需求的消费者的购买欲望。

3. 广告对社会文化的影响和作用

(1) 广告主要通过大众传播媒体传递有关信息内容,同时,大众传播媒体又通过刊播广告信息促进自身的发展。因此,广告首先促进了大众传媒的发展。广告收入在整个媒体经济中占有很大的比例,例如,2013年,央视黄金资源广告招标总额就高达159亿元,而随后几年广告招标总额逐年增长,2014年达到约280亿元,每年的黄金资源广告招标收入占央视全部收入的70%。相应的,为了在有限的广告市场中争取到理想的份额,大众传媒就必须注重信息质量的改进,以得到企业、广告商和目标受众的青睐,因此大众传媒在信息的传播内容和形式上更加精彩。大众传播媒体发展到现代,应该说与广告的发展是相辅相成的。

(2) 广告美化了城市环境,丰富了文化生活。广告作为一种大众传播的工具和手段,既具有经济效益,也具有社会效益。好的广告作品能够美化社会环境,丰富人们的文化生活。树立在高楼大厦上的广告牌、闪烁变幻的霓虹灯、各大商场陈列商品的橱窗等,都构成了城市亮丽的风景,把城市装扮得更加绚丽多彩。商业广告直接影响人们的价值观念和生活态度,使人们的经济意识、消费理念、审美观念、生活习惯和消费行为都发生了深刻的变化。各种公益广告、观念广告等则向人们传递了积极、健康、开明的思维观念。例如,很多公益广告倡导人们低碳生活、爱护动物等,如图1-9所示的公益广告,倡导人们爱护动物、拒绝皮草。

图1-9 公益广告

虽然广告对企业、消费者和人们的社会文化生活都产生了重要的、积极的影响，但我们也应当看到，广告是一把双刃剑，广告不是灵丹妙药，广告只是企业营销领域中的一种促销策略。如果企业过分依赖广告，而忽视产品的质量和企业营销的其他环节，那么很可能会导致企业的失败。广告对消费者也可能产生负面影响，可能会误导消费者购买自己不需要的产品，有时甚至这些产品的购买会损害消费者的利益。有些广告过分注重商业利益，缺乏艺术性，甚至出现文化低俗化的现象，对消费者和社会都会产生不利影响。

由于广告的双面性，广告主应当时刻警惕，充分发挥广告的积极作用，避免广告的消极作用。

案例链接

现代市场营销倡导社会营销观念，企业在广告宣传过程中应当促进社会文化的健康发展，承担更多的社会责任。

可口可乐与百事可乐是一对品牌老冤家，在渠道、市场、产品、价格、营销等多维度进行竞争，正所谓你想不到的，你的对手会帮你想到，两者经常"相爱相杀"。然而在2015年年底，可口可乐与百事可乐曾经握手言和过，为了支持美国退伍军人就业，两家公司首席执行官竟然同时出席了美国企业伙伴组织(ACP)的公益宣传活动，并一起录制了呼吁大家关注退伍老兵职业发展的广告片。在广告中，可口可乐CEO穆塔·肯特和百事可乐CEO英德拉·努伊共同表示，"可口可乐和百事可乐之所以在一起，是因为老兵问题。我们相信，两家公司在一起能够更多地帮助这些退伍老兵获得职业发展，并使其在长期的职业生涯中提升领导力技能。"两家公司虽然是竞争者，但愿意携手为社会文化发展做出贡献。

资料来源：中国商会新闻网(经编辑)

1.1.4 广告的基本要素

美国传播学者拉斯威尔提出了五W传播理论，该理论提出广告包括谁(who)、说什么(say what)、通过什么渠道(in which channel)、向谁说(to whom)、有什么效果(with what effect)五个要素。本书认为构成广告活动的基本要素包括广告客户、广告代理、广告媒体、广告费用、广告信息、广告受众和广告效果，这7个要素之间相互制约，联系构成了广告活动中的基本框架，如图1-10所示。

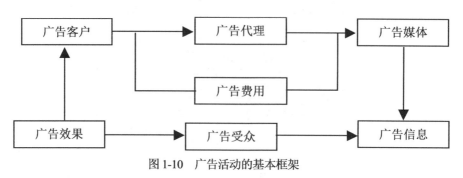

图1-10 广告活动的基本框架

1. 广告客户

广告客户又叫广告主，是指广告的发布者。国家经济发展水平通常和广告市场的发展程度具有一定的关系。通常情况下，经济发展水平越高，广告市场越发达。从20世纪80年代开始，很多企业开始大规模推行全球化战略，开拓国际市场。许多大型全球化公司实力强劲，这些企业成为世界广告市场的主要力量。例如，据美国广告时代2015年发布的《全美前200名领先广告主》榜单显示：2014年，200个美国营销投入最高的公司，一共花了1378亿美元，其中宝洁公司在当年的广告总花费为46亿美元，宝洁在作为快消品巨头的同时，也是世界上最大的广告主。位于第二位的是美国第二大移动运营商AT&T，其广告费用达到33亿美元。

2. 广告代理

广告代理是指在广告经营过程中，代理广告客户的广告业务的一种专业性广告组织，一般包括广告公司、制作公司和调查公司等。广告代理与广告客户一起构成了广告的主体要素，两者的密切配合和思想方法的高度融合是广告成功的首要前提。国外著名的广告公司包括奥姆尼康、奥美环球和李奥贝纳等，国内最具影响的广告公司包括北京未来广告公司、北京广而告之有限公司和上海中视国际广告有限公司等。

3. 广告媒体

广告媒体是传播广告信息的中介物，是连接广告主和消费者的一座桥梁。现代科学技术的发展日新月异，为广告主提供了更多传播信息的手段。广告设计者必须根据各种媒体的优缺点，巧妙地利用各种广告媒体，扬长避短，以达到最佳的传播效果。

4. 广告费用

广告费用是指从事广告活动所需付出的费用。广告活动，如购买报刊版面与电台、电视台的播出时间，以及诸如橱窗布置、传单印刷等，都需要支付相应的费用和一定的制作成本。广告费用是开展广告活动最起码的保证，为了降低成本、取得最大的经济效益，在进行广告活动时，要编制广告预算，有计划地进行广告活动。

5. 广告信息

广告信息是指广告中所要传达的主要内容，包括商品信息、服务信息、劳务信息、观念信息等。广告主只有把诉求的信息传播给受众，才能实现广告传播的目的。全面理解广告所传达的信息，有助于发挥广告的作用。

6. 广告受众

广告受众是指广告传播的对象，也就是信息的接受者。广告传播总是针对一定对象进行的，没有对象的传播是毫无意义的，事实上，广告主在开始发起传播活动时，总是以预想中的信息接受者为目标的。在策划广告活动时，首先要找到广告针对的目标对象，如日本东芝主要针对新生代，美国百事可乐主要针对青少年等，然后寻找连接目标对象的最佳传播媒体和传播方式，最后再针对这些特定对象的心理特征、消费习惯、消费能力等因素进行广告内容的创作，以期引起广告受众的热烈反应。

7. 广告效果

广告效果是指通过广告活动所要达到的目标。广告效果一般要通过调查、评估等手段获得。广告效果评估或测定在整个广告活动中占有重要的地位，只有进行效果评估，广告主及广告公司才有改进广告活动的指南针，才能选择最好的诉求，创作最有说服力的信息，选择最恰当的媒体及媒体组合，达到预定的广告目标。

案例链接

特殊的广告主——AAAA 的一则关于广告的广告

20 世纪 90 年代，针对商业界有些人士不相信广告价值与作用所提出的论点，美国广告代理商协会(American Association of Advertising Agencies，AAAA 或 4A)的广告价值委员会发起了一场关于广告价值与作用的公众宣传活动，从以下三方面反击关于广告的反面舆论。

(1) 通过一系列的长篇文字广告，以非常有力的统计数字来说明广告的价值与作用。

(2) 在广告效果减弱时，仍然强调广告的重要性。AAAA 主席兼高级行政官员约翰·奥图尔强烈希望刊登广告的公司在广告效果减弱时不要削减投资，相反应该增加投资。

(3) 邀请那些杰出公司的领导人亲自讲述广告对于本公司经营成功的作用，证明广告宣传与经营业绩之间的联系。

例如，麦肯(McCann-Erickson)广告公司邀请可口可乐公司总裁艾克·赫伯特(Ike Herbert)制作了广告；BBDO 广告公司邀请苹果电脑公司领导人约翰·斯卡利(John Sculley)制作了广告；李奥·贝纳(Leo Burnett)广告公司邀请麦当劳总裁麦克·昆兰(Mike Quinlan)(见图 1-11)制作了广告。这一系列广告的目的就是通过可口可乐、苹果电脑与麦当劳总裁们的现身说法，说服那些在公司里掌握财权的领导人们正确认识广告的价值与作用。

图 1-11　AAAA 的一则关于广告的广告

这场广告宣传活动一炮打响。因此，这一系列广告还获得了《新闻周刊》《商业周刊》《福布斯》《华尔街日报》《广告时代》《纽约时报》等很多美国排名前 20 位大报刊的免费刊登权。通过这一场关于广告价值与作用的公众宣传活动，有效地扭转了那些反对广告的舆论。

这场广告宣传活动虽然具有一定的特殊性，广告的宣传对象是广告本身，很多媒体进行了免费的宣传，但其具备了广告的基本要素。

资料来源：弗雷德·波普. 世界百家超级公司广告最新广告剖析[M]. 葛彦，万秀英，戴涛，译. 大连：大连出版社，1994.

1.2　广告学的研究对象与研究方法

1.2.1　广告学的研究对象

广告是商品经济的产物。随着商品经济的发展，广告业也迅速发展起来，广告学也成为一个热门学科。广告学是广告学科体系的核心和基础，它研究和探讨一切社会制度下所有的广告活动及其发展规律。广告学作为一门独立的综合性科学，是经过人们长期实践，在经济学、市场学、心理学、社会学、美学等学科发展的基础上逐渐形成和发展起来的。广告学是研究广告活动及其发展变化规律的科学，其研究对象是广告信息传播的过程、效果及活动规律，属于社会科学的经济学科。

关于广告学的性质，不同的学者有不同的看法。在广告学的发展史中，历来有科学派和艺术派之争，有些学者认为广告是一门科学，而有些学者却认为广告是一门艺术。

科学派的代表人物是美国广告大师克劳德·霍普金斯。1925年，他出版了著名的《科学的广告》一书，全面地阐述了广告应该是一门科学，却并没有对于广告如何成为一门科学进行全面的论证。以后的许多学者都从不同的角度对广告是一门科学进行了论证。持这种观点的学者认为，"广告是一门科学，不是艺术，广告虽然也运用了艺术，但艺术只是广告活动的一种表现形式，是广告活动的手段。广大的广告科研人员与广告工作者共同努力总结了大量的广告活动的成功与失败的经验，运用先进的研究方法，借助现代科学的运算分析，通过对广告知识的系统整理、总结、提高，探索出广告活动的规律，形成广告原理，揭示了广告活动促进商品销售的规律。因此，广告学应当是一门科学。"

艺术派的代表人物首推詹姆斯·韦伯·扬和乔治·路易斯。前者认为广告是一门艺术，主要目的是传播创意。后者也认为广告是一门艺术，原因是他认为广告主要源于广告创造者的艺术天赋，靠的是直觉和本能。有很多学者都支持他们的观点。艺术派的观点认为，"广告需要以艺术作为表现形式，广告需要借助美术、音乐、舞蹈等艺术的手法来吸引观众传递信息，艺术是广告的生命，广告是打破陈规的艺术而非建立定律的科学。"

另外一种折中的观点认为，广告既是一门科学，又是一门艺术。持这种观点的学者认为"广告是一门综合性的边缘学科，并认为广告以科学开始，以艺术结束。"

以上三种观点对于广告学研究对象的陈述都具有一定的合理性，但也存在明显的缺陷，这几种观点都忽略了广告学的交叉性和综合性。首先，广告学是一门综合性的边缘学科，在吸收其他学科研究成果的基础上，形成自己独特的学科体系；其次，广告学是一门独立的学科，其形成过程就是从其他学科中分离的过程，最终使自身体系走向完整。因此，对于广告学研究对象的表述，既要从其多学科交叉的特点出发，又要注意保持广告学的相对独立性。因此，即使是边缘科学也应有自己独立的研究对象和特定的范围体系。

随着广告学研究的日渐深入，在广告学研究的基础上主要发展起来理论广告学、历史广告学、应用广告学三个分支，每个分支研究的侧重点各有不同。

理论广告学主要以心理学、传播学、市场营销学的基本原理为基础，结合广告的运行机制、原则和方法等构建理论体系。理论广告学运用科学的方法，对广告活动中的根本性问题进行研究，如广告的概念、广告的分类、广告在社会和经济发展中的作用与地位、广告活动的基本规律及原则、广告研究的基本方法等。作为广告学体系中具有指导意义的核心部分，理论广告学为广告活动和其他分支的广告学研究提供了理论基础，其根本任务是揭示广告活动的一般规律。

历史广告学主要研究和总结人类广告活动发展、演变的历史，探讨广告活动的规律和特点，预测广告发展的趋势。它的研究范围很广，内容主要有广告媒介发展史、广告组织发展史、广告设计制作风格(表现技法、工具等)演变史、广告学说史等。历史广告学的研究可以揭示广告发展的历史规律，把握广告活动的发展趋势，从而指导和调整广告实践。

应用广告学是广告学的主体，它以广告实践作为研究对象，旨在探讨和揭示广告在商品促销中的活动规律，如广告战略规划、广告策略实施、广告媒体选择及运用、广告作品设计与制作、广告经营管理的原则与方法等。应用广告学主要包括广告创意学、广告策划学、广告文案写作、广告摄影、广告美术、广告电脑设计制作等内容。

1.2.2 广告学的研究方法

广告学是一门实践性很强的学科，因此广告学的研究必须做到理论与实践相结合，必须从广告事业的实际出发，重视调查和研究。一般可以把广告学的研究方法分为定性研究和定量研究两种，另外，还有文献研究法、案例分析法等其他研究方法。

1. 定性的研究方法

定性的研究方法主要包括深层访谈法、小组座谈法和投射法等。

深层访谈法是一种无结构的、直接的、个人的访问，在访问过程中，一个掌握高级技巧的调查员深入地访谈一个被调查者，以揭示其对某一问题的潜在动机、信念、态度和感情。例如，为发掘目标顾客由某产品所引起的深层动机时，可采用深层访谈法。在深层访谈的过程中，研究者为消除受访者的自我防卫心理可以采用各种技巧，如文字联想法、语句完成法、角色扮演法等，来进行访问。

小组座谈法是指以一种无结构的、自然的形式与一个小组的被调查者交谈，由一个经过训练的主持人负责组织讨论。小组座谈法的主要目的是通过与一组从调研者所要研究的目标市场中选择来的被调查者进行座谈，从而获取对有关问题的深入了解。这种方法的价值在于常常可以从自由进行的小组讨论中得到一些意想不到的发现。

投射是指个人把自己的思想、态度、愿望、情绪或特征等，不自觉地反映于外界事物或他人的一种心理作用。在运用投射法时通常要隐瞒调查的真正意图，降低被调查者的心理防御，使被调查者在无意中和没有心理防御的情况下表现他们的真实态度或动机。常用的测试方式包括联想法、构造法、完成法、表达法、选择或排列法。

2. 定量研究的方法

定量的研究方法主要包括观察法、实验法等。

观察法是指通过观察被调查者的活动取得第一手资料的调查方法。广告调研人员直接到调研的场所，采用耳听、眼见的方式，或者借助照相机、录音机、摄像机或其他仪器，把被调查者的活动、行为等真实地记录下来，从而获得重要的广告信息资料。

广告中的实验法是指在给定条件下，通过实验对比，对广告活动中某些变量之间的因果关系及其发展变化过程加以观察、分析的一种广告调研方法。

3. 其他研究方法

其他研究方法包括文献研究法、案例分析法等。

文献研究法主要是指通过对文献的收集、鉴别、整理和研究，形成对事实科学的认识的方法。广告学的研究需要充分地占有资料，进行文献调研，以便掌握有关的科研动态、前沿进展，了解前人已取得的成果等。这是科学、有效、少走弯路地进行任何科学研究工作的必经阶段。

广告学的研究必须采用案例分析的方法。广告学的实用性强，它重在寻求解决实际问题的方法和策略。通过对典型广告案例的分析和研究总结出一般的规律，给广告工作者以启发和借鉴，从而推动广告管理和广告水平的不断提高。

案例链接

肯德基的特殊顾客

肯德基的子公司达9900多个，遍布全球60多个国家。然而，肯德基的总公司又怎么能相信其下属能循规蹈矩呢？

一次，上海肯德基有限公司收到了3份总公司寄来的鉴定书，是对外滩餐厅的工作质量的3次鉴定评分，分别为83分、85分、88分。公司中外方经理都为之瞠目结舌，这3个分数是怎么评定的呢？原来肯德基国际公司雇用、培训一批人，让他们伪装顾客到店内进行检查评分。这些特殊顾客来无影，去无踪，这就使快餐厅经理、雇员时时感到某种压力，丝毫不敢疏忽。

肯德基通过这种观察法来及时了解旗下的子公司，以保证肯德基始终如一的品质和品牌形象，从而为进一步的广告决策打下基础。

资料来源：新东方网

1.3 广告的历史沿革

1.3.1 世界广告发展史

广告是人类经济生活的产物，不同国家、不同民族、不同地区具有不同的社会、经济、文化环境，导致了不同的广告表现风格和价值取向，但其本质是相通的。因此，我们可以把全世界广告的发展放在同一个历史坐标中研究，并按照这个历史坐标给世界广告发展史做历史分期。目前，广告学者们在广告发展历史分期的问题上已经做出了一些卓有成效的探索，对广告发展历史时期的划分基本上都以西方广告的发展背景作为参照系，提出了不同的划分方法。本书采用其中影响较大的四分法对广告发展历史进行划分，并对每一时期的世界广告发展情况进行阐述。

1. 原始广告时期

从广告产生到1450年德国人谷登堡发明金属活字印刷术之前是原始广告时期。这一时期以口头叫卖为主要传播媒介并逐渐向商标演变。

据历史研究考证，迄今发现并保存下来的世界上最早的文字广告现存英国大英博物馆中，是在埃及尼罗河畔的古城底比斯的发现物。它是距今有3000多年历史的埃及遗物，当时埃及还处于奴隶社会。文物中记录了埃及一名奴隶主悬赏缉拿逃奴的广告。广告内容如下：

> 奴隶谢姆从织布店主人哈布处逃走，坦诚善良的市民们，请协助哈布将其带回。他身高5英尺2英寸，面红目褐，有告知其下落者，奉送金环一只；将其带回店内者，奉送金环一副。
>
> 能按您的愿望织出最好布料的织布师

在古希腊、古罗马时期，一些沿海城市的商业也比较发达。广告已有叫卖、陈列、音响、文图、诗歌和商店招牌等多种。在古希腊时期，随着生产的发展，商业也发展起来，每个城市都有专门的市场和商品出售地点，当时已经出现了多种商业产品的宣传形式。例如，口头广告，一名叫埃斯可里普陀的雅典化妆品商人就曾雇用叫喊人来宣传他的产品，他的四行诗在当时看来非常有创意："为了两眸晶莹，为了两腮绯红；为了人老珠不黄，也为了合理的价钱，每一个在行的女人都会——购买埃斯可里普陀制造的化妆品。"当时出现了一种比较典型的广告形式——布告。在古希腊市集或人多聚集的地方，有专门用来粘贴布告的板。这些布告有的是寻物布告，有的是商品布告。

在公元4世纪初，罗马城已经有面包店、油铺等很多商家，市场上的产品样样俱全。在商业的高度发展中，商业广告广泛使用。1952年，一位工程师在勘测地下水道时，偶然发现地下深埋的废城——古罗马的庞贝城。在庞贝城废墟的墙壁上有许多说服性质的广告，内容有剧场演出、竞技体育、房屋出租、格斗表演广告等。

2. 近代广告时期

近代广告时期是指1450—1850年。金属活字印刷术的发明为印刷广告的发展提供了条件，开创了广告发展的新纪元。1450年，德国人古登堡发明金属活字印刷术，标志着人类广告史从原始的古代口头、招牌、实物广告传播时代进入印刷广告的新时代，但由于这一时期报纸、杂志还没有大量发行，所以印刷广告的影响范围还非常有限。

1) 印刷广告出现

1472年，英国第一个出版人威廉·坎克斯顿印制了推销书籍的广告，张贴在伦敦街头，广告内容为："倘任何人，不论教内或教外人士，愿意取得适用于桑斯伯莱大教堂的仪式书籍，而其所用字体又与本广告所使用字体相同者，请移驾至西敏斯特附近购买，价格低廉，出售处有盾形标记，自上至下有一红条纵线为辨识。"这条广告对目标消费者"不论教内或教外人士"、购买地点指引"请移驾至西敏斯特附近购买"、卖点诉求"价格低廉"，以及商标、特征的强调"盾形标记，自上至下有一红条纵线为辨识"都一一述及，是一则有劝导力的印刷广告。它虽然印制粗糙，但标志着西方印刷品广告的开端。

2) 报纸、杂志广告发展

16世纪以后，西方一些比较发达的国家，如英、法、德、美等国的资本主义经济得到进一步发展，印刷术使报刊业兴旺，定期报刊的出现又为报刊广告的诞生创造了条件。

17世纪初，一些经常出版的报纸创办起来。1625年，《英国信使报》第一次在背面版上刊登了一则推销图书的广告。而广告历史学家亨利·桑普逊则认为，第一则名副其实的报纸广告应为英国《新闻周报》刊载的要求寻找被盗的12匹马的悬赏启事。17世纪中期以后，"广告"这一词语已经普遍使用，经常做广告的商品有咖啡、薯条、巧克力、药品等。当时报纸的发行量小，作为传播媒介，远远未达到大众化，广告也是可有可无的附属品。17世纪中叶，在印刷术应用的初期，英国成为世界广告兴旺的中心，广告代理商一词也是在17世纪的英国首次出现的。

1740年，美国创办第一份报纸《波士顿新闻通讯》，并发布了一则向广告商推荐以报纸为宣传媒介的广告。

1830年，美国已有报纸1200余种；英国在1837年有400多种报纸，日刊广告8万余条，但此时由于报纸发行量有限，所以报纸广告的影响力也有限。

1645年1月15日，一本名为"*The Weekly Account*"的杂志第一次使用了广告栏专门来刊登广告，从此杂志作为广告媒介得到了发展。

虽然该时期的广告仍以信息告知为主，内容简单、形式单一，但它已被社会所接受，已被人们所需要。

3) 广告代理业形成

1610年，英王詹姆斯一世让两个骑士建立第一家广告代理店。1621年，法国创立高格德尔广告代理店。1729年，富兰克林在美国创办《宾夕法尼亚新闻报》，既做出版商和编辑，同时也做广告代理业务。

英国议会于1712年通过关于报纸广告纳税的法案，开始征收广告特税。在报纸广告得到发展的同时，约瑟夫·艾迪生于1710年发表了关于广告问题的看法，被看作最早的"广告理论"。

3. 近代广告向现代广告的过渡期

1850—1920年是近代广告向现代广告的过渡期，是世界近代广告向现代广告的过渡期。由于新技术的广泛应用，广告形式已出现多样化发展趋势，世界广告中心已从英国转移到美国。

1850—1911年，世界上有影响的报纸相继创刊，如英国的《泰晤士报》和《每日邮报》、美国的《纽约时报》、日本的《读卖新闻》和《朝日新闻》，以及法国的《镜报》等。这些报纸的主要收入来源都是广告，并且发行量逐年增加，其刊登广告的数量也越来越大。例如《泰晤士报》，1815年发行5000份，1844年发行23 000份。《泰晤士报》在1800年平均每天登100条广告，1840年猛增到每天登400条广告。

随着媒介的成熟和壮大，专业广告公司开始兴起。据统计，这一时期在美国成立的广告代理公司约有1200家,可见19世纪以美国为代表的广告代理业正在快速发展。

另外,更多的新技术应用于这一时期的广告。1853年,纽约的《每日论坛报》第一次采用照片为一家帽子店做广告,从此,摄影图片成为广告的重要表现手段。1891年,可口可乐公司开始用挂历做广告,这是世界上最早的挂历广告。除此之外,还产生了气球广告、宣传车广告、宣传画广告、电子广告、购物点广告等多种形式的广告。

随着广告的发展,19世纪末广告理论研究逐渐深入。例如,1874年,H. Sampson出版《广告的历史》一书;1866年,Laiwood和Hatton合著《路牌广告的历史》;1898年,美国的E. S. 路易斯提出AIDA法则。广告管理在这时也得到加强,1907年,英国颁布第一部较为完备的《广告法》。1911年,美国制定了著名的《普令泰因克广告法草案》,这一草案一般被认为是美国最早的广告法案。此后,又有一系列法令颁布,强化了政府对广告的管理。

4. 现代广告时期

现代广告时期是指1920年至今,世界广告业进入了划时代的发展阶段。在这一时期,出现了电子广告,并且广告媒体呈现多样化的趋势,从此广告由近代进入了现代信息产业的发展时期。

1920年10月2日,第一家正式注册营运的美国西屋电器公司开办KDKA广播电台,用于报道美国总统竞选,并开始了正式的电台商业广告营业。1921年,法国邮电部建立第一座广播电台。在这一时期,又出现了另外一项重大发明就是电视技术。美国在1941年正式开播商业电视。第二次世界大战(以下简称"二战")后,电视得以迅速发展。尤其在20世纪50年代美国首创彩色电视之后,由于电视广告集语言、音乐、画面于一体,电视成为最理想的传播媒介,因而在其后的广告业中独占鳌头。除了传统的四大媒介之外,又有很多新广告媒介产生,如20世纪末的户外广告、购物点广告(POP广告)、邮递广告和网上广告等。此外,各种博览会也成为重要的广告形式。

现代广告的第三个重大发展就是广告管理水平的提高。广告公司的专业水平和经营管理水平均大有改进,而政府部门也通过立法管理等形式规范和约束广告公司的行为,指导广告业的发展方向。同时,政府还设立专职管理机构进行广告管理。

现代广告事业的进步重点表现在广告理论方面。由于广告发展的需要,广告理论的研究工作得以深入开展,从而使广告学成为一门独立、完整、系统的综合学科。

20世纪80年代以后,现代工商业迎来了信息革命的新时期。现代产业的信息化大大推进了商品市场的全球统一化进程,广告行业也相应发生了一场深刻的革命。在这场信息革命中,广告活动遍布全球,许多广告公司也由简单的广告制作和代理发展成为综合性的信息服务机构,广告技术也主要采用电子技术。

现代广告公司发展成为集多种职能为一体的综合性信息服务机构,负责收集和传递政治、经济、社会、文化等各种各样的信息,并利用这些信息指导企业的新产品开发、生产和销售,为工商企业的商品生产和销售提供一条龙的信息服务。

同时,广告的信息在传递过程中也变得高度科学化和专业化。一则广告从市场调查入手,先后开展市场预测和广告策划、设计、制作、发布,再经过信息反馈、效果测定等多个环节,形成了一个严密、科学和完整的过程,尤其是近年整体策划观念的兴起,更使广告活动趋于系统化,充分发挥了广告业的信息指导和信息服务作用。

1.3.2 中国广告发展史

中国广告的历史源远流长。在以自给自足的自然经济为主导的传统社会,山川阻隔,交通落后,生活在不同地域的民族基本上都是在相对封闭的环境中形成各自独具特色的文化。中国广告的发展也走过了一段曲折而艰难的路程,具有鲜明的中国传统文化特色。

1. 中国古代广告时期(1840年以前)

中国文化重视传统,中国文化的演进历程被认为是在传统中的变化,因此,中国古代广告具有鲜明的传统文化特色。从总体上来看,中国古代广告的表现形式和种类相对比较单一。

1) 实物广告、口头广告和音响广告

随着社会生产分工的逐渐深化,剩余产品逐渐增多,物质交换日趋频繁。交换产品,就必须把产品陈列于市场。同时,为了吸引他人,势必需要叫喊等。于是,最原始的实物陈列广告、叫卖广告就随之诞生了。例如,《诗经·卫风·氓》中有"氓之蚩蚩,抱布贸丝"的描写。相传辅佐周文王建立霸业的姜太公在未被起用时曾隐居市井,操屠宰之业,他在铺子里"鼓刀扬声",高声叫卖以招徕顾客。音响广告是利用工具所发出的音响来代替口头叫卖,如收破烂的人以鸣锣为号,这也是自古有之的广告形式。《诗经》中有商人在卖麦芽糖时以吹箫为号的记载。南宋时,茶摊子往往敲响盏唱卖,以响盏作为音响广告工具。图1-12是清明上河图(部分),其体现了当时商贩在集市叫卖的场景。

图1-12 清明上河图(部分)

2) 旗帜广告与悬物广告

旗帜广告在古代尤以酒旗居多,以致诗人有"酒旗风"之说,这种旗帜又叫幌子,如唐代诗人杜牧的《江南春绝句》中有"千里莺啼绿映红,水村山郭酒旗风"的诗句。时至今日,我国北方地区还有小酒店以酒旗作为招牌。悬物广告是指在门前悬挂与其经营特征有关的物品(如山货野味)或习惯性标志(如灯笼)作为广告。图1-13所示为酒旗广告图片,酒旗的作用大致相当于现在的招牌、灯箱或霓虹灯。

图 1-13　酒旗广告图片

3) 招牌广告与彩楼广告

随着商品经济的发展和商业交换范围的扩大,商业性的标记逐渐具备了商标和招牌的作用,标记同时也兼有实物广告和文字商标广告的职能。唐宋时期,商业比较繁荣,商人可沿街设店,店铺的招牌一般以店铺主人的姓名或其经营的商品命名,如酱园门前写着"酱园"两个大字,茶店门口写着"茶"字等,这些都具有明显的商业性质。清明上河图中,宋朝汴州城内十字街口的商店已广泛地出现各种横的和竖的招牌,可见招牌的出现远在宋朝以前。

彩楼广告的实质是商店的门面装潢使商店的装饰门面别具一格,便于人们识别,起到招牌广告的作用。旧时彩楼广告主要用于酒店,《东京梦华录》中介绍宋朝汴京酒店时写道:"凡京师酒店,门前皆缚彩楼、欢门。"彩楼是永久性的广告设施,一般在节日时重新加以修饰。当今的橱窗陈列广告可以说是在古代彩楼广告的基础上发展起来的。

4) 印刷广告

印刷广告是古代广告中比较先进的一种广告形式。在宋代,毕昇发明了活字印刷术,印刷广告的历史由此而开始。我国最早的印刷广告是北宋时期(960—1127年)济南刘家针铺的印刷广告(见图1-14),这则广告图文并茂,逐一介绍了产品的质量、性能以及针铺的经营方式、商标等,与现代广告已相差不远。古代印刷广告虽然初步具备了广而告之的含义,但形式单一,没有设计和创意。

图1-14 济南刘家针铺印刷广告

2. 中国近现代广告时期

中国近现代广告时期是指从鸦片战争开始到中华人民共和国成立这一时期。与古代广告相比，近现代广告的内容和形式都有了很大的进步。

1) 报纸广告

中国最早的报纸可追溯到唐玄宗开元年间(713—741年)出现的《邸报》。《邸报》是封建宫廷发行的一种类似政府机关报的誊录品。中国虽然是世界上最早有报纸的国家之一，但我国报纸广告的出现要比西方晚。

1815年8月，英国传教士马礼逊和米怜创办了《察世俗每月统计传》，这是最早刊登广告的定期中文刊物。1833年8月1日，《东西洋考每月统记传》在广州创刊，这是中国境内出版的第一份中文近代报刊，由普鲁士传教士郭士力创办。该刊采用雕版印刷和中国线装书款式，以宣传基督教教义、传播自然科学和社会科学知识及文学知识为主，同时也是最早登载"行情物价表"之类的商业信息及商业广告的刊物。

鸦片战争前后，外国人在我国创办了商业报纸。为适应列强"经济扩张"的需要，以沟通商情、促进商品为主要目的的商业报纸应运而生，首先兴起的是英文商业报纸。1827年11月18日，英文报纸《广州纪录报》在广州创刊，该报是为英国商人向中国倾销商品、提供商业信息服务的。

鸦片战争以后，外国人在中国的办报活动日益增多，比较著名的报纸有《遐迩贯珍》《万国公报》《申报》《新闻报》等。随着越来越多的外国人在中国开办报社，中国人也开始认识到报纸广告的重要性。从19世纪中叶开始，我国香港、广州、上海、汉口等地出现了中国人创办的报纸。仅1895—1898年，全国就有32种主要报纸创刊，这些报纸与外国人办的报纸不同，多登载国货广告。五四运动前后，报纸广告更加繁荣，我国的中外文报纸达1100多种。

2) 杂志广告

随着报纸广告在中国的发展，杂志广告也应运而生。上海第一份杂志是1857年英国人伟烈亚力创办的《六合丛刊》，这是一份有关新闻、科学和文学的综合性月刊。另外，《生活周刊》《东方杂志》《妇女杂志》等在读者中影响较大，它们都刊登了较大篇幅的广告。

3) 广播广告

1920年，美国匹兹堡的广播电台开始播音，不久，美国人便把无线电广播技术输入我国。1923年1月23日，"大陆报—中国无线电公司广播电台"在上海播音，这是中国境内出现的第一座广播电台。1926年10月，中国创办的第一座广播电台哈尔滨广播电台开播。之后，北京、天津、上海、沈阳等地也相继创办了广播电台。抗日战争爆发的前十年里，中国的广播事业有了较大的发展，这些广播电台的创办促进了广播广告的发展。民间广播电台在这个时期也得到了较大发展，民营广播电台以播放广告为主，以营利为目的。

4) 其他形式的广告

除了报纸、杂志和广播广告以外，又出现了多种其他形式的广告。1917年10月20日开业的上海先施百货公司制作了我国最早的橱窗广告。此外，新出现的广告形式还有霓虹灯广告、车身广告、路牌广告等。上海最早的霓虹灯广告引进于1926年，即"皇家打字机"英文霓虹灯广告。上海当时最大的霓虹灯广告是红锡包牌香烟广告。月份牌年画广告是我国最早出现的商品海报，也是我国近现代广告史上极具特色的商业广告现象。与此同时，印刷广告也得到了进一步发展，相继出现了产品样本、企业内部刊物(免费赠阅)、企业主办的专业性刊物、月份牌和日历等形式的印刷广告。图1-15所示为当时的月份牌年画广告。

图1-15 中国近现代月份牌年画广告

5) 广告代理业得到发展

从19世纪下半叶开始，专门从事广告经营活动的广告公司和广告专业人员应运而生，广告业在中国诞生了。最初的广告商是由报馆代理人演变而来的，后来，随着报馆广告业务的不断扩大，报馆内设立广告部，广告代理人逐步演变为报馆广告部的正式雇员，专业从事广告业务的广告社和广告公司也开始在中国出现。随着广告在中国的发展，广告的理论研究和教学工作也逐渐展开和深入。1918年10月，北京大学成立了新闻学研究会，该研究会把"新闻纸之广告"作为研究和教学的内容之一。一些大学也相继开设了广告专业课程，《广告须知》等一些专著也相继出版，但由于当时我国商品经济发展较慢，使相关的广告学研究、教育受到了限制。

1919年，万国函授学堂上海办事处曾与我国广告界人士联合发起"中国广告公会"，这是我国广告史上最早与世界广告协会有联系的唯一全国性广告机构；1927年，上海6家广告社组织成立了"中华广告公会"，这是广告行业最早的组织，创办人是维罗广告社的王梓濂和耀南广告社的郑耀南，其主要是为了解决同业之间的纠纷和争取公共的利益。

20世纪20年代，上海的广告代理商发展到30多家，中国人开办的广告公司中，规模较大的是成立于1926年的华商广告公司和成立于1930年的联合广告公司。其他城市也陆续开办了广告社。30年代，中国广告制作水平有了很大提高，广告经营者开始关注对消费者心理的研究，出现了很多优秀的广告作品，同时也涌现出一批优秀的广告设计人才。

3. 中国当代广告时期(中华人民共和国成立以来)

中华人民共和国的成立标志着我国的广告业进入了一个新的发展时期。中华人民共和国成立后，我国的广告业得到了一定程度的发展，上海、北京、天津等大城市的私营广告公司逐渐萎缩，取而代之的是国营广告公司，如上海市广告装潢公司、北京市美术公司等，这些公司主要提供报纸广告、杂志广告、路牌广告、橱窗设计等。很多地方政府相继建立了广告管理机构，制定了一些地方性的广告管理法规，这些规定在很大程度上规范了广告市场，对广告发展起到了较好的促进作用。

20世纪80年代，社会主义市场经济得到发展，广告也得到了飞跃发展，中国广告业营业额每年以40%～50%的速度增长。广告公司由1979年以前不足10家猛增到1988年的8225家。到1989年，全国广告经营单位高达11142家，比1981年增长了100多倍。为了适应广告业的高速发展，在广告行业管理方面，相继成立了一些广告行业组织，对广告行业进行管理和协调、帮助广告公司开展业务工作、举办人员培训。

20世纪90年代，广告业由高速发展逐渐转为平稳的发展态势，广告业也逐渐发展成熟，中国广告业逐渐与世界广告业接轨。大型广告公司开始出现，广告公司之间的联合趋势也初露端倪。1997年，中国排名前8位的广告公司的营业额占全国广告公司总营业额的26.05%。一些大型外国广告公司开始进入中国市场。1999年，全国广告额为622.0506亿元，广告经营单位64 882户，广告从业人员587 474人。

20世纪90年代以后，我国传播媒介已经发展成为种类齐全、辐射面宽、覆盖率高的传播媒介体系。除了传统的四大媒介广告形式，新闻广告、店铺广告、交通广告等也重新活跃起来，文艺广告、邮寄广告、馈赠广告和商业展览会、博览会也开始较大规模地登上广告舞台，各种户外广告、名录广告、宣传册等对广告宣传也起到了补充的作用。在我国广告事业迅猛发展的同时，广告理论水平也在不断提高，广告人才的培养得到重视。目前，中国广告业取得了令人瞩目的成就，广告运作水准和专业化程度普遍提高。

1.4 广告产业的三大支柱

广告市场存在广告客户、广告媒介和广告公司这三个主体。广告客户在媒体上做广告，是因为他们希望广告内容能够传达到那些被媒体内容吸引的受众，而广告客户达到这样的目的往往需要广告公司的帮助，媒体在自己的媒体产品中也为广告客户提供了促销其产品和服务的空间和时间。通常我们把广告客户、广告代理公司、广告媒介组织(也简称广告媒体)称为广告产业市场的主体。

1.4.1 广告客户

广告客户也叫作广告主，是指进行广告活动的主体，通常指发布广告的企业，也可以是通过媒体发布广告的各种法人、团体或个人。根据广告主销售或服务类型的不同，可以把广告主分为三类：生产商和服务企业、中间商、政府机构和社会团体。

目前，美国仍然是世界上最大的广告市场。例如，2015年美国《广告时代》杂志发布了一份《全美前200名领先广告主》榜单，这200个2014年美国营销投入最高的公司一共花了1378亿美元，占了整个市场营销投入的近一半，其中，花费超过10亿美元的公司有38家，前十名分别是宝洁 (46亿美元)、AT&T(33亿美元)、通用汽车(31亿美元)、康卡斯特(30亿美元)、威瑞森电信(25亿美元)、福特汽车(25亿美元)、美国运通(24亿美元)、菲亚特汽车(22亿美元)、欧莱雅(22亿美元)、迪士尼(21亿美元)。

中国是目前成长最快的广告市场之一。根据中国广告协会发布的数据，2015年中国广告市场规模约为5973.41 亿元，同比增长6.56%，自2012年起，复合增长率达6.19%，过去7年广告市场的发展主要来源于经济总量的扩大，而市场规模占经济总量的比例基本保持稳定。据统计显示，2015年广告业新增经营单位128 203户，增幅达到23.58%；创造新的就业岗位354 603个，增幅达到13.05%。全国广告业从业人员首次突破了300万人大关，达到了307.25万人，仅仅3年时间就增长了近百万人。全国广告业经营单位总数飙升至67.19万户，平均每天新增企业超过351户。

1.4.2 广告媒介

广告媒介是指传播广告信息的载体。在广告活动过程中，媒介策划、媒介选择与购买、媒介监测及媒介运用细节都占有相当重要的地位。广告媒介能够及时、准确地把广告主的信息传送给目标消费者，刺激需求，指导消费。同时，广告主和媒介也是相互依存的关系。广告主通过广告媒介传递信息，而广告媒介在提供信息服务时也获得一定的经济收入作为媒介发展的经济支柱。

报纸、杂志、广播、电视是四大传统媒体，虽然现在的消费者有更多的获得信息的渠道，但这四大媒体仍然是名副其实的大众媒体。近几年，我国的新媒体以超乎寻常的速度发展。随着三网融合的发展，IPTV、移动电视、手机电视等数字新媒体和新业务正在国内迅速兴起。与此同时，手机无线广告业务、播客、博客、视频、户外电视等新媒体增长形势也比较乐观。随着消费者信息交流方式的改变，朋友圈硬广告，以及借助"摇一摇""抢红包"等应用推出的新的广告形式在2015年相继走红。中国的互联网广告进入一个全新的技术时代。表1-2概括了当今可利用的主要媒体形式。

表1-2　广告媒介概览

媒介类别	具体举例
广播电视媒介	有线电视、无线电视、有线广播、无线广播
印刷媒介	杂志、报纸、直邮宣传品、特制宣传品(传单)
互动媒介	互联网、互动电视、互动广播、手机
辅助性媒介	户外媒介、交通媒介、赠品、招贴、电话黄页、售点POP、活动赞助

新经济时代的来临和经济全球化进程的加快，给传媒产业带来了前所未有的发展机遇，中国传媒产业已初具规模，广告营业额占GDP的比重达到1%左右，经过了行业的起飞时期，进入成长时期。2013年度我国媒体单位广告营业额前10名如表1-3所示，其中中央电视台广告经营管理中心营业额位居榜首。

表1-3　2013年度中国媒体单位广告营业额前10名

序号	单位名称	营业额
1	中央电视台广告经营管理中心	2 559 793
2	湖南电视台	708 400
3	上海文化广播影视集团有限公司	638 200
4	江苏电视台(集团)	525 200
5	浙江广播电视集团	515 000
6	深圳报业集团	379 614
7	搜狐公司	360 500
8	深圳广播电影电视集团广告管理中心	357 700
9	浙江淘宝网络有限公司	338 700
10	新浪集团	322 300

资料来源：中商情报网

2016年，在传统媒体与互联网媒体此消彼长的快速变迁中，互联网媒体成为传媒业市场的主导力量。根据艾瑞的数据，2014年我国互联网广告收入高达1540亿元，同比增长40%；2015年，互联网广告达2093亿元，同比增长35.9%。我国2012—2016年互联网广告收入如表1-4所示。

表1-4 2012—2016年中国互联网广告收入

年度	互联网广告收入/亿元	增速/%
2012	773.1	43.8
2013	1100.0	42.3
2014	1540.0	40.0
2015	2093.0	35.9
2016	2724.0	30.1

资料来源：根据艾瑞的资料整理

1.4.3 广告公司

专业广告公司的出现是商品经济发达的必然产物，生产的社会化和市场经济的发展，必然要求有与之相适应的广告公司这样的专门性的市场信息传递组织。广告公司是指依法成立的专门从事广告经营服务的企业，详细来说就是从事广告策划、设计、制作、代理、咨询及产品发布等工作的企业。

广告公司有不同的类型，广告主可以根据自己的需求来选择不同的广告公司。广告公司按功能可分为4类。

1. 全面服务型广告公司

全面服务型广告公司即全功能的广告公司。这种类型的广告公司是拥有各种专业广告人才和先进设备，具有市场调查、研究、分析、策划、咨询能力的专业机构，为广告客户提供广告活动全过程、全方位的综合性服务。例如，世界著名的麦肯光明广告公司、李奥贝纳广告公司、奥美广告公司等就属于全面服务型广告公司，能够为顾客提供从产品研究到广告策划执行等全方位的服务。

2. 专业服务型广告公司

专业服务型广告公司即具有部分功能的广告公司。这种类型的广告公司依靠其某方面的专门的独特能力，承担部分发挥其特长优势的广告经营业务。例如，创意公司一般侧重于创意概念的开发、文案和艺术服务；媒介公司专门为广告公司和广告主购买媒介时间和空间，尤其是广播和电视时间；互动广告公司协助广告主开展新媒体(如网络、手机、互动电视等)上的传播活动；特定广告代理公司以特定的广告业务为中心，提供有关服务内容，如房地产广告公司、公共交通广告公司、地下铁路广告公司、户外广告公司等。

广告公司的内部组织一般分为职能型组织和群体型组织。职能型组织又称部门组织。职能型的广告公司按照广告活动的任务与范围，分为多个职能部门，各部门协同为广告客户服务。群体型组织又称小组制度，它是较大规模广告公司的组织形式。群体型的广告公司是按广告客户的需要，将广告公司内部机构分成若干分支小组的一种组织形态。

资料链接

AAAA 广告公司

美国广告代理协会(American Association of Advertising Agencies，AAAA)是20世纪初由美国各大著名广告公司协商成立的组织，成员包括 Ogilvy&Mather(奥美)、J.Walter Thompson(智威汤逊，JWT)、McCann(麦肯)、Leo Burnett(李奥贝纳)、BBDO(天联)等著名广告公司。该组织最主要的协议就是关于客户媒体费用的收取约定(17.65%)，以避免恶意竞争。此后，各广告公司都将精力集中在非凡的创意和高品质的客户服务中，从而创造出一个接一个的美妙的广告创意。因此，AAAA 也成为众多广告公司争相希望加入的组织。后来世界各地都以此为标准，取其从事广告业、符合资格、有组织的核心规则，再把美国的国家称谓改为各自国家或地区的称谓，形成了地区性的 AAAA 广告公司。

从20世纪70年代末到90年代初，AAAA 成员们逐渐进入华人世界里。由于国内尚未允许外商独资广告公司的存在，所以 AAAA 公司往往与国内公司合资成立合资广告公司，比如盛世长城(Saatchi&Saatchi 与长城合资成立)、智威汤逊中乔(J. WalterThompson 与中乔合资成立)等。

20世纪80年代末90年代初，随着跨国公司纷纷进入中国，国际广告公司也纷至沓来。当时，国内的广告业尚未高速发展，AAAA 公司凭借国际客户的声誉以及大胆而精妙的创意、精彩的导演和拍摄技术树立了其在国内广告界的名声，国内广告界逐渐了解了 AAAA 公司，AAAA 公司便成为国际品牌广告代理公司的代名词。那些并不是 AAAA 成员的国际广告公司也被列为 AAAA 之列，如 Dentsu(电通，日本最大的广告公司，业务量甚至超出了许多 AAAA 公司)、博报堂等。由于广告公司的人员流动性比较大，所以大多数的广告人都有多家 AAAA 公司的背景。一般情况下，我们所说的 AAAA 是指国际上有影响力的广告公司，如奥美、智威汤逊、精信、麦肯、电通、电扬、BBDO、李岱艾等。

本章思考题

1. 广告分为哪几种类型，依据是什么？你在生活中见过哪种类型的广告，请举例说明。
2. 广告的基本要素是什么？
3. 我国古代广告的主要形式是什么？
4. 从世界广告发展史与中国广告发展史的对比中，你得到什么启示？
5. 广告市场的三大主体是什么？你怎样认识各主体的市场角色？

案例分析与讨论

可口可乐已家喻户晓，为什么还要继续打广告

为什么很多家喻户晓的品牌还要继续打广告？在很多人看来，像可口可乐这样的已经家喻户晓、人人皆知的品牌，是不是可以不用打广告了呢？难道停止打广告，人们就真不买可口可乐了吗？为什么它还要一如既往地花这么多钱继续打广告呢？

一、健力宝的故事："家喻户晓"从来都靠不住

可以说可口可乐家喻户晓正是其持续投放广告的一个结果，然而"家喻户晓"从来都是靠不住的，我们来看一个曾经"家喻户晓"的典型例子——健力宝。当年被称为"东方魔水"的健力宝是本土软饮料市场中的一个奇迹，其产品图片如图1-16所示。

图1-16 健力宝产品图片

健力宝出色的广告让其坐上了国内饮料市场第一的宝座，1997年的销售额达到了惊人的55亿元，是百事可乐和可口可乐在中国销量的总和，那时橙色易拉罐的健力宝是众多"80后"的童年回忆，用"家喻户晓"形容一点都不为过，但如今对于"95后""00后"而言，很多人并不知道健力宝为何物。

健力宝"沉沦"的原因复杂，当然不能完全归结于不再投放广告，但它客观上为我们回答这个问题提供了一个绝佳的案例——曾经"家喻户晓"的品牌多年不打广告的结果就是消费者可能会忘记它。

二、遗忘曲线：人们总是很健忘

德国心理学家艾宾浩斯的遗忘曲线告诉人们：人们遗忘一件事情的速度不是线性的，而是开始遗忘快，而后续的遗忘速度就会变慢，广告商深刻明白这个道理。

通常，一个广告在电视上会播放四周然后停止两周，在互联网上投放的时候也会对同一个人群覆盖至少3次，背后就是利用遗忘曲线的原理让你在忘记之前加强印象。据尼尔森的调查数据显示，一个美国人每天平均接触到的广告品牌超过120个，如何在众多的信息中脱颖而出，广告是一个直接有效的手段。即便是已经反复加强了印象，如果过一段时间没有强化，其也会在消费者心中慢慢消失。

三、广告的作用机制:告知、说服、提醒、强化

对于任何一个产品,它的广告受众都可以分为非消费者、轻度消费者、重度消费者,广告对这3种类型的人的作用机制是不一样的。

(1) 对于非消费者,广告的作用在于培养知名度。2013 年的夏天,可口可乐的昵称瓶广告使销售额同比增长 20%,其产品如图 1-17 所示。这种转换非常重要,要知道即使是在可乐消费大国美国,依然有 45% 的家庭是不消费可口可乐的,只要广告能把这个比例下降一个百分点,对于可口可乐而言也是极其成功的。

图 1-17 可口可乐昵称瓶

(2) 对于轻度消费者,广告的作用在于培育美誉度,即广告的说服作用。轻度消费者的特征之一是他们往往对某个特定品牌没有稳定的追求,然而他们又非常重要,因为轻度消费者的消费对产品销售影响很大,这部分消费者的偶尔消费能够支撑起产品的人气,广告的作用就是确保产品在这部分消费者的选择范围之内。

(3) 对于重度消费者,广告的作用在于培养忠诚度,即广告的强化作用。这时候广告的作用就变成了强化忠诚消费者的自豪感,比如你已经是百事可乐的忠诚消费者了,这时候如果百事可乐赞助了世界杯或者请了莱昂纳多做代言,你一定会想:"嗯,这就是我热爱的那个百事!"

四、竞争和规模:如果你不做广告别人就会做

可口可乐所在的市场是一个快消品市场,快消品市场意味着较高的购买频率。同时和洗发水、化妆品等强调功能层面的产品不同,可口可乐和百事可乐在产品功能、味道层面的区分度基本不大。1970 年,美国人做过实验,只有不到 10% 的人能喝出两种可乐的区别,即品牌是维系购买桥梁的重要方式,而广告是塑造品牌最重要的方式之一。

饮料市场竞争极其激烈,而用广告保持销售规模对于可口可乐而言非常重要,你不做广告,别人就会做,别人的销售规模就会碾压你,除非你改变你的模式,保证在小规模销售的情况下也能盈利,否则通过广告维持销售规模就是必然的选择。

资料来源:卫夕聊广告

讨论:
1. 结合案例,从广告的角度分析为什么很多"95后""00后"不知道健力宝为何物。
2. 结合案例说明广告的重要性。

3. 结合案例谈谈你对现代广告发展趋势的认识。

课堂实训

按班级学生人数来确定学习小组,根据全国大学生广告创新大赛的要求,每小组人数以4~5人为宜,组队采取自愿和知识、性格、技能互补的原则。每次实训要求选举一位小组长协调小组的各项工作,原则上要求每次组长为不同人选,针对实训题目收集相关资料和数据并讨论分析,形成相应的课题报告,最后进行小组展示。

实训要求:请各小组收集与手机相关的视频广告,并分析广告的目标消费群体,讨论广告的优缺点。

选择其中一种有代表性的手机品牌,针对高校市场,运用已经学过的市场营销相关知识,对该手机品牌进行市场环境分析,并形成2000~3000字的报告。

第2章

广告调查

现代的广告活动已经不再是单纯地向大众传递商品、服务信息的推销活动。现代的广告活动是具有明确目标性、强烈竞争性和高超艺术性的整体战略活动。只有对广告活动进行周密的思考和系统的策划,才能获得理想的广告宣传效果,而一次成功周密的广告活动要从广告调查开始。广告调查是广告策划的前提与基础。广告调查通过对客观信息资料的收集和分析为广告决策提供依据。

【本章要点】
1. 了解广告调查的概念和作用。
2. 掌握广告调查的内容和方法。

导入案例

塔吉特百货大数据广告调查

大数据时代,数据量呈爆炸式增长,各行各业均面临海量数据的分析和处理。如何运用大数据技术从海量数据中挖掘出有价值的信息,将是今后企业发展的一个巨大挑战。

最早关于大数据的故事发生在美国第二大超市塔吉特百货。孕妇对零售商来说是一个含金量很高的顾客群体,但是她们一般会去专门的孕妇商店。人们一提起塔吉特,往往想到的都是日常生活用品,却忽视了塔吉特有孕妇需要的一切。在美国,出生记录是公开的,等孩子出生了,新生儿母亲就会被铺天盖地的产品优惠广告包围,那时候再行动就晚了,因此必须在孕妇怀孕前期就行动起来。塔吉特百货通过大数据分析发现,怀孕的妇女一般在怀孕第三个月的时候会购买很多无香乳液,几个月后,她们会购买镁、钙、锌等营养补充剂。根据大数据分析提供的模型,塔吉特制定了全新的广告营销方案,采用直邮的广告方式,在孕妇孕期的每个阶段给客户寄送相应的优惠券。结果,孕期用品销售出现爆炸性的增长。2002—2010年,塔吉特的销售额从440亿美元增长到670亿美元。大数据的巨大威力轰动了全美。

这个实例说明大数据在企业广告调查、营销策略制定上的成功,利用大数据技术分析客户消费习惯,判断其消费需求,从而进行精确营销。这种营销方式的关键在于营销时机的把握,要正好在客户有相关需求时才进行营销活动,这样才能保证较高的成功率。

虽然大数据分析与应用在广告调查中发挥着越来越重要的作用，但传统的广告调查的内容和方法仍然是企业进行科学广告调查的基础。

资料来源：(根据网络资料整理)

2.1 广告调查的概念和作用

企业若想宣传自己的产品，吸引消费者，树立良好的公众形象，就必须开展广告活动，而一次成功的广告活动要从广告调查开始。广告调查活动的开展能够为广告策划活动指明方向，帮助广告策划提供依据，那么什么是广告调查呢？广告调查与我们平时所说的市场调查有什么区别呢？对于这些问题的准确把握就需要提前了解广告调查的概念。

2.1.1 广告调查的概念

广告调查是指企业为有效地开展广告活动，利用科学的调查、分析方法，对与广告活动有关的资料进行系统地收集、整理、分析和评价，以期获取真实、可靠和具有权威性、客观性的第一手材料。广告调查是整个广告活动的基础，也是广告策划和实施中的重要一环。

市场调查就是运用科学的方法，系统地收集、记录、整理和分析与市场有关的信息资料，从而了解市场发展变化的现状和趋势，为企业经营决策提供科学的依据。

广告调查与市场调查在调查方法和原则上是相通的，只不过两者的服务对象不同。市场调查是为企业的整体营销决策提供依据，调查范围更加广泛。广告调查往往是围绕具体的广告活动进行的，调查范围有所限定。在进行广告调查时，可以利用市场调研时已经取得的资料，在此基础之上进行深入的广告调研。

2.1.2 广告调查的作用

在市场竞争日益激烈的今天，越来越多的企业意识到了广告的重要性。很多企业都斥巨资来做广告，希望通过广告达到提高企业经济效益和社会形象等目的，那么广告是否达到预期的效果，怎样对广告进行动态的调整，从而符合企业的整体营销战略，这已成为企业非常关心的问题。为了提高广告的效果，必须进行广告调查。广告调查不仅是广告活动的前期工作，它在整个广告活动的进行过程中和完成后，同样是不可缺少的。广告调查具有以下作用。

1. 为广告策划提供所需资料

广告策划与制作不是单凭艺术和经验而进行的，科学的广告策划要建立在广泛、深入的广告调查的基础之上。广告调查要为广告的商品定位、广告策略和广告媒体的选择、最佳广告诉求点的确定提供真实可信的信息资料。做好广告调查工作能够了解消费者的需求特点和竞争对手的状况，从而使企业能够科学地拟订广告计划，确定广告目标市场；做好广告调查可以使企业科学、合理地根据广告计划制定广告预算，从而使企业花最少的钱达到最佳的广告效果；做好广告调查可以使企业了解各类媒体的性质特点和经营状况等资料，从而使企业合理地选择广告代理和广告媒体。因此，广告调查为广告策划提供所需资料，是制定科学的广告决策的重要依据。

2. 为广告创意和设计提供依据

广告是向社会大众进行商品信息传播的一种手段，但它不是通过通知或命令的方式向人们灌输信息，是借助艺术手段。因此，广告创意的好坏就成为广告成败的关键。但是广告的创意与纯艺术品创作是有极为重要的差别的，广告创作是目的性、功能性很强的商业活动，其构思和设计必须围绕广告主商业目的的实现而展开，偏离了这一点，任何新颖独特的创意和设计都是枉费心机。因此，广告创意和设计必须建立在对产品、消费者和市场状况深入了解的基础上，而广告调查正是在这方面为其提供依据。

资料链接

国外广告调查的产生与发展

国外广告调查经历了初期调查研究、现代广告调查研究萌芽及广告调查研究大发展三大阶段。

1. 初期调查研究

早在19世纪，广告领域就出现了调查研究。初期的调查研究在调查内容上比较单一，缺乏系统性，通常采用经验性和简单性的方法。该阶段的广告调查研究工作缺乏连续性和完整性，在手段上缺乏一定的科学性。

2. 现代广告调查研究萌芽

第一次世界大战以后，市场调查和广告调研开始出现了显著的进步。1918年，哈佛大学销售学教授丹尼尔·斯达奇(Daniel Starch)开始研究检测广告文案的方法。几乎在同时期，印第安纳州大学统计学教授乔治·盖洛普(George GaHup)也研究和实践着文案检测的方法。1929年，盖洛普应雷蒙·罗必凯的邀请来到纽约的扬罗必凯广告公司建立了第一个广告公司内部的调研部。斯达奇和盖洛普在20世纪20年代所做的研究为现今文案检测提供了基本概念，如文案的受读程度和被理解程度仍然被当今广告界沿用。

3. 广告调查研究大发展阶段

第二次世界大战后，广告市场调查研究进入一个全方位发展时期，出现了消费者动机和行为调查、细分市场和确定目标市场调查、产品调研和产品定位调查、广告目标和广告策略调查等广告调查理论。

资料来源：(根据网络资料整理)

2.2 广告调查的内容

广告是指以营利为目的的广告主，以付费的方式，通过传播媒体将企业的商品、劳务、观念等信息进行传递并劝说公众的一种信息传播活动。因此，与从生产者到消费者的商品与劳务转换的全过程相关的营销因素都应作为广告调查的内容。广告调查的内容主要包括环境调查、企业经营状况调查、商品调查、消费者调查、媒体调查和广告效果调查等。

2.2.1 环境调查

广告的环境是指广告活动所处的总体环境，主要包括地理环境、政治环境、法律环境、经济环境、文化环境、科技环境等内容。在进行广告策划之前，一般都要进行环境调查。首先，要调查目标市场的国家政策法规、地方政府政策法规，具有政策性、法律性的条例，以及重大政治活动、政府机构情况等；其次，要调查当地的市场经济状况，如工农业发展水平、消费者购买能力等；最后，还要了解目标市场的人口状况、家庭结构、民俗风情、文化特点、生活方式、流行时尚、民间节日和宗教信仰等。同时，环境调查不能忽略了目标市场的地理环境调查，不同地区的消费者，因为地理环境的不同，需求会有差异。例如，南北方消费者对于防寒产品需求差异较大，广告设计人员应当根据不同的环境采取不同的广告方式。图2-1所示为米其林轮胎根据北方冬季冰雪路面打滑而推出的雪地胎的广告图片。

图2-1 米其林雪地胎广告图片

2.2.2 企业经营状况调查

企业经营状况调查主要是收集有关企业经营现状的资料，主要包括企业历史、企业设施、企业人才、经营措施、经营状况、经营业绩、市场分布、流通渠道、公共关系等内容。通过对这些信息的了解，寻找差距和不足，为塑造成功的企业形象做好准备。调查的对象既包括外部社会公众，也包括企业内部职工。调查应当利用定性分析和定量分析相结合的方法，全面、科学地对广告主的生产经营现状与历史进行深入分析。在深入分析的基础上来制定有的放矢的广告目标战略。

2.2.3 商品调查

现代广告里，大部分广告都是商品广告，而很多广告的目的就是推销商品。在有限的广告时间里，要想把产品的优点等主要信息传达给受众，引起受众的兴趣，激起广告受众的购买欲望，就必须在广告创作之前进行详细的商品调查。首先，要对产品本身进行调查，如产品的类别、规格、性能、包装、色彩、风格、技术、指标、适应性，以及同类产品的替代性、相关产品的互补性、产品的生命周期等；其次，要对产品的销售状况进行调查，如产品的日销售额、月销售额、年销售额、不同地区的销售额、同类商品在市场上的占有率和销售指数、竞争力、产品销售过程中的市场表现及获奖情况等。进行产品调研，必须有实际资料，这样才能使广告人挖掘出产品优点，并能够保证广告宣传的真实性。

例如，索尼笔记本电脑经过改良后，产品的创新点是轻巧，因此设计师根据产品的特点，选择"轻巧"的诉求，采用"如纸张一般随风飘动"的夸张手法，把产品特性展现给消费者，并激起消费者购买欲望，其广告图片如图2-2所示，被风吹散的纸张中夹杂着SONY笔记本，轻薄不言而喻。

图 2-2 索尼笔记本电脑广告图片

2.2.4 消费者调查

广告活动开展之前必须要针对消费者进行调查，企业要了解消费者的消费需求、消费动机和消费习惯，这样企业才能知道生产什么以及怎样来开展广告活动。对消费者的调查主要包括以下内容。

1. 消费者一般情况调查

消费者一般情况包括消费者的性别、年龄、民族、职业、文化程度、婚姻状况、家庭情况、收入水平和消费水平等。掌握这些基本情况是消费者调查过程中的首要问题。例如，家庭生命周期的不同阶段，消费者及家庭的购买力、兴趣和对产品的偏好都会有较大差别。单身未婚家庭经济负担轻，购买重心以个人为主。有了孩子的家庭，孩子则成为家庭的购买重心。因此，在广告活动开展之前，企业应通过综合调查，分析消费者的消费构成、消费投向及其变化规律。

2. 消费者购买动机和消费心理调查

消费者购买动机调查就是针对消费者的购买动机进行调查研究。无论是打广告还是生产和经营，都要以消费者为中心，因此，要了解消费者的愿望，他们希望有什么样的产品，他们的消费心理是什么。不同的消费者购买商品具有不同的心理需求，并由此产生复杂的购买动机。要洞察消费者的购买动机，这样才能顺利地开展广告活动。例如，速溶咖啡初上市时销量不好，当问及消费者不购买的原因时，大多数消费者说是不喜欢速溶咖啡的味道。最后，通过对消费者的购买动机调查研究后发现，消费者不愿意购买速溶咖啡的真正原因是因为他们认为购买速溶咖啡的消费者是懒惰的人，家庭主妇们以为购买速溶咖啡会变懒，从而产生一种内疚感。了解了消费者不购买的真正动机后，企业调整了产品的广告宣传策略，销量大增。

3. 消费者态度调查

态度会直接影响消费者的购买欲望，企业都希望消费者对自己的产品拥有正面、积极的态度，直至形成品牌忠诚度。广告策划人员通常通过消费者的态度来预测消费者对其商品的反应。广告活动开展之前，企业要通过调查了解消费者对自己产品的态度，并且试图通过广告宣传来影响消费者的态度。例如，本田摩托车进入美国市场时，通过调查后发现，很多美国消费者对摩托车没有好印象，他们把摩托车与黑皮夹克、弹簧刀和犯罪联系在一起。为了改变消费者的态度，本田公司发动了一场"骑上本田迎亲人"的广告策划活动，结果成功地改变了很多消费者对摩托车的态度。

4. 消费者购买行为模式调查

消费者购买行为模式，包括购买地点、方式、数量、品牌偏好、对包装的要求等，这些信息对于选择广告的诉求重点、确定广告的发布时机、选择广告的媒介都是极为重要的。消费者的购买行为受兴趣、生活方式及个性特征等因素影响，例如，在年轻的"果粉"眼中，苹果品牌是可以信赖的"电子消费顾问"，所以很多年轻的用户在购买了iPhone手机后，还会购买iPad、MacBook等产品，或是通过iTunes商店购买喜爱的音乐、电影等。图2-3所示是苹果公司相关产品的广告图片。

图 2-3 苹果公司相关产品的广告图片

> 📖 **案例链接**
>
> **象牙牌香皂的消费者动机调查**
>
> 　　20 世纪五六十年代,十分流行依靠弗洛伊德理论来解释购买行为。当时有一位比较有名的消费者行为和动机研究大师美籍奥地利人厄尼斯特·迪希特博士(Dro Rrnest Djchter),他进一步发展了弗洛伊德的理论。迪希特参与了康普顿广告公司象牙牌香皂的广告策划。他认为,沐浴并非仅仅把身体清洗干净,这还是一个摆脱心理束缚的仪式,他断定"洗澡是一种仪式,你洗掉的不仅是污垢,而且还有罪过"。由此,他拟订的广告口号是:"用象牙牌香皂洗去一切困扰,使自己洁净清醒"。此广告促销效果十分显著,一时被许多广告主和广告公司效仿。消费者动机和行为调查研究与实践用于帮助广告决策者挖掘人们内心的购买动机,而不仅仅是得到"要"或者"不要"的简单回答。
>
> 　　资料来源:(根据网络资料整理)

2.2.5 媒体调查

　　媒体调查是指对各种广告传播媒体的特征、效能、经营情况、覆盖面、收费标准所进行的调查。通过媒体调查可以使广告活动选择科学合理的媒体策略,各广告媒体取长补短,通过媒体组合策略取得最佳的广告效果。

1. 印刷类媒体调查

对于报刊等印刷类广告媒体，首先，应了解其媒体性质，是专业报纸还是知识性、趣味性报纸等；杂志是专业杂志还是大众性杂志，是月刊还是季刊、年刊等。其次，还要调查其媒体发行量。发行量越大，覆盖面越广，千人广告费用就越低。最后，还要调查读者的特征，如年龄、性别、职业、收入等。

2. 电子类媒体调查

电子类媒体调查主要包括对广播、电视、互联网等媒体的调查。首先要调查广播、电视、互联网等媒体的覆盖范围，其次还要调查节目的视听率。例如，某企业想要对自己生产的家庭日用品在全国范围内进行电视广告宣传，企业首先要通过调查，选择影响较大的电视台进行合作；其次要通过调查选择在家庭主妇愿意收看的电视节目中插播广告，来达到宣传产品的目的。

3. 其他广告媒体调查

除了大众传媒之外，媒体调查还需要对户外、交通、直邮、POP 等广告媒体进行调查，主要调查它们的功能特点、影响范围、广告费用、接触率等。

2.2.6 广告效果调查

广告效果调查主要是对广告效果的测定，通过科学的方法和手段对广告活动开展的事前、事中、事后3个阶段进行测定。广告效果的事前评估主要是指对印刷广告中的文案、广播电视广告中的脚本及其他形式广告信息内容的检验与测定。广告效果的事中评估是在广告作品正式发表后直到广告活动结束前的效果评估与测试，其目的是检测广告计划的执行情况，以保证广告策略正常实施。广告效果的事后评估是整个广告活动效果测定的最后阶段，基本上是采用目标测定法来进行测定。

2.3 广告调查方法

广告调查方法是指广告调查人员收集各种广告信息材料时所使用的途径和方法。广告调查方法有很多，企业要依据调研的目的、内容和调研对象来加以选择和利用。广告调查方法按资料来源进行区分，可分为二手资料调查和原始资料调查两类；按选择调查对象的不同可以划分为全面调查、典型调查和抽样调查3种；按语言方式可分为问卷调查和访问调查。图2-4所示为从资料来源角度对广告调查方法的分类。

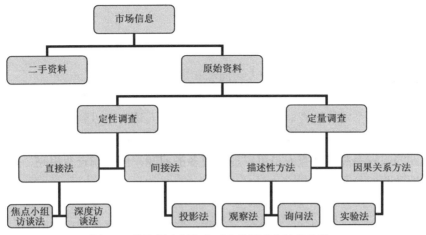

图 2-4　从资料来源角度对广告调查方法的分类

主要广告调查方法介绍如下。

2.3.1　文献调查法

文献调查法是利用现有的各种文献、档案材料来得到有关广告受众的资料，这是间接进行调查的方法。例如，通过查询《中国统计年鉴》《中国人口年鉴》《中国城市年鉴》等，就可以获取有关人口分布、年龄结构、职业构成、收入状况等数据。

文献调查法能够为企业节省时间和费用，并且为企业获得必要的信息，也为企业的实地调查打下基础。文献调查的资料来源主要有两种：企业内部资料和社会公开资料。

1. 企业内部资料

企业内部掌握一定的资料，如企业的历史记录、客户名单、历年销售记录、市场报告、客户函电等，调查人员可以从这些资料中找到有用的信息加以利用。

2. 社会公开资料

有很多社会公开的渠道可以获得信息资料，例如公共图书馆，特别是经贸部门的图书馆，可以查到某些市场背景等基本情况的资料。还有一些政府机构，如统计部门、工商行政管理部门、税务部门、专业委员会、工业主管部门等，也可以提供一些相关的统计资料。这些资料可能是人口统计资料、地方经济政策法规和经济数据等资料。研究机构、商会和行业协会也能提供研究论文、当地的规章、业务情况和会员名称表等有针对性的资料。某些报纸、杂志特别是行业报刊会经常刊登一些市场动态方面的信息，调查人员经常可以从中得到启示。调查人员还可以在消费者组织中得到一些有价值的信息，如产品质量调查、消费者调查等资料。

2.3.2　访问法

访问法是用访问的方式收集信息资料的一种方法。根据访问方式的不同，访问的方法又可以分为以下4种类型。

1. 面谈访问法

面谈访问法有两种不同的形式：个人访问法和集体访问法。

1) 个人访问法

个人访问法是对个别的调查对象进行单独访问。个人访问可以到顾客家中、办公室或街头进行面谈。例如，在化妆品柜台前询问女性顾客对化妆品的偏爱及购买习惯等。这种方法的特点是问卷的回收率高，调查人员可以提出较多的问题，但是调查费用高、耗时间，消费者的回答容易受调查人员的影响。

2) 集体访问法

集体访问法是在统一的场合，集体分发问卷，要求被调查者在规定的时间内按要求进行回答，由调查人员当场收回，或者邀请一组消费者用几小时来讨论产品或广告效果等主题，由具有专业素质的人员来进行主持，从而深入地了解消费者的态度和心理。

2. 电话访问法

电话访问法是由调查人员根据事先确定的样本，用电话向被调查人询问，借以收集资料的方法。通常企业需要设计出电话问卷调查表，并由经过挑选和培训的调查执行人员进行电话访问。这种方法简便、快捷，费用最低，但是受到通信设备的限制，询问的一般都是比较简单的问题。例如，丰田汽车会对购车的消费者进行电话访问，以确定消费者的购买习惯、获得信息的渠道等，从而进一步调整企业的广告战略。

3. 邮寄访问法

邮寄访问法是调查人员将设计好的调查问卷或表格邮寄给被调查者，并请他们答好后再寄回的收集信息的方法。这种方法样本选择面较广、成本低，被调查者有充分的时间来回答问题，但回收率低、回收时间长，所以信息往往缺乏时效性。

4. 网上访问法

网上访问法是利用互联网来进行广告调查的一种方法，可以采用网络问卷、邮件访问、在线小组讨论、在线调查点击、BBS讨论版自动统计等方式。这种方法具有电话访问法和邮寄访问法的优点，但是调查对象受到很大限制，而且因为访问的匿名性，回收信息的真实性受到影响。

📖 案例链接

大宝"我的俩宝，我的滋润"之网络调查

国内知名护肤品牌大宝在 2010 年冬季重磅推出了主题为"滋润有俩宝，齐了"的市场推广和广告宣传活动，着重推广大宝 SOD 蜜和 SOD 滋润霜两款产品。经过在网络媒体的一轮投放，该广告在关注度和活动参与度方面都取得了良好的效果。新一轮的大宝调查问卷活动

"我的俩宝，我的滋润"便是对上次"滋润有俩宝，齐了"广告投放情况的调研，以富媒体广告投放的方式，去获取广告投放效果和广告投放后品牌接受度变化的具体信息。大宝网络调查问卷视窗截图如图 2-5 所示。

该广告在视窗的基础上，运用了 iSurvey 这一富媒体增值功能，显示出调查问卷的画面效果。整个调查问卷广告的翻页、问题设置数量适度，共 6 页 10 个问题，以适应现代人快节奏、高效率的行为方式。

图 2-5　大宝网络调查问卷视窗截图

此次为大宝网络调查问卷打造的 iSurvey 富媒体广告，平均点击率达 2.42%，广告点击与完成问卷的转化率接近 10%，参与人数达 3000 多人。表示对该品牌有好感度的占参与调查人数的 77%，知晓"俩宝"产品的人数占 60%。通过调查问卷可以具体地了解广告投放的良好效果以及广告投放带来的受众关注度和对品牌好感度的提升。

资料来源：中国互动广告

2.3.3　观察法

观察法是通过调查人员在现场对被调查者的情况直接观察、记录来收集资料的一种手段。调查人员到调查现场，耳闻目睹顾客对市场的反应或公开行动并且进行记录，或者利用仪器间接地进行观察以收集资料。观察法包括直接观察法、仪器观察法、实际痕迹测量法3种方法。

1. 直接观察法

直接观察法是由调查人员深入指定的商店，观察产品、场地设施、工作人员的态度，以及消费者的购买兴趣、注意力、行动等，并进行记录。例如，某白酒公司想要了解消费者对酒的态度，以及品牌定位是否与消费者需求契合，采用参加派对的方式，观察派对上消费者饮酒的行为习惯，从而生成相关报告。

2. 仪器观察法

仪器观察法的具体方法很多。例如，将监测器安装在收音机或电视机旁，以自动记录收看时间、收听或收看哪一家广播电台或电视台、收听或收看的人有什么反应等。又如，精神电流测定器可以通过测量脉搏、血压、呼吸、汗腺等间接测出相关人员的情感变化和心理反应。仪器调查一般用于媒体收视率调查和广告效果研究领域。

3. 实际痕迹测量法

实际痕迹测量法是指调研人员不直接观察消费者的行为,而是通过一定的途径来了解他们行为的痕迹。例如,一种产品在几种不同的媒体上做广告,广告附有回条,消费者寄回回条会收到赠送礼物。企业根据回条的统计数据来分析最佳的广告媒体。

2.3.4 实验法

实验法是把调查对象置于一定的条件下,对研究对象的一个或多个因素进行操纵,以测定这些因素之间的关系。这种方法科学性较高,可以通过小样本的观察分析来了解某些市场变量的发展趋势,但是这种方法耗时间、费用比较高,而且大规模的现场实验往往难以控制。

实验法一般分为实验室测验与市场测验两种,一般用于在广告活动展开前探究消费者对产品的包装、口味、广告主题、广告文案等的反应。

> **📖 资料链接**
>
> **电视广告的剧场实验**
>
> 电视广告的剧场实验是美国的一些广告公司进行广告效果检验的常用方法,步骤如下。从某大都市的居民电话簿上随机抽取约1000名居民,给名单上每位居民寄4~8次参加某电视节目预演的邀请,并告诉他们如果来的话就有机会中奖。通常情况下,有300~400人前来参加。
>
> 在电视播出之前,给每位参加者一张有关产品品牌的名单,请他们从每种产品的3类品牌中选择一个他们希望抽奖时能得到的品牌。然后自己拿着这份名单,继续收看30分钟电视片,其播放每种产品3类品牌中的一种品牌广告。看完节目,让观众记录下他们对广告所能回忆起的内容。再给他们另一份品牌名单,让他们选择他们现在想要的品牌,用作第二次抽奖。最后对每种电视广告效果进行评价,方法是比较观众在观看广告前后品牌选择偏好的变化。
>
> 资料来源:(根据网络资料整理)

2.3.5 焦点小组访谈法

焦点小组访谈法是由一个经过训练的主持人负责组织讨论,主持人以一种无结构的、自然的形式与一个小组(通常为8~12人)进行讨论,针对预先设定的话题,现场气氛越轻松越好,主持人控制进程,并启发大家的讨论。讨论结束后,通过录像、录音等资料对大家的讨论进行观察和分析,得出结论。图2-6所示为焦点小组访谈单面镜会议室场景,小组在进行访谈讨论时,旁边的另一个会议室可以看到讨论现场、听到讨论内容,并根据内容进行讨论、观察和分析。

图2-6 焦点小组访谈单面镜会议室场景

2.3.6 问卷法

问卷法是将调查的内容设计成调查问卷发给(或邮寄给)被调查者,请被调查者按要求填写问卷表后回收,从而收集资料的一种调查方法。进行问卷调查时,首先要明确调查主题和所需的资料,其次要明确被调查对象的类型,然后设计问卷,对问卷进行小组实验,最后打印和印刷调查问卷。在所有的工作中,根据实际情况设计一份完美的问卷是问卷法成功的关键。调查问卷的制作步骤如图2-7所示。

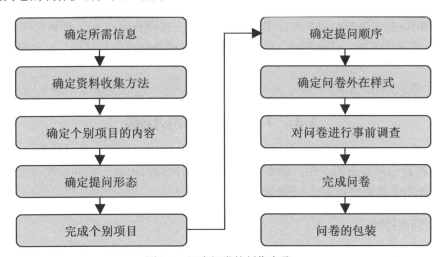

图 2-7 调查问卷的制作步骤

1. 问卷的基本结构

问卷由4部分组成:标题、说明词、调查内容和被调查者基本资料。问卷的标题要明确此次调查的目的和应该解决的问题,不能含糊不清或过于笼统。说明词主要介绍调查目的、意义、填写问卷的方法、要求及一些必要的承诺、致谢、其他说明事项等,说明词要简洁,态度要诚恳，争取被调查者的合作。调查内容主要通过提问和回答的方式来收集。被调查者基本资料视调查的目的不同会有所侧重。

2. 问卷的设计形式

问卷的设计形式一般有开放式和封闭式两种。

开放式问题就是自由问答题，不给出具体答案。例如：

您对笔记本电脑的外形和功能有何个性化的构想和要求？

封闭式问题是指在提出的问题之后，给出可供选择的答案，答案由问卷填写者根据具体情况填写。例如：

您对手机的功能更偏重哪一项？(最多三项)

A．上网　B．短信　C．铃声　D．摄像　E．其他

调查问卷中，问题的排列顺序要合理，一般的顺序是：先问一般问题，再问特殊问题；先问接触性、过渡性问题，再问实质性问题；先问容易回答的问题，再问不容易回答的问题。问题要围绕广告调查的目的进行设计，语言表达要明确规范。问题的数量不宜过多、过散，回答问题所用时间最好不超过半个小时。问卷的问题设计要科学，便于数据录入和数据处理。一般情况下，调查问卷是将两种类型的问题结合起来，以封闭式问题为主，适当辅以开放式问题。

综上所述，广告调查的方法有很多，但是所有的广告调查方法都有各自的优缺点，因此应当根据不同的情况选择不同的方法。在实际调查中，各种调查方法并不是孤立和互相排斥的，应当把各种方法巧妙结合，并且注重广告调查技术的运用。例如采用抽样技术，如何正确确定样本单位(确定调查对象是谁)、样本规模(确定应该调查多少人)、抽样程序(确定选择答卷人的方法)等非常重要。只有正确、恰当地运用广告调查的方法与技术，广告调查才能取得最佳的效果。

2.4　广告调查的步骤

广告调查是一项复杂的工作，需要详细而周密的计划，因此，企业应当合理安排，有序进行。广告调查大致要经过下面5个步骤。

1. 确定调查目标

确定广告调查目标是实施调查的第一步，因此需要进行认真的分析和研究，清楚地界定需要调查和解决的问题，明确需要收集的资料，确定企业最需掌握或者解决的问题。确定调查目标是一个由抽象到具体、由一般到特殊的过程，可在现有的与调查问题有关的资料或试调查的基础上，明确广告调查需要收集的资料。现有资料可以利用的应该尽量采纳，然后确定需要调查获取的资料，如市场规模、消费者需求状况、目标市场特点等。

2. 制定调查方案

这一步骤在广告调查中既具体又复杂，要求制定出的调查方案要翔实、可操作。确定调查目标后，就要拟订具体的调查实施计划，在开展调查项目前，制订整体框架和计划。调查方案一般包括调查的目的和要求、调查内容、调查所要采取的方法、调查进度的安排、调查人员分工、调查费用的预算和调查注意事项等内容。

> **案例链接**
>
> **多芬调查的研究设计**
>
> 多芬调查的研究设计分以下几个阶段。
>
> (1) 文献调查。查阅所有与女性和美相关的文献资料，包括他人研究、调查报告、媒介报告及学术文献等，目的是明确哪些研究是以往没有关注过的，帮助定义本次调查研究的主题和范围。
>
> (2) 定义问题。形成两个研究委员会，邀请各大学以及研究机构的专业人士，参与进一步的问题界定和研究设计。经过多次研讨和辩论，专家认为现有研究已经关注了很多女性由于过分追求美而产生的问题，但是缺乏对解决方法和策略的研究。
>
> (3) 探索性研究。主要是设计一个深度的定性研究，旨在获得女性对美在诸多问题上的真实态度。调查访问了 200 多名女性，通过拍照、提问、观察等方式获取信息。这一阶段的目的是保证定量调查问卷涵盖正确的内容，同时也是对真实状态下女性如何讨论美的一个文本分析。
>
> (4) 定量调查。将定性研究结果进行全面分析后，设计一份定量问卷，在全美国范围内选择 1600 名女性进行调查，得出最后的调查报告。全部调查对象分成 3 组，需在采访前做不同的准备工作：给 1/3 的被调查者一个日记本，要求其将每一个关于美的时刻和经验记录下来；给另外 1/3 的被调查者每人一个相机，要求其拍摄她们自己或别人认为美的东西；还有 1/3 的被调查者在访问前不做任何准备。
>
> 在全美国范围内实施 1600 人的电话抽样调查。美国西海岸、东海岸、中西部地区以及南部 4 个地区每个地区至少执行 300 个电话调查，每个电话调查时长大约 30 分钟。
>
> 资料来源：钟静. 广告策划理论、案例、实务[M].

3. 展开实地调查

按照调查方案的要求开展调查活动。在调查实施过程中，调查人员应当掌握与被调查者沟通的技巧，了解本次调查需要解决的问题，具备相应的经验和知识。调查人员在调查实施过程中，按照设计的调查方案对调查的时间和费用等进行控制。

4. 整理、分析资料

调查活动结束后，要对收集到的有关资料进行整理、分析。整理的工作主要有：编校，对收集来的资料加以校核，消除不准确、不符合实际情况的内容；分类，把经过核实的资料进行归类，并制成各种统计图表。

分析的工作主要有：数据处理，计算各类资料数据的平均数、标准差和百分率；制作图表，反映各类资料之间的相互关系；运用统计技术进行数据分析，找出数据的发展规律及数据间的关系等。

整理和分析资料的过程也是对资料进行研究的过程。

5. 编写调查报告

编写调查报告是广告调查过程的最后阶段，广告调查报告为企业广告决策的制定提供依据。调查报告一般包括以下4部分的内容。

(1) 序言：简要说明调查的情况，一般只简单地介绍有关项目的基本情况，通常包括扉页、目录和简介等内容。

(2) 摘要：用简单扼要的语言对调查结果做概括介绍，并提出某些带有行动意义的结论和建议，目的在于使企业有关人员很快了解有关市场调查的基本结果，以便从中引出结论和决定采取相应的措施。

(3) 正文：详细分析调查资料，从提出问题到得出结论以及论证过程均应全部述及，同时，还应说明对问题进行分析的方法，得出的相关结论，并提出建议。

(4) 附录：主要有分析方法说明、统计图表和公式以及参考数据等。

本章思考题

1. 如何正确理解广告调查的作用？
2. 简述广告调查的主要方法。
3. 企业内部广告资料调查包括哪些内容，适用何种广告调查方法？

案例分析与讨论

宝洁公司的广告市场调查

一个称为"贴身计划"的摸底市场调查静悄悄地铺开了。"润妍"品牌经理带十几个人分头到北京、大连、杭州、上海、广州等地选择符合条件的目标消费者，和他们一起生活48小时，进行"蛔虫"式调查。从被访者早上穿着睡衣走到洗手间开始洗脸梳头，到晚上洗发卸妆，女士们的生活起居尽收眼底。在调查中，宝洁发现消费者认为滋润又具有生命力的黑发最美。

宝洁公司还发现：将一根头发放在显微镜之下，会发现头发是由很多细微的表皮组成的，这些称为毛小皮的物质直接影响头发的外观。健康头发的毛小皮排列整齐，而头发受损后，毛小皮则是翘起或断裂的，头发看上去又黄又暗。而润发露中的滋养成分能使毛小皮平整，并在头发上形成一层保护膜。有效防止水分的流失，补充头发的水分和养分，使头发平滑光亮并且更滋润。同时，润发露还能大大减少头发的断裂和摩擦，令秀发柔顺易梳。

宝洁市场调查表明，即使在北京、上海等大城市也只有 14%左右的消费者会在使用洗发水后单独使用专门的润发产品，全国平均还不到 10%，而在欧美、日本等发达市场，约 80%的消费者会在使用洗发水后单独使用专门的润发产品。这说明国内大多数消费者还没有认识到专门润发步骤的必要性。因此，宝洁推出润妍不仅是借黑发概念打造属于自己的一个新品牌，而且要把润发的概念迅速普及。

资料来源：湛江广告公司网站

讨论：
1. 宝洁公司这次调查的主要内容是什么？
2. 在这次调查中，宝洁公司采用了何种调查方法？
3. 结合案例说明广告调查的作用。
4. 根据这次调查的结果，你认为宝洁公司在今后的广告中应注意哪些问题？

课堂实训

各小组针对实训要求进行广告调查，收集相关资料和数据，实施调查并讨论分析，形成相应的广告调查报告，最后进行小组展示。

实训要求：请各小组为vivo手机进行高校市场广告调查，各小组可以自定广告调研目标，以本系同学为调查范围，采用抽样调查的方法和访谈的方法，精心设计调查问卷，实施问卷调查，并对收集到的资料、数据进行分析，写出广告调查报告，为下一步广告推广和策划提供决策依据。

第3章

广告心理

广告传播的主要目的是有效地与消费者进行沟通，刺激消费者的购买动机，引导消费者采取购买行动。因此，在进行广告策划时，广告策划人员有必要了解消费者购买行为和相关心理因素，利用广告心理学的知识，在广告的具体实践活动中影响消费者，以加强广告的效果。

【本章要点】
1. 了解广告与消费者行为的关系。
2. 掌握广告与感觉、知觉和注意的关系。
3. 掌握广告与记忆、联想和态度的关系。
4. 掌握利用广告心理学知识促进消费者采取购买行为的策略。

导入案例

多芬真美丽——基于广告心理的成功广告策划案

一直以来，多芬品牌的核心理念即鼓励女性寻找真正属于自己的美丽。基于这一理念，多芬于 2004 年起在北美和欧洲发起了颠覆性的"真美行动"(Real Beauty Campaign)，帮助更多女性发现自己真实的美丽并勇敢绽放出来，引发了巨大反响。之后，多芬开始将活动向全球推广。

2011 年，多芬承载着这样的使命将这一享誉全球的"真美行动"带到了中国，致力于帮助中国女性从狭隘的美丽定义中解放出来，发现自己独一无二的美丽。2013 年 3 月的"女人生来美丽"主题营销活动就是在这一背景下推出的。活动一经推出，在网络上引发了一轮关于"真美"话题的讨论。

此外，多芬 2013 年还在全球范围内推出"真美画像"创意视频，他们邀请素描肖像画家吉尔·萨摩根据 7 位女性自己的描述和来自他人的描述分别创作两幅画像，而最后两幅画像的对比却令人无比震撼。视频从头到尾没有出现任何的产品叫卖，但其内容本身却深深触动了几乎每一位女性心灵深处对于美丽的困扰和诉求。多芬希望通过这样一个简单而生动的社会实验告诉女性消费者："你，远比自己想象的美丽"。你眼中的自己和别人眼中的你画像对比如图 3-1 所示。

图 3-1 你眼中的自己和别人眼中的你画像对比

据悉，这条触及万千女性内心深层、激励女性自我认可的三分钟视频，连续数月在全球各大视频网站上占据点击量的榜首，创造了国内近 7000 万次、全球超过 1.65 亿次的点击观看记录。多芬通过独特的品牌理念与消费者拉近距离，并在这一理念指导下在全球范围内引发人们对于"真美"的思考，再度成为业内关注的话题。

为了了解中国乃至亚洲市场，2005 年，多芬做了一份横跨亚洲 10 个国家和地区、总计访问 2100 名女性的调研报告——《多芬美丽白皮书》。结果显示：由于受到狭隘的、模式化的美丽定义的影响，仅有 4%的女性认为自己是美丽的，大多数女人会感受到别人的美丽而没有意识到自己的美丽，对美丽这件事 60%的女人表示"有压力"。

正是基于这一洞察，多芬于 2013 年 3 月 8 日推出"女人生来美丽"活动，"女人生来美丽"的传播活动分阶段展开。据多芬官方微博统计，活动期间，共有 8300 万消费者表示对活动感兴趣，"女人生来美丽"的话题转发量高达 263 000 次，最终有近一万人真正参与了互动，并贡献了自己的想法。

多芬通过深入洞察消费者心理，重新定义了美，多芬认为任何人都可以很美，美的定义不应当局限于狭隘的标准，真实的美丽存在于不同的外形、身材、年龄和肤色中。那些对美的认识饱受困扰的女性通过多芬的广告传播对美进行了重新定义，变得更加自信，多芬也因此达到了广告传播的目的，通过深入分析了解消费者心理，利用广告进行激发，与消费者产生共鸣，从而影响消费者的认知和购买行为。

资料来源：(根据网络资料整理)

3.1　广告与消费者行为的关系

广告心理学是研究广告活动中有关信息传递、说服购买的心理现象和运动规律的边缘学科。了解消费者对广告的认知特点，把握消费者对商品利益的关注点，找到消费者感兴趣的广告诉求点，激发消费者的购买欲望，在广告策划中十分重要，因此有必要深入了解广告与消费者行为之间的关系。

3.1.1 广告受众心理活动过程

广告受众的心理活动过程是指消费者对企业及企业的产品从感觉到认知,再到产生消费需求,最后采取消费行为的一系列过程。这一过程大致分为认知过程、情绪过程和意志过程三部分。

1. 认知过程

广告受众是广告信息的直接接触者、接受者,受众在接触广告信息时,不仅是被动地接受,而且通过对广告相关信息,如产品品牌、用途、价格等信息进行思维加工,形成更深层次的认知。受众首先对感兴趣的广告信息产生注意,然后在广告的进一步宣传下强化、巩固已有的印象,经过对相关的感性认识综合分析判断后,形成对企业品牌总体的理性认知。因此,企业需要通过广告信息对受众的认知过程产生影响,例如引起受众注意、加强其记忆等,以使其形成对企业有利的认知。

2. 情绪过程

广告受众在接触广告信息、形成对企业品牌的认知后,并不一定会采取购买行动,这期间会受到需求、动机、兴趣及信念等个人心理因素的影响,从而对企业和品牌形成一定的情感体验,如喜欢或讨厌、愉快或不愉快、信任或不信任等,这一过程就是受众心理活动的情感过程,贯穿购买心理活动的评价阶段和信任阶段。因此企业在进行广告宣传时,除了要提供足够的信息外,还要注意引导受众产生对企业品牌有利的情感体验。

图3-2所示是可口可乐的户外广告,通过场景的设置引起消费者注意,体现可口可乐的美味,加强消费者的愉悦体验。

图3-2 可口可乐户外广告

3. 意志过程

广告受众除了受外部因素和内部心理因素影响产生认知和情感外,在购买活动中,会有目的地调节自己的行为,努力克服障碍,实现既定的购买目的,这一过程就是广告受众心理活动的意志过程。

受众为了满足自己的需要，会在经过思考后有意识地计划自己的购买行为，实现购买目的。例如，在购买私家车的过程中，受众为实现自己出行代步或体现自己的身份、地位等目的，会有意识地计划自己的购买行为，如咨询价格、购买渠道等，在这一过程中受众会克服不具有专业知识、信息选择困难等障碍，以实现顺利购买。企业在受众购买过程中，应当通过广告信息对其产生心理影响，坚定其购买意志和信念。

3.1.2 广告心理与AIDMA法则

从广告心理的角度来看，一个成功的广告应当能够唤起消费者的注意，启发消费者的联想，最后说服消费者采取购买行动，而消费者从接触产品广告信息到最后产生购买行为也正契合这样一个过程。

1898年，美国广告学家E. S. 刘易斯提出了AIDMA法则，该法则很好地解释了消费者的消费心理过程，广告管理者可以运用该法则深入了解消费者的心理和行为，制定正确的广告策略。

AIDMA是注意(attention)、兴趣(interest)、欲望(desire)、记忆(memory)和行动(action)这5个英文单词首字母的缩写，指的是广告作用于消费者，消费者所经历的心理历程，首先消费者注意到该广告，其次产生兴趣而阅读下去，再次产生想买来试一试的欲望，然后记住该广告的内容，最后产生购买行为，如图3-3所示。

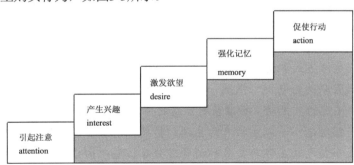

图3-3 AIDMA法则作用于消费者所经历的心理历程

广告策划和管理人员在广告策略制定和实施过程中，应该注意运用AIDMA法则，创作出好的广告来迎合消费者的心理，引导消费者最后采取购买行为。例如在广告画面设置上，可以采用鲜艳的颜色搭配和独特的设计风格吸引消费者注意，可以采用悬念等手法让消费者感觉到广告信息有趣，还要使消费者感觉到产品的独特魅力，使其产生购买欲望。通过广告信息的重复等手段加强消费者记忆，使其最终产生购买行为。

例如，苹果公司为了吸引中国消费者的注意，使中国消费者对苹果公司产品产生购买兴趣，最终能够购买苹果产品，在2017年春节期间，发布中国风广告，邀请华人艺术家使用苹果产品和各种App创作年画，使中国消费者耳目一新，达到了很好的宣传效果，如图3-4和图3-5所示。

图3-4 苹果年画广告之吉星高照

图3-5 苹果年画广告之阖家团圆

资料链接

从 AIDMA 到 AISAS

AISAS 是由电通公司 2005 年针对互联网与无线应用时代消费者生活形态的变化，而提出的一种全新的消费者行为分析模型。

目前，营销方式正从传统的 AIDMA 法则逐渐向含有网络特质的 AISAS 法则发展。

AISAS 即 attention、interest、search、action、share 5 个英文单词的首字母，意为引起注意、引起兴趣、进行搜索、购买行动、人人分享。具备网络特质的 search 和 share 的出现指出了互联网时代下搜索和分享的重要性，而不是一味地向用户进行单向的理念灌输，充分体现了互联网对于人们生活方式和消费行为的影响。

如果说第一代互联网与电视、报纸一样承担了信息发布者的角色，网络搜索引擎则提供了与传统媒介完全不同的，主动、精准获取信息的可能性。紧接着，Web2.0 带来了传统媒体无可取代的全新传播理念——以生活者为主体的传播。消费者不仅可以通过网络主动获取信息，还可以作为发布信息的主体与更多的消费者分享信息。由于将生活者吸引进来的网络工具(如 Blog/Wiki/BBS)的崛起，生活者的行为模式和媒体市场也随之变化。个人 Blog 通过像 Google AdSense 这样的广告定向发布与利益共享机制，不断完善其作为广告媒体的功能，而且各种搜索网站的精度也在不断改进，从而使媒体市场由之前的扁平式发展逐渐呈现深度、精准发展的趋势。

传统的 AIDMA 模式整个过程都可以由传统营销手段所左右。基于网络时代的市场特征而重构的 AISAS 模式，则将消费者在注意商品并产生兴趣之后的信息搜集和产生购买行动之后的信息分享，作为两个重要环节来考虑，这两个环节都离不开消费者对互联网(包括无线互联网)的应用。

由于互联网无可替代的信息整合与人际传播功能，所有的信息将在互联网聚合，以产生成倍的传播效果，以网络为聚合中心的跨媒体全传播体系随之诞生。

资料来源：(根据网络资料整理)

3.2 广告与感觉、知觉和注意

消费者是诸多复杂市场要素的中心，因为消费者需求是市场营销的起点，一切市场策略只有满足消费者的行为特点才能奏效。广告为消费者提供有关商品信息，指导消费，同时唤起消费者的潜在需要，使其产生购买愿望，进而产生购买动机。因此，广告需要快速、准确地让消费者记住特定的商品信息，根据消费者对广告信息的认知过程，首先要深入分析消费者的感觉、知觉和注意。

3.2.1 广告与感觉

感觉是人脑对直接作用于感觉器官的客观事物个别属性的反映。感觉是最简单的心理现象，是消费者认知产品的起点。消费者通过视觉器官、听觉器官、嗅觉器官、味觉器官、皮肤感觉器官等对外界的广告信息进行收集，形成对产品的第一印象。在营销中，消费者对产品的第一印象十分重要。例如，气味推销法就是利用消费者的感觉来进行促销。一家大型超市可以释放刚烘烤的面包的人造香味，以此来增加食品部面包、蛋糕等的销量。

人类感觉的需求以视觉为最高，约占80%，听觉、触觉、味觉、嗅觉次之。所以，在广告中，颜色对消费者产生的影响很大，色彩可以影响人的生理和心理，引发兴趣，产生联想。消费者感知色彩有轻重之分，有冷暖之分，而且不同的文化背景下，色彩对消费者产生的影响也不同。广告设计师往往能够利用消费者对色彩的感知特点，在广告中营造出让消费者印象深刻的视觉效果。

例如，佳能IXUS系列相机推出了"你好色彩"系列广告，如图3-6所示。广告画面通过色彩给消费者以强烈的视觉冲击，强调了佳能相机对画面色彩的超群表现以及相机色彩亮丽的外观设计，标志着佳能产品在技术与外观上的双重突破，为广大用户带来了一个科技感与时尚感并存的全新佳能。

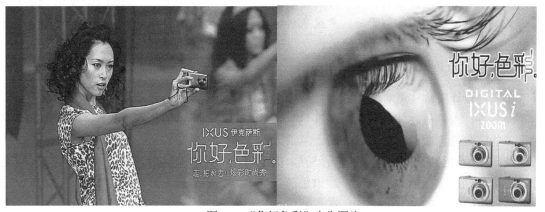

图3-6 "你好色彩"广告图片

> **案例链接**
>
> 洋河蓝色经典色彩营销
>
> 国际上从 20 世纪 80 年代就开始实施色彩营销战略了,现已广泛采用。如美国苹果电脑的彩色机壳、诺基亚手机"色彩旋风"的卖点、鳄鱼 T 恤的绿色标志、柯达胶卷的金黄色包装已经成为一个品牌的象征,令人过目不忘。近年来,中国的企业也越来越重视色彩在产品营销中的作用。
>
> 江苏洋河酒厂推出的洋河蓝色经典系列可谓中国近几年色彩营销的典型案例之一。洋河大曲已经有四百多年的悠久历史,清朝年间更是皇室贡品。和高档白酒茅台、五粮液比起来,洋河酒多年的市场表现可谓不温不火,在中档白酒市场中沉浮。洋河酒厂于 2003 年策划洋河蓝海战略,蓝色经典横空出世。从传统营销学角度来讲,洋河的成功可以从绵柔型的产品定位、精准的价格定位、1+1 渠道模式、"男人的情怀"广告语等多角度去分析。但对于消费者来讲,所有这些营销方式体现出的效果应该都是在亲眼看到"蓝色魅力"之后的事。蓝色对洋河的成功有多么重要,结果不言而喻。所有的努力和营销手段,都是为了重新定位洋河在消费者心目中的位置,增加满足感,提升价值。
>
> 把中国市场目前在售的高档白酒摆在一起,其实一眼就能看出它们的共性——主打红色。红色的象征意义包括兴奋、热烈、吉祥、喜庆、庄严、积极、富贵、华丽、成熟、生命力……这和前面提到的消费者对于高档酒的印象是非常吻合的,再加上中华民族的传统文化,所以很容易引起消费者的价值认同和情感共鸣。虽然高档白酒品牌都围绕红色大做文章,但毕竟可发挥的空间实在有限,红色疲劳引起的品牌同质化不可避免地出现,使竞争胶着。如何快速成长或突出重围是各大酒厂最头疼的问题。
>
> 洋河另辟蹊径,将价值印象定位到了优雅、柔情、睿智、冷静、宁静、纯净等方面,选择蓝色,也是必然,蓝色能够更好地体现新的品牌印象。而一体化的价格策略、渠道策略和广告促销,全面展现了洋河蓝色经典对于高端酒文化的另外一种诠释方式。
>
> 无论洋河蓝色经典的成功是不是刻意的色彩营销,但事实上已经用到了色彩营销的概念和模式,出奇制胜。从色彩营销的角度来讲,色彩战略为传统产品注入了活力和希望,色彩产生的印象如灵魂贯穿品牌营销的始终,每一个细节都对消费者产生影响。
>
> 资料来源:(根据网络资料整理)

在广告设计中,注重对消费者感觉规律的运用有助于提高广告效果。"入芝兰之室,久而不闻其香;入鲍鱼之肆,久而不闻其臭",这说的就是感觉的适应现象,消费者在持续接触很多的广告信息后,就会习以为常,从而无法注意广告中的信息。因此,商品的包装、品牌名及广告设计都应与同类商品有所差异,突出自己的特点来吸引消费者的注意。在广告设计中还可以利用感觉的对比现象,通过色彩、亮度、大小、远近等对比的手法,突出广告的主题,吸引消费者的注意。例如,在黑暗的天空背景下,大幅的彩色霓虹灯广告可以通过强烈对比,给消费者留下深刻的印象。

3.2.2 广告与知觉

知觉是人脑对直接作用于感觉器官的客观事物的整体反映,是对事物各种属性、各个部分的整体反映,是选择、组织和解释感觉刺激,使之成为一个有意义和连贯的现实映像的过程。知觉是感觉的深入,同时消费者的购买行为受知觉的影响比较深刻,因此广告心理学十分重视对消费者知觉心理的研究。

1. 知觉的选择性

消费者往往只对那些自己感兴趣的,与自身的习惯、需求等相一致的信息产生注意和认知,而对其他的信息熟视无睹,这就是知觉的选择性。在知觉过程中,消费者能清晰知觉到的事物成为知觉对象,而其他事物则成为背景,由于消费者知觉的选择对象不同,可能导致不同的认知结果。图3-7所示图片中,消费者选择不同的知觉对象,则会产生不同的认知结果。

图3-7 知觉选择性图片

广告信息若想让消费者选择性注意,在众多的广告信息中脱颖而出,可以通过增加刺激强度、对比度、重复率和新鲜度等方式,来影响消费者的选择性认知。例如,可以采用视觉冲击力强的画面效果、影视特技和音响效果等;或者采用新潮、奇特、时尚的风格使广告信息更加引人注意;或者通过色彩对比进行空间立体化的设计,瞬间吸引受众注意力并接受广告信息的表达。

红星美凯龙于2014年为了每年一度的"2天来了"促销做了一次大胆创意传播,在国内首创采用真人海报的形式。画面中,年轻的男女白领悬空手拿计算器,飞快地算着账单,背景上醒目的红字写着"我爱2天,千算万算363天,一切只为等2天!"(见图3-8)。与此相对的蓝阵营上,一位穿着貂皮的"土豪"正悬空坐在金马桶上,身侧还伴有一名女秘书,旁边两行大字"我恨2天,打折促销安能辨我是土豪!"(见图3-9)。这一新奇的宣传方式引起了消费者的注意和讨论,起到了很好的广告宣传效果。

图 3-8　红星美凯龙真人海报(一)

图 3-9　红星美凯龙真人海报(二)

2. 知觉的整体性

消费者会把通过感觉传到大脑里的大量离散的、有关刺激物的信息进行有机结合，使之成为一个整体。例如，消费者在了解服装时，不仅观察服装的样式、色彩、质地、大小、手感等因素，还会通过知觉把这些因素结合起来，形成整体的认知效果。

客观事物分别作用于不同的感官，这些刺激物经常一起出现，形成一种固定的联系，随着经验的积累，大脑把这种联系保存下来，形成一种关系反射。当这种复合刺激再度出现时，人们根据自己的知识经验，对刺激物进行加工处理，使知觉保持完备。如图3-10所示，人们会根据以往经验把图形中并不存在的三角形在头脑中补充完整。

在广告策划及设计中，应着眼于与商品有关的整体上，而不是单纯的商品本身，效果会更加突出。例如，在录放机的广告画面中，不单纯突出产品，而是渲染使用产品的场景及欢乐的气氛，使消费者形成整体认知，效果会更突出。

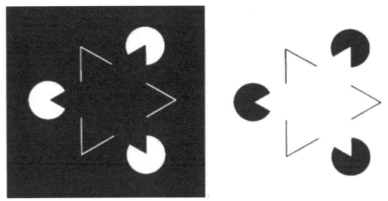

图 3-10 知觉整体性——并不存在的三角形

3. 知觉的解释性

"一千个读者眼中就会有一千个哈姆雷特。" 消费者对广告信息的接触会有所选择，同时对广告信息的理解也会因心理特质和文化背景的不同而产生理解上的差异。

知觉是一种个体现象。人们按照个人对刺激的理解进行选择，并将感受到的这些零散的刺激存入大脑，再结合先前的经验、需要、动机、期望和兴趣，在一定心理原则的基础上综合这些刺激，进而推得意义，得出自己对刺激物的解释。由于每个人的社会经验不同，看到同一事物得到的结果就会不同。

例如，消费者在挑选服装时，根据服装的品牌、面料、样式等感觉信息进行知觉推论，不同的消费者根据自身偏好、经验等的不同得出的知觉解释结果可能会不同。有的消费者认为名牌的服装品质好，优质高价，有的消费者认为服装应该物美价廉，名牌服装溢价太多，因此对于同一服装，不同消费者会产生不同的知觉解释性结果。

3.2.3 广告与注意

引起注意是任何一个商业广告成功的基础。诺贝尔经济学奖获得者赫伯特·西蒙曾说过："随着信息时代的到来，有价值的不是信息，而是你的注意力"。消费者通常处于信息超载的环境中，所以消费者的注意力已经成为一种稀缺资源。怎样才能使广告吸引消费者的注意呢？为此，必须了解有关消费者注意的特点和规律。

心理学根据引起和保持注意时有无目的性和意志努力的程度，把注意分为无意注意和有意注意。无意注意没有预定的目的，也不需要做意志努力的注意，消费者对广告的知觉通常以无意注意为主。引起无意注意的原因可能来自两方面：刺激物的特点和消费者的主观状态。

1. 刺激物的特点

刺激物的强度、刺激物之间的对比关系、刺激物的活动和变化、刺激物的新奇性等特点都会引起消费者的无意注意。

1) 刺激物的强度

刺激物的强度会对消费者的无意注意产生直接的影响，通常强度越大越能引起消费者的注意。例如，强光、巨响、奇香等都会立刻引起人们的无意注意。在广告方面，大标题、鲜艳明亮色彩的印刷广告、声音响亮的广播、报纸的大版面广告等都可以引起人们的无意注意。

2) 刺激物之间的对比关系

刺激物形状、大小、颜色、持续时间等方面与其他刺激物存在显著差别，构成鲜明对比时，容易引起人们的注意。例如，黑暗天空背景下的明亮霓虹灯广告牌、电视广告中黑白画面中彩色的产品等都易引起消费者的注意。

3) 刺激物的活动和变化

活动和变化的刺激物相对于静止的刺激物更容易引起消费者的注意。例如，霓虹灯广告一亮一暗、广告画面的强烈变化等都是广告设计中常用的吸引消费者注意的方法。如图3-11所示，广告图片中狮子在使用了洗发产品后，由原来威猛的雄狮变得非常温柔，前后的变化吸引了消费者的注意。

4) 刺激物的新奇性

新奇的东西很容易成为注意的对象，而刻板的、千篇一律的、多次重复的东西就不易引起人们的注意。所谓好奇心，就是指对这种新奇刺激物的注意。例如，广告设计中常用创新的手法来吸引消费者的注意，如真人海报、平面广告的创新设计等。

图3-11　广告中刺激物的变化

2. 消费者的主观状态

消费者对广告是否能产生注意，也取决于消费者本身的主观状态。同样的广告内容，由于不同消费者主观状态的差异就可能导致一些消费者注意广告信息，另一些消费者不注意广告信息，主要原因取决于以下两方面。

1) 消费者的需要、兴趣和态度

当消费者的某些需求和兴趣与特定的事物产生关联的时候，这些事物就容易成为无意注意的对象。例如，一个消费者最近想要买一台笔记本电脑，那么在平时的生活中，与电脑相关的商店、广告、信息等都会引起他的注意。

消费者的直接兴趣也会引起无意注意。例如，与消费者工作相关的内容往往会引起其直接兴趣，画家在接触广告信息时更加注意广告的艺术设计，从事文教工作的人总注意书刊广告，因为这些事物可能对他具有重要的意义。

人的需要、兴趣影响着人对事物的态度。对事物抱着漠不关心的态度，不容易引起无意注意；对事物抱有积极的、特别富有情感的态度，则容易引起无意注意。

2) 消费者的情绪和精神状态

消费者接触广告时的情绪状态在很大程度上影响着无意注意，例如，当消费者心胸开朗、心情愉快时，平时不太容易引起注意的事物，此时也很容易引起他的注意。又如，在喜庆日或节假日期间，有些平时被认为是色彩过于鲜艳、不够雅致的商品，这时也可能被认为有喜气而引人注目；而当消费者情绪抑郁、心情不愉快时，往往会对某些事物"视而不见""听而不闻"。

消费者的精神状态也是对广告产生无意注意的重要影响因素，如消费者在生病或极度疲劳状态时，对于平时感兴趣的事物也会忽略；而消费者在身体健康、精神饱满时，对新鲜事物会产生更浓厚的兴趣，注意力更加集中。

引起注意是广告达到良好传播效果的第一步，也是一个重要环节，不管是电视广告还是报纸广告，或是新媒体广告，引起注意是广告成功的基础，也是评价广告是否成功的重要因素。但同时，引起注意在成功的广告活动中只能称为一种手段，而不是目的，这种手段决不能分散广告的注意力，不能让人最终停留在"注意"上，而应让人关注商品信息。例如一则电视广告，如果漂亮的模特引起了消费者的关注，而消费者几乎没有对产品相关信息给予关注，则这则广告没有达到其传播效果，并不是一则成功的广告。

3.3 广告与记忆、联想和态度

一则成功的广告不仅要能引起消费者的注意和兴趣，还要让消费者能记住广告的主要内容，使消费者对广告信息产生积极的联想和态度，最终促使消费者产生购买行为。因此为了加强广告传播效果，有必要了解记忆、联想与态度的规律及相关原理。

3.3.1 广告与记忆

广告信息对消费者产生的影响会有一定的迟滞性，消费者对广告信息有一个慢慢接受、逐步深化认识的过程，当一则广告信息对消费者产生影响后，消费者不一定会马上去购买或消费，而可能要经过一段时间后才会产生购买行为。广告宣传中的视听元素加强了消费者的记忆，在消费者需要进行相关购买决策的过程中，这些记忆会对消费者产生潜移默化的影响，充分发挥刺激功能，从而达到较好的广告效果。例如，某人想买一台电视，他当然想挑质量好、价格适中的品牌，此时他的脑海里就不禁会回忆起日常生活中经常接触到的有关电视的广告，经过比较后，再决定购买。这种对过去看过、听过的广告的回忆，就是人的广告记忆心理活动。从信息加工的观点来看，记忆就是信息的输入、编码、储存和提取。

人的记忆是由感觉记忆(瞬时记忆)、短时记忆和长时记忆组成的系统，如图3-12所示。

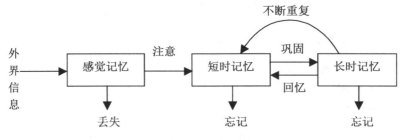

图3-12　记忆系统

1. 感觉记忆

感觉记忆是指保持感觉刺激(光、声、气味和触压等)的瞬时映象，其保持时间一般不超过两秒钟。广告信息刺激消费者首先形成感觉记忆。例如消费者在接触广告信息时，储存大量的信息形成感觉记忆，但保持时间很短，其中一部分信息丢失，另一部分信息由于被注意而转入短时记忆。

2. 短时记忆

短时记忆是指一分钟以内的记忆。短时记忆的"痕迹"较浅，很容易消退或被其他信息刺激、干扰，逐渐消退。短时记忆在思考和解决问题时起暂时寄存器的作用。例如，我们在记忆一个电话号码时，在很短的时间内能根据记忆去拨电话号码，但是打过之后就忘记了。短时记忆中储存的是正在使用的信息，在心理活动中具有十分重要的作用。例如，日本三菱公司在上海的办事机构所用的电话号码为4303030，它的谐音为"是三菱三菱三菱"，这样的电话号码刊登在广告上，不仅起到了通报联系电话的作用，而且非常容易记忆。

3. 长时记忆

长时记忆是指一分钟以上直到许多年甚至终身保持的记忆。譬如说，我们在一个月前或更长时间前曾看过某广告，现在仍能想起，这就是长时记忆。长时记忆需要消费者记住的信息量更大，一般是对短时记忆重复的结果，也可能是由于对某一信息印象深刻而一次形成。

消费者接受了广告信息后，首先通过感觉记忆，把广告信息保持在短时记忆里，如果广告信息不断重复，消费者才会反复记忆，广告信息转化为长时记忆，消费者一旦接触了相关产品，相关信息很快就会浮现脑海，促进其进行购买。

> **📖 案例链接**
>
> **15秒、30秒、2分17秒的视频广告，究竟哪个效果最好**
>
> Google曾经与亿滋国际合作进行相关测试，他们把亿滋全麦饼干品牌Honey Maid的一个商业广告，分别剪辑成15秒、30秒和2分17秒三个不同的版本，并用YouTube可跳过的前置广告形式TrueView进行测试。

该广告讲述了一个来自多米尼加的移民家庭眼中的美国,并在2015年美国拉美裔传统月期间测试。该测试主要从两个层面监测观众的反应:一是观众看不同版本的时长分别是多少;二是不同版本如何影响广告记忆度和品牌好感度。

15秒剪辑版是最短版本的广告,是以父亲的画外音开场,展现了全家人在一起的场面,并以品牌Honey Maid的Logo和标语结束。产品最早出现在视频第6秒,产品和品牌Logo出现的时长总计为5秒,占整个视频广告时长的1/3。

30秒剪辑版讲述了有关故事的更多细节,包括父亲一大早驱车上班的情节以及全家人一起娱乐的场面。当然,随着整个视频长度的增加,品牌产品展现的时间也相应增加。产品第一次出场的时间是第11秒,Logo和产品出现的总时长为10秒,依然占总视频长度的1/3。

2分17秒最长剪辑版让这个家庭的故事更加丰富,除了父亲讲述之外,观众还听到了来自母亲、女儿及祖母(用西班牙语)的声音,这个广告突出的也是家庭和庆祝的主题。2分17秒的广告中,产品第一次出现的时间是1分17秒,品牌和产品展现的总时间为12秒,只占了整个视频长度的9%。

在三个剪辑版本中,15秒的广告是被观众跳过最多的版本,且它在提升品牌好感度方面效果最差,但它在唤起广告记忆方面效果最好。因此,这种短格式看起来更适合注重品牌认知度而不是好感度的广告主。30秒的广告被全程看完的比例要高于其他两个版本,这一比例要比15秒版本的广告高出30%。在提升品牌好感度上,30秒版本也比15秒更好。2分17秒版本的广告被跳过的次数比15秒的少,但比30秒的多,只有15%的观众完整地把这段广告看完。品牌直到1分17秒才出现,这意味着许多观众压根就没看到Honey Maid这个品牌。

由此次Google所做的测试分析可以看出,短视频表现出突出的品牌记忆度,加长视频存在一定的局限性,虽然长视频具有一定的广告价值,但适当减少广告信息数量有利于增加广告记忆度。

资料来源: (根据网络资料整理)

3.3.2 广告与联想

所谓联想,就是由一种事物想起另一种事物,或由想起的一种经验又想到另一种经验的心理过程。例如,人们一说到"苹果"马上联想到苹果手机,一看到鸳鸯戏水就想到夫妻和美等。联想实际上就是借助想象,把相关的、相似的、相连的事物通过沟通点加以联结,广告宣传的最终目的就是要在消费者头脑中建立商品与品牌之间的联想。

事物之间存在不同程度的共性,因此人们在认识不同事物时,往往会对这些事物产生联想。根据具体联想方式的不同,联想一般可分为4类。

1. 接近联想

接近联想是指人们对在空间或时间上接近的事物形成的联想。例如，天安门和人民英雄纪念碑的联想属于空间接近联想；看到新闻联播想到天气预报属于时间接近联想。

2. 类比联想

类比联想是指对外形和内涵上相似的事物形成的联想。例如TCL电冰箱广告，通过冰箱中伸出来的果树，使消费者从果树上长着的水果的新鲜类比联想到TCL电冰箱的原生态保鲜技术，体现了TCL原生态冰箱通过模拟食物"出生地"生态环境，通过综合技术维持食物采摘时的物理特性，达到保鲜的目的。

3. 对比联想

对比联想是指人们因事物在性质和特点上的相对性而引发的联想。例如，黑和白的联想、冷和热的联想等。为了充分说明特定商品给人们带来的效用或好处，商品广告常使用对比的手法。例如，为了体现雪碧饮料凉爽的特点，往往用酷热的夏天做背景，形成鲜明的对比，也使消费者产生对比联想。

4. 关系联想

关系联想是指人们依靠事物间的各种关系而产生对别的事物的联想。由于事物间的联想是多方面的，所以引起的关系联想也是多方面的，如部分与整体关系的联想、因果关系联想等。例如，冰到凉爽的联想即属于关系联想。

在进行广告设计和创作时，可运用4条主要的联想定律来使人们建立联想。如果广告创意能够把这些联想定律考虑进来，就能使人们展开联想的翅膀，从而更轻易地达到宣传的效果。例如"雀巢奶粉"的广告，一群可爱的宝宝比赛爬行的场面，激发了年轻父母的怜爱之心，获得了不错的效果。

📖 案例链接

肯德基粉红色与浪漫的联想

可乐从诞生到现在，已经有了130多年的历史。虽然已经一百多岁了，可乐给消费者的印象一直是充满青春与活力。对于大品牌来说，在广告上能玩的创意几乎已经玩遍了，怎样才能让营销更上一层楼？最关键的还是从产品来入手。不管是可口可乐还是百事可乐，都在不停地对可乐的口味做出新的尝试，很多不同口味的可乐都是某国限定。

比如，肯德基联手百事可乐推出了一款粉红色可乐，如图3-13所示。

图 3-13 肯德基粉红色可乐广告图片

这款粉红色可乐由肯德基独家发售，只有在肯德基才能喝到。

在这款可乐的宣传片中，粉红色不仅仅是浪漫的，还是充满了活力的。粉红色可乐颠覆了人们对于可乐只有咖啡色的固有认识，使消费者通过粉红色产生浪漫、有活力的联想，轻松俘获了万千少女的心。

资料来源：0931创意厂牌

3.3.3 广告与态度

消费者接触到产品广告信息后，是否会采取购买行动在一定程度上还取决于消费者对该产品的态度。为了让消费者对商品持有利的消费意图，就需要促使消费者对产品或者消费拥有正面、积极的态度，这是一个非常重要的前提。

但是，对于一种商品持有利的态度并不一定直接促成有利的购买意图。消费者喜欢一个品牌，同时更喜欢另一个品牌。因此，态度有时是由偏好来衡量的。偏好是指对某一物体或相关联属性特别喜欢的正面态度，例如某个人可能更喜欢百事可乐而不是可口可乐等。

态度不是天生就有的，而是通过后天学习得到的，消费者在实践中逐渐形成对某产品的态度，态度一旦形成就会持续一段时间，并且不会轻易改变。因此，广告设计中应当通过广告信息的传递来逐渐影响消费者，使消费者形成对企业品牌有利的积极态度，最终促进产品的销售。

案例链接

央视关注首个中国品牌日：外国消费者开始喜欢中国品牌了

2017年5月10日是我们国家第一个中国品牌日，2017年的主题是"深化供给侧结构性改革，全面开启自主品牌发展的新时代"。设立这样的一个品牌日，对于市场、企业、消费者和中国经济都会带来哪些影响呢？一边是疯狂的"海淘"，一边是中国品牌在海外的热销，问题在于消费者的心态还是品牌？

一、设立中国品牌日"正当其时"

中国品牌这个群体已经相当庞大。据统计，截至2016年，我国商标注册申请量达到369.1万件，连续多年位居世界第一。其中，不少优秀品牌已在全球舞台崭露头角。世界品牌实验室最新发布的"世界品牌500强"中，已有36个中国品牌入选。中国品牌已实现了不起的跨越，然而，要成为一个品牌强国还有很长的路要走。

面对中国品牌目前存在的问题，《人民日报》的评论文章也直截了当地指出："向外看，与发达国家相比，中国的国际知名品牌少、品牌影响力较弱、品牌话语权较小、品牌总体形象仍然有待提升；向内看，一些消费者更喜欢选择国外品牌，热衷海淘、代购，折射出中国品牌的差距。"

世界旅游组织公布的报告显示，2016年中国大陆游客的境外消费总额达到2610亿美元，居全球第一，而创造这一纪录的是1.22亿人次的中国出境旅游游客。为什么国人总是青睐外国产品呢？除了走俏的电饭煲以外，这几年日本的马桶盖又突然人气大增，成为不少国人赴日购物清单上的首选，有人甚至一次买两三只带回去。面对中国客人的购买热情，日本商家已然疲于应对。很多人到日本买的马桶盖，实际上其原产地在中国的杭州，但是就是因为有品牌作为标志，基于品牌背后的质量和服务，消费者就比较信任。国内的品牌，无论是价格还是消费者的接受度都还差一点。

二、中国的消费者喜欢外国品牌，外国的消费者开始逐渐喜欢中国品牌

事实上，随着中国企业国际化的推进，中国品牌的产品在全球随处可见，越来越多的中国品牌已经成功逆袭，占据世界市场。

2015年，"美的鼎釜IH"智能电饭煲卖到了电饭煲的"老家"——日本，并获得了当年国际设计界的最高奖项——红点奖。2016年，美的智能电饭煲出口量高达335万台，而出口最多的国家也正是日本。作为中国企业国际化范例之一的华为，以自主开发的处理器以及创新技术为卖点，创造了全球智能手机市场份额前三名的成绩。当国内高端手机市场80%被苹果公司占据的时候，华为已经在海外市场挑战了苹果和三星的地位。

从以上资料可以看出，消费者态度能够对消费者购买行为产生重要影响，中国品牌在改变消费者态度、取得消费者信任方面还需要继续努力。

资料来源：央视新闻客户端

3.4 广告心理策略

广告要想取得好的传播效果,最终促进消费者采取购买行为,就需要在广告设计时契合消费者的心理,运用合理的广告心理策略来强化广告作品的感染力。

3.4.1 吸引消费者注意策略

广告界有一句名言:"让人注意到你的广告,就等于你的产品推销出去一半。"在信息超载的时代,消费者的注意力已经成为一种稀缺资源,因此,在广告设计时,必须充分研究消费者的心理特点,运用恰当的心理策略,增强广告吸引消费者注意的效果。

1. 大小与强度

根据心理学理论,刺激要引起反应必须达到一定的强度,在一定范围内,强度越大则反应越大。因此,为了增强广告的效果,一种惯用的策略就是有意识地增大广告刺激的强度,如大标题、大屏幕、大版面、大声音等。堪称"世界广告之最"的瑞士钟表广告所用的表长107米、直径16米、重6吨,垂挂在东京一座新落成的摩天大楼上。

消费者对事物的注意不仅受到刺激物尺寸大小的影响,还要受到背景刺激的影响,刺激物的相对强度大也容易引起消费者注意。刺激的对比越强烈则人们对这种刺激所形成的条件反射也越显著,因此,在广告设计中可以有意识地设置广告中各元素之间的对比关系,如色彩对比、字体对比、空白对比等。

2. 新奇

新奇与人的好奇心密切联系,出人意料、新颖的广告很容易引起消费者的注意,因此在广告设计时,应注意广告的创新性,充分利用消费者的好奇心理。例如,泰国首都曼谷有家酒吧在门口放着一个巨型酒桶,外面写着醒目的大字"不准偷看!",许多过往行人十分好奇,非要看个究竟不可。哪知道,只要把头探进桶里,便可以闻到一种清醇芳香的酒味,还可以看到桶底中隐约出现的"本店美酒与众不同,请享用!"字样,不少大叫"上当"的人却在粲然一笑之后顿觉酒瘾大发,于是进店去试饮几杯。该酒吧设置了这种新奇的广告方式,利用了消费者好奇的消费心理从而取得成功。

3. 动态与变化

受众对广告的注意受到刺激物活动变化的影响,运动着的物体比静止的物体更易引人注意,如夜空中的流星、花丛中飞舞的蝴蝶、夜空中闪烁的霓虹灯等,这些刺激物都是在相对静态的背景下,利用动态来吸引人的注意力。刺激物的变化可能是突然的变化、不断的变化或对比的变化等。

例如成都地奥集团的地奥银黄含片广告,广告一开始是电影演员李雪健在向观众诉说,但听不到声音,也没有任何音乐发出,持续了近5秒钟才听见声音。李雪健向观众诉说:"没声音,再好的戏也出不来,地奥牌银黄含片……"在电视播放的过程中,突然静止5秒钟,这种突发性的变化容易引起消费者的注意。

📖 案例链接

良品铺子户外 LED 大屏广告投放

良品铺子作为高端零食的领先品牌,签约国内艺人吴亦凡为品牌代言人,并将"高端零食"定义为品牌战略和企业战略,以期以高端零食战略引领行业升级。同时配合代言人官宣,通过全国户外 LED 大屏广告进行展示,在重点城市、重点地标吹响吃货青年集结号!良品铺子户外大屏广告如图 3-14 所示。

图 3-14 良品铺子户外大屏广告

强大的传播效果有赖于 LED 广告联播的媒体布局,以及联播联动技术,在客户需要进行全国性市场推广时,获得全国范围的影响。作为整合传播的重要一环,户外 LED 广告助力良品铺子在户外实现超高频次的品牌曝光,让品牌走进消费者心中。

资料来源:(根据网络资料整理)

4. 增强感染力

刺激物的强度和对比度固然可以引起受众的注意,但倘若它反映的信息毫无意义、缺乏引起受众兴趣的感染力,则引起的注意也是短暂的。因此,在广告设计中应有意识地增加广告的感染力,通过新奇的构思、艺术性的加工、诱人关心的题材等,激发消费者对广告中各种信息的兴趣。

例如中华汽车电视广告，通过父子亲情来增强广告的感染力。广告文案如下："如果你问我，这世界上最重要的一部车是什么？那绝对不是你在路上能看到的。30年前，我5岁那一夜，我发高烧，村里没有医院，爸爸背着我走过山越过水，从村里走到医院。爸爸的汗水湿遍了整个肩膀，我觉得这世界上最重要的一部车是爸爸的肩膀。今天我买了一部车，我第一个想说的是：阿爸，我载你来走走，好吗？中华汽车，永远向爸爸的肩膀看齐。"这则广告突出了父子之间的亲情，与消费者产生了强烈的心理共鸣，通过广告亲情的感染力很好地吸引了消费者的注意力。

5. 版面位置

消费者对于不同位置的信息可能产生不同的注意效果。一般观看时，首先会将注意力集中在左方，然后是上方，最后是右方。因此在设计广告时，应当在左上方安排最易产生刺激的特点或特性，使消费者引起注意。

广告版面的大小对广告效果也有直接影响。一般情况下，版面越大，越容易引起消费者的注意，但并不是一种等比例关系，还与广告设计创意、色彩运用、广告文案等有直接关系。但是，假如在同一版面上有几则不同广告同时刊出，如报纸的半版，此时消费者的注意力首先在四周，其次才是中间。当然在设计广告时，还要运用上述的各种方法，如增加对比度等来加强刺激效果。

3.4.2 增强消费者记忆策略

广告设计人员不仅希望消费者能够注意到广告信息，同时也希望消费者能够记住广告信息，从而对其以后的购买行为产生积极的影响，因此，提高广告的记忆度是广告设计的基本心理策略之一，通常可以采用以下方法。

1. 适当减少广告信息数量

广告是在有限的空间、时间内进行信息的传播，消费者不会花很多时间去仔细阅读，更不会专门去背诵。因此，广告信息在消费者记忆系统中呈现的是短时记忆，而消费者的短时记忆容量是有限的，大约7±2个组块，所以为了加强消费者对广告信息的记忆，广告信息数量不宜过多。广告内容应简明易懂、清晰浅显，广告目标应单一、明确、重点突出。

2. 加强消费者的情绪记忆

消费者在记忆时往往把体验过的情感和情绪作为记忆的内容，因此，在广告宣传时适当地增强广告的感染力，使消费者把广告信息和自身某种情绪相关联，更容易加深消费者的记忆，这种情绪可以是美好的、愉悦的，甚至是恐怖的。例如，耐克运动鞋广告恐怖篇，电视广告开篇时，大家看到一位女士晚上在家里正要洗漱时，从镜子中看到了戴着面具的歹徒，惊恐之中跑出屋外，歹徒在后面猛追。这位女士穿着耐克鞋越跑越快，而歹徒累得气喘吁吁，最后只得停下来。广告画面出现文字："为什么要运动，因为你可以活得更长。"该广告把产品信息与消费者的恐怖情绪紧密联结在一起，很容易就加深了消费者的记忆。

3. 适当重复广告信息

消费者初次接触到广告信息后，留在大脑里的痕迹不深，很容易忘掉，因此在广告宣传时，应适当地重复广告信息。德国心理学家艾宾浩斯研究发现遗忘过程有一定的规律，遗忘的过程是不均衡的，在识记之后，最初遗忘得比较快，以后逐渐减慢，即艾宾浩斯遗忘曲线(见图3-15)。所以在刚刚开始广告宣传时，应采用高频率，待消费者对商品有了一定的了解后，可以降低重复的频率。一般可采取的方式包括：同一广告不断重复播出；同一广告在不同媒体播出；广告在同一媒体系列播出。例如，获香港4A广告创作金帆奖的爱立信企业形象系列广告父子篇、健康篇、教师篇、爱情篇、代沟篇，虽然情节不同，但都传达了电信沟通、心意互通这一主题。

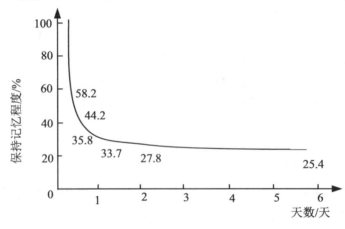

图3-15　艾宾浩斯遗忘曲线

4. 合理安排重点记忆内容的位置

一般情况下，消费者对于开头和结尾部分的内容记忆比较深刻，而中间部分容易遗忘。例如，我们在背一本书的单词时，记得最清楚的就是开头和结尾那几页的单词。因此，广告设计要把最重要的内容安排在广告的开头和结尾，以加强消费者的记忆。比如，一则广播广告一般会将广告的重要内容分别放在前后两个记忆区，开始会首先播放吸引消费者购买的主题，将厂家、联系方法、通信地址、电话号码等放在最后，中间是具体展开的信息内容。

5. 充分利用节奏和韵律

有关不同材料记忆效果的研究表明，有意义且有韵律的材料最容易被人们记住。例如，人们在学习诗歌5天后，能记住80%左右；散文能记住40%；而无意义的音节能记住20%。可见，有韵律、有节奏的记忆材料容易被人理解和记忆。广告设计时应充分利用这一点，多创作一些朗朗上口、节奏鲜明、富于韵律的广告语，使自己所要传递的广告信息能够迅速、有效地被消费者记住。例如古井贡酒的广告词"高朋满座喜相逢，酒逢知己古井贡"，广告词富有韵律,很容易被消费者记忆。

3.4.3 联想在广告中应用策略

不同的消费者在看到同一事物时会产生不同的联想,年龄、文化背景、兴趣、爱好都会对消费者的联想产生影响。在广告设计中,要善于利用消费者的联想及相关规律,突破时间和空间对广告信息的制约,使广告信息得以扩展与延伸,对消费者的购买行为产生正向的积极影响。

现代的很多广告设计都运用了联想策略。例如在新年到来之际,无论是国外的圣诞节还是中国的春节,许多广告主题都与节日相关,这种广告主题与时间的契合更能够使消费者产生共鸣,是典型的联想策略的应用。例如可口可乐2017年春节推出的广告"就要『年』在一起",用全新的广告手法唤醒消费者对传统习俗的重视,在春节这一特殊时段,很容易引起消费者的情感共鸣。

广告设计中也经常应用对比的手法,这是对比联想的典型应用。例如,白加黑感冒药,白天吃白片与晚上吃黑片形成了鲜明的对比;黑人牙膏的产品名称与洁白牙齿形成鲜明对比,这些都是对比联想应用的典型例子。

类比联想在广告设计中的应用也非常广泛。例如,啤酒取名为北冰洋,让消费者联想到夏季饮用清凉爽口;德芙巧克力广告词为"牛奶香浓,丝般感受",就是用丝绸光滑的质地和巧克力的纯正口感进行类比。

广告设计中通过联想规律的运用,丰富了广告信息,加强了广告信息的传播效果。

3.4.4 影响消费者态度策略

广告要说服消费者购买广告宣传的产品或服务,必须改变消费者的态度,使其产生对广告商品有益的积极态度,因此,广告策划和设计必须与消费者的态度联系起来。影响消费者态度的具体策略如下。

1. 广告信息与消费者需求相关

消费者有时并不能了解自己的需求是什么,广告可以在帮助消费者了解其需求的同时,指出产品能满足消费者的这种需求,使消费者对产品产生积极态度。例如飘柔洗发水的广告"用飘柔,就是这样自信",该广告的诉求点是现实生活中人们日常生活的需求,极易把人们在现实生活中对必需品的需求和产品联系起来,从而使人们在缺少生活必需品的时候有一个想法——把飘柔买回去使用,使广告信息与消费者洗发的需求相关,达到广告的说服目的。

2. 增强广告信息源可信度

越是客观真实的信息越能让消费者放心,否则就会使消费者产生消极的态度。通常可采取以下策略增强广告信息的可信度。

1) 客观宣传

广告信息在突出产品特点的同时,也不要回避次要特征,应客观地宣传商品,从而取得消费者的信任。例如,劳力士表的广告为"敬请消费者注意,该表一天快24秒",尽管广告中指出了表的缺点,但消费者依然愿意购买,原因在于广告的客观宣传取得了消费者的信任。

2) 实际表演或操作

消费者对于不熟悉不了解的产品会有疑惑,所以在广告信息中可以采用实际表演和操作的形式,让消费者眼见为实,加强其对产品的信任。例如,某旅游商店为推销一种强力万能胶水,用该胶水将一枚价值千元的金币粘在墙上,广告词是:"谁能用手指将它剥下,金币便归其所有"。很多人慕名而来,费了九牛二虎之力也没能把金币剥下来,一时间胶水销量大增。

3) 科学鉴定和专家评价

消费者的态度会受到专业人士的影响,因此,广告设计时可以采用专家评价和科学鉴定来提高广告信息的可信度。例如,高露洁牙膏广告通过中华医学会专家的评价和推荐来提高消费者对广告信息的信任度。

4) 消费者现身说法

由消费者自己来介绍使用产品的切身感受,会使消费者感觉更加亲切、可信,所以广告设计可以采用消费者现身说法的形式。例如,雕牌洗衣皂广告中的人物都是普通生活中的消费者,通过普通消费者对雕牌洗衣皂使用情况的好评,使消费者感同身受,对产品形成积极态度。

3. 给消费者积极的情感体验

在广告表现中要尽量避免"自卖自夸",应通过引导的方式让消费者自己去体验广告产品或服务,自己得出结论,避免消费者产生逆反心理,从而使消费者对广告产品产生积极的态度。

4. 激化广告气氛或情境

广告设计时,也可以有意在广告中营造一种产品畅销或供应紧张的氛围,促使消费者及时做出购买决策。例如某房地产网站发布消息称"本市某区仅剩120套房可售",开发商鼓吹"无房可售"的目的是人为制造紧张气氛,催促购房者尽快出手。

本章思考题

1. 广告受众的心理活动过程包括哪些内容?
2. 广告心理的AIDMA法则包括哪些内容,举例说明其应用。
3. 影响消费者注意的因素有哪些?
4. 简述增强广告记忆的方法与策略。
5. 简述联想在广告设计中的应用,并举例说明。

案例分析与讨论

"光棍节"变身促销节

2016年,淘宝"双11"迈入第8个年头。阿里实时数据显示,截至2016年11月11日24时,天猫"双11"全天总交易额1207亿元,创造了新的世界纪录!如今,"双11"从最初单纯的"光棍节"打折促销发展为电商大战,这场中国人的狂欢节已经演变为全球狂欢节。

营销实质上打的就是心理战,调动消费者的购买欲望并让其转化为购买行为是营销的一个重要目的。淘宝"双11"营销大获成功的原因就在于其很好地抓住了消费者的心理,具体分析如下。

1. 消费是可以被刺激的,消费者是可以被引导的

通过广告传递低价策略信息本身具有巨大的吸引力,当消费者感到物超所值,消费欲望就会猛然膨胀,本来没有的消费需求也会被拉动起来。图3-16所示为"双11"网页宣传图片。

图3-16 "双11"网页宣传图片

2. 打出仅此一天的广告口号,以机不可失、时不再来的姿态最大量地集中消费者

商场都懂得这个道理,如果是天天打折促销,一周总的销售额比不上周末集中促销效果好。原因在于天天低价让消费者感到随时都可以去选购,没有心理上的紧迫感,惰性会导致很大一部分的消费欲望没有最终转化成实际购买行为,而周末促销则相反,淘宝很好地利用了消费者抓紧时间的广告心理。

3. 广告宣传非常到位

从几百个品牌到集合了近万个品牌一起做活动,淘宝把自己定位成一个超级卖场,商品的齐全和品牌的档次每一样都不输于甚至远远超过线下的大商场。从开始前一个星期在淘宝及各大论坛进行主动宣传,把促销价格降到一个消费者不得不动心的价位,到不惜重金在央视《新闻联播》时段后做广告,每一个行动都在最大化地聚集消费者。

提前20天,淘宝就开始在全国范围、线上线下刷屏,不断为"双11"活动造势。各种海报遍布地铁站、公交站、电梯、楼道等公共场所,各大App的首页也陆续覆盖,线上海报更是随处可见。结果很好地证明了广告宣传决策的正确性,除了销售额能够见证,活动本身也成为一个重大的话题和经典的案例。

4. "病毒式"营销预热

除了以上推广方式，2016 年的天猫晚会还尝试了 VR、增强现实、直播等新型表现形式。淘宝制作结合 VR 技术的 H5《穿越宇宙的邀请函》在"双 11"前夕就刷爆朋友圈，对"双 11"进行完美预热。淘宝选择大热的直播进行营销创新，联合网红、明星主播等在不到一个月的时间内直播近千场，关注度爆棚。

"双 11"营销的成功之处正是抓住了消费者的广告心理。

资料来源：华夏心理 (经编辑)

讨论：
1. 结合案例说明"双11"促销广告从哪些方面影响消费者心理？
2. 结合案例说明"双11"促销运用了哪些广告宣传手段，效果如何？
3. 结合案例谈谈你对广告心理策略运用的认识。

课堂实训

各小组针对实训题目收集相关资料和数据并讨论分析，形成相应的广告心理策略方案，最后进行小组展示。

实训要求：请各小组根据广告心理策略，为vivo手机市场推广制定前期市场预热广告方案，各小组可以挑选细分市场，如高校市场等。各小组成员应明确分工，在讨论、分析的基础上形成方案。

第4章

广告创意原理及思考方法

广告大师大卫·奥格威曾经说过:"要吸引消费者的注意力,同时让他们来买你的产品,非要有很好的创意不可!除非你的广告有很好的创意,否则它就像在黑夜里行驶的一只没有罗盘的轮船,很快就会被夜幕吞噬……"创意是广告的生命,是广告的灵魂,这一点已得到广告人的一致认同。

【本章要点】
1. 掌握广告创意的概念和原则。
2. 了解广告创意的原理。
3. 掌握广告创意的过程。
4. 掌握获取广告创意的方法。

导入案例

U,是时候红牛了

1995年,风靡全球的红牛饮料来到中国,在中央电视台春节晚会上首次亮相,从此中国饮料市场上多了一个类别——能量饮料,金色红牛迅速在中国刮起畅销旋风。红牛饮料源于泰国,至今已有40年的行销历史,产品销往全球一百多个国家和地区,凭借强劲的实力和信誉,红牛创造了奇迹。作为一个风靡全球的品牌,红牛的广告宣传也极其具有特色。

红牛饮料广告创意特点分析如下。

一、独特性

红牛是一种维生素功能型饮料,主要成分为牛磺酸、赖氨酸、B族维生素和咖啡因(含量相当于一杯袋泡茶)。红牛功能饮料科学地把上述各种功效成分融入产品之中,与以往的普通碳酸饮料不同,从推广之初,就将产品定位于需要补充能量的人群。

"汽车要加油,我要喝红牛"。产品在广告宣传中将促进人体新陈代谢、吸收与分解糖分、迅速补充大量的能量物质等功能性饮料的特性以醒目、直接的方式传达给诉求对象。

二、广泛性

红牛适合需要增强活力及提升表现的人士饮用,特别适合长时间繁忙工作的商务人士、需要长时间驾驶的专业司机、通宵达旦参加派对的休闲人士、正在进行运动或剧烈运动前的运动爱好者,以及需要保持学习状态的大中学生。目标对象较为广泛。

三、树立品牌形象,注重本土化

红牛初来中国时,面临的是一个完全空白的市场。引用营销大师的观点,那是一个彻底的"蓝海"。因为当时的中国市场中饮料品牌并不多,知名的外来饮料有可口可乐和百事可乐,运动类型的饮料有健力宝,几大饮料公司广告宣传力度都非常强,各自占据大范围的市场。红牛要想从这些品牌的包围中迅速崛起,不是一件容易的事情。

因此,红牛饮料"中国红"的风格非常明显,以本土化的策略扎根中国市场。公司在广告中宣传红牛的品牌时尽力与中国文化相结合,将这些叙述固化在各种宣传文字中,在色彩表现上以"中国红"为主,与品牌中红牛的"红"字相呼应,从而使其成为品牌文化的底色,将红牛自身特点与中国本土文化完美结合。红牛广告创意图片如图4-1所示。

图 4-1　红牛广告创意图片

四、多媒体、大冲击、深记忆

红牛在1995年春节联欢晚会之后的广告上首次出现,以一句"红牛来到中国"告知所有中国消费者,随后红牛便持续占据中央电视台的广告位置,从"汽车要加油,我要喝红牛"到"渴了喝红牛,累了困了更要喝红牛"。大量黄金时间广告的宣传轰炸并配合进行平面广告的宣传,红牛在短短一两年的时间里,让汽车司机、经常熬夜的工作人员、青少年运动爱好者都成为红牛的忠实消费群体。

五、一句广告词,响彻十余年

一个来自泰国的国际性品牌——红牛,以功能性饮料的身份挟着在当时看来颇为壮观的广告声势向人们迎面扑来。一直以来,"困了累了喝红牛"这句带有明确诉求的广告语惹得人们不得不对红牛行注目礼。红牛的宣传策略主要集中在引导消费者选择的层面,注重产品功能属性的介绍。红牛在宣传品牌的同时用最简单的广告语来告知消费者功能饮料的特点——困了累了的时候,可以提神醒脑、补充体力。

就这样一句简单、明确的广告语,让消费者清晰地记住了红牛的功能,也认可了红牛这个品牌。

资料来源:搜狐网

4.1 广告创意的概念和原则

广告创意是自20世纪60年代美国创意革命以来越来越受到重视的广告活动环节,其重要程度已经被提到至高无上的地位,被喻为"广告的生命和灵魂"。

4.1.1 广告创意的概念

英文中的creative、creativity、idea等词汇都曾被译为广告创意,其中idea一词由于美国的创意大师詹姆斯·韦伯·扬的(James Webb Young)的广告名著 *A Technique for Producing Ideas*(《产生创意的方法》)而被广泛采用和接纳。

从广义的角度理解,广告创意是根据市场、商品、消费者等多方面的情况,根据广告目标的要求,把广告传播内容变成消费者易于接受的表达艺术。从狭义的角度理解,广告创意就是一个意念、一种技巧、一个新的组合手段,这更多是从广告创意形式的角度来认识的。对于广告创意,可以结合广告运作的整体流程从动态和静态两个方面来进行理解。动态的广告创意是广告运作中介于广告策划与广告表现制作之间的艺术构思活动;静态的广告创意是指广告创意活动的结果,是有效地并且具有创造性地传达广告诉求和主题的方式。例如某天然果汁饮料的广告图片(见图4-2),通过饮料瓶内的自然景色来传递饮料为天然果汁的信息,就是静态的广告创意表现。

图 4-2 天然果汁广告创意图片

在广告策划阶段,广告人员要完成的任务是确定广告目标,界定广告的诉求重点和广告主题,即解决"广告为什么"和"说什么"的问题。而在广告创意阶段,要完成的任务是找到有效地表现广告主题、传达广告诉求的方式和方法，解决的是广告要"怎么说"的问题。只有切实解决好这两个问题，后续的广告文案、设计和广告制作环节才能沿着正确的方向前进，不至于沦为文案人员和艺术设计人员的单纯的艺术表现工具。

因此，可以给广告创意下这样的定义：广告创意就是广告人员对广告活动进行的创造性的思维活动，是为了达到广告目的，对未来广告的主题、内容、表现形式和制作手段所提出的创造性的"主意"。

4.1.2 广告创意的原则

从本质上来说，广告创意是一种创造性的思维活动，这与所有其他领域的人类的创造性活动并没有什么不同。但是作为一种功利性、实用性很强的经济行为，同时又是一种有着广大受众的社会文化现象，作为把科学性和艺术性高度融为一体的广告运作的核心环节，广告创意又有着自己独特的原则，主要体现在以下几个方面。

1. 独创性原则

广告创意不能因循守旧、墨守成规，而要勇于和善于标新立异、独辟蹊径。广告创意不仅体现在内容上，还体现在形式上。独创性是广告创意的基础，是广告创意最鲜明的特征。

人们平时的行为以及处理各种情况的方式受到先天的本能反应和后天的学习经验的影响，这一行动过程可看作人们对外部环境所传递的信息的反应过程。当外部环境趋于稳定、输入信息极少变化时，人们的反应将趋于一种被动的惯性反应，也就是我们通常所说的下意识。当刺激信号没有变化时，脑细胞将停止反射活动，因此就不可能引起人们对信息的关注或产生积极的心理体验。只有当这种刺激信号变化时，才能引起反射，这种变化越出人意料，反射也就越强烈，这就是广告创意独创性原则的心理基础。图4-3所示是FedEx快递广告创意图片，该广告传递的信息为从亚洲到澳洲犹如临窗之隔，非常好地体现了广告创意的独创性原则。

图4-3　FedEx快递广告创意图片

2. 实效性原则

实效性原则是广告创意最基本的要求，它为广告创作者寻找、选择和确定广告创意指明了基本方向和标准。广告和广告创意的目标只有一个——促销，不促销就不是创意。广告创意的目的或终极使命是促销，但广告并不等于销售。广告只是一种旨在促成消费者产生某种心理上的、感情上的或行动上的反应的说服过程，或者说是一种信息传达过程，因此，信息传达的效率直接影响消费者的反应形式和反应强度，从而最终影响广告产品的市场接受度。也就是说，广告创意能不能达到促销的目的基本上取决于广告信息的传达效率，这就是广告创意的实效性原则。

3. 科学性原则

广告创意的科学性原则主要包含两方面的内容。

1) 广告创意应以科学调查为基础，了解相关的自然、人文科学知识

比尔·本巴赫作为艺术派的代表，奉劝别人不要相信广告是科学，而他在为大众汽车设计广告前还是深入考察了产品和消费者，认定这是一种价格便宜、性能可靠的汽车，在深入考察的基础上，比尔·本巴赫设计了一系列广告史上大书特书的广告。罗莎·瑞夫斯坚持科学的原则，连续15年在48个州和数百个独立的群体中，随时随地测试着数千人，结果发现了很多惊人的事实。詹姆斯·韦伯·扬认为，生产创意正如生产福特汽车那么肯定，人的心智也遵照一个作业技术，这个作业技术是能够学得到并受控制的。他的方法是：博闻强记，努力收集、积累资料；分析、重组各种相互关系；深入观察、体验人们的欲求、希望、品位、癖好、渴望及风俗与禁忌，从哲学、人类学、社会学、心理学以及经济学的角度去理解人生；通过研究实际的案例来领会创意的要领。

2) 广告创作者应了解新科技，学习和运用相关的科技成果

计算机革新了以往的广告策划、设计、制作以及排期的方法，互联网的问世也引起了广告界的另一场革命。随着新科技不断涌现，广告牌材料千变万化，从胶布到弹性织物都使广告更加耐用；数码科技能够在一小时内印制整幅广告图像；立体设计、光纤和其他惊人效果，都一一应用在广告牌方面；卫星照明系统能够遥控调校广告牌照明，以配合四季和日常的光线变化，也可预先编程；全球定位系统使户外广告可以利用经纬线决定展示位置；三面翻户外广告已趋成熟，这类机动广告牌可预设程序，通过程序遥控转动。

📖 案例链接

户外广告新技术

传统户外媒体形式以喷绘为主，优点是性价比高，经得起日晒雨淋，更换成本低，运输制作方便等。然而，品牌营销并不是一成不变的事情，随着技术的发展，户外媒体也出现了很多新颖的制作技术。

一、3D全息建筑投影技术

3D全息投影是一种利用干涉和衍射原理记录并再现物体的三维图像，无须配戴眼镜，观众就可以看到立体的虚拟人物。这项技术在一些博物馆应用较多，有几个比较经典的例子。

为了庆祝可口可乐"分享快乐"125 周年,可口可乐将总部大楼变成了投影幕墙,面积达到两万平方米,为观众带来了一场史上规模最大的 3D 建筑投影秀,如图 4-4 所示。该项目由 Obscura Digital 创造和操作,该公司表示,使用 45 个 20 000 lumens 的投影机,可实现同时投射到建筑上的总 lumens 达近百万。总投影分辨率为 7040 像素×3800 像素。照明显示基于可口可乐瓶轮廓,3D 画面投影整个大楼的 26 个楼层。此外,该公司称,该投影可以显示 125 年来可口可乐几乎所有的广告图像。

图 4-4　可口可乐 3D 建筑投影秀

2010 年 5 月,荷兰互动 Agency Muse 为三星电视打造了一支特殊的户外广告,这是一次将 3D 投影秀与三星 3D 电视紧密结合的经典案例,广告一上线便震惊世界。数据显示,18% 的荷兰人直接或者间接了解到三星的这场活动,三星的 LED 电视的市场份额在荷兰也有所上升。

二、音频聚光灯技术

新西兰的 all good 品牌为了在超市里推销它的香蕉,利用了一项叫音频聚光灯的技术。每当有消费者站在指定的地点时,就会有一个"天外之音":"你所看的香蕉是公平贸易香蕉,你知道你应该买这串香蕉的。"这种声音只有消费者一人能听到。这种技术让人感觉非常奇妙,仿佛进入了另一个世界。就像很多电影中的桥段一样,只有你听到了这个声音:"you are chosen!"两周的时间里,香蕉的销量增长了 130%,效果很好。

三、凌仕"天使坠落"

世界著名男士日用洗护用品提供商 AXE 对于新技术营销一直情有独钟。AXE 旗下的 Lynx(凌仕)在伦敦的维多利亚机场上演了一场令全场叫绝的"天使坠落",当机场的乘客站在指定的区域看大屏幕的时候,用 AR 扩增实境技术使"天使坠落"出现在机场的大屏幕中。广告向人们诉求:用了凌仕,连天使都会被吸引坠落。效果十分惊艳!凌仕"天使坠落"广告图片如图 4-5 所示。

图 4-5 凌仕"天使坠落"广告图片

营销的内容固然重要,但具有新意的表现形式还是可以为营销加分不少。不难看出,新一代广告技术的核心就是人工智能,广告也可以学习和进步,提供人性化的产品内容。技术的突飞猛进让户外广告变得越来越有趣。

资料来源:融传上海

4. 艺术性原则

广告创意的艺术性原则就是让广告具有感染消费者的魅力而达到有效沟通的效果。图4-6所示是江小白推出的二次元电视剧《我是江小白》中的图片。该电视剧集合了爱情、悬疑、暖心、青春等年轻人喜欢的元素,故事通过江小白和失散多年的朋友一起探寻十年前事故的真相,找到世界上的另一个真实的我。画面细腻唯美,让年轻人充分体会了什么是二次元之美,同时也对产品的推广起到了很好的作用。

广告是人与人沟通、交流的活动,艺术是人性、人心、人情的巧妙显现,真正具有艺术性的广告才能产生独特的魅力,才能有效地与消费者沟通。广告作品的艺术魅力与广告创作者的信念有关。信念就是自我生活的价值取向,一切关于真、善、美以及对幽默的体验与执着都有可能成为自己的信念。广告创作者的信念表现在广告作品中,诚恳的、卖弄的、平实的、矫情的、深入浅出的、夸大其词的……通过一件件广告作品的积累,广告创作者模糊的面孔逐渐清晰起来,甚至可以从中看到阶段性转变的轨迹。

图 4-6 电视剧《我是江小白》中的图片

5. 合乎规范原则

广告创意必须符合广告发布地的法律法规、道理伦理和风俗习惯。广告是一种一对多的大众传播活动，一经发布，便会对很多人造成影响。而广告的目的是传达有关广告商品的信息并对消费者展开说服，使目标消费者接受广告的诉求。因此，广告创意必须符合发布地的广告法规，否则根本就不允许发布，广告信息也无法到达目标受众，造成财力、物力和人力的大量浪费。同时，广告创意也必须合乎发布地的伦理道德和风俗习惯，如果广告创意或广告内容触犯了发布地人们的伦理道德和风俗习惯，必然会遭到当地人的抵触，从而对广告的商品或品牌产生负面的影响。例如立邦漆的盘龙广告和耐克的"恐惧斗室"广告，都是应该引以为戒的教训。

> **案例链接**
>
> 《国际广告》杂志曾刊登了一则立邦漆广告作品(见图 4-7)，画面上有一个中国古典式的亭子，亭子的两根立柱上各盘着一条龙，左立柱色彩黯淡，但龙紧紧地攀附在柱子上；右立柱色彩光鲜，龙却跌落到地上。
>
> 画面旁附有对作品的介绍，大致内容是：右立柱因为涂了立邦漆，盘龙都滑了下来。有关媒体评价称："创意非常棒，戏剧化地表现了产品的特点……，这个例子非常完美。"然而，就是这样一则广告，却在网上掀起了轩然大波，几天来一直是各BBS上的热门话题。
>
> 部分网民表示难以接受，认为龙在中国是神圣的，怎么能遭到这样的戏弄，这个创意应该赶快改掉。更多的网民则认为，发布广告者别有用心，非常恶劣。

图 4-7 立邦漆盘龙广告创意图片

广告专家认为，从广告本身的三个因素考虑，这个创意没有问题。但是，广告设计和发布者显然忽略了一个重要问题，就是广告与文化的联系。北京工商大学传播与艺术学院副院长张翔在接受采访时说："龙是中国的图腾，每个国家对传统文化的理解不同，在我国的文化中，龙的内涵非常丰富。广告一旦忽略了与文化的联系，就会使受众感到不舒服甚至产生厌恶。"对于该广告对立邦品牌和公众人士所产生的影响，广告公司表示"始料不及，深感遗憾"。

资料来源：网易新闻(经编辑)

4.2 广告创意原理

广告创意是意念的意象化，是根据广告意念表达的需要，选择和创造一定的意象，并将这个意象整合成具有一定意味的意象体系的过程。因此，从一定意义上而言，意念的意象化就体现了广告创意的基本原理。

4.2.1 意念、表象、意象和意境

意念指念头和想法，在艺术创作中，意念是作品所要表达的思想和观点，是作品内容的核心。在广告创意和设计中，意念即广告主题，是指广告为了达到某种特定目的而要说明的

观念。意念是无形的，必须借助某种有形的物体才能表达出来。任何艺术活动必须具备两个方面的要素：一是客观事物本身，它是艺术表现的对象；二是表现客观事物的形象，它是艺术表现的手段。将这两者有机地联系在一起的构思活动，就是创意。在艺术表现过程中，形象的选择是很重要的，因为它是传递客观事物信息的符号，一方面必须要比较确切地反映被表现事物的本质特征，另一方面又必须能为公众理解和接受。同时，形象的新颖性也很重要。广告创意活动中，创作者也要力图寻找适当的艺术形象来表达广告主题意念，如果艺术形象选择不成功，就无法通过意念的传达去刺激和说服消费者。

符合广告创作者思想的可用于表现商品和劳务特征的客观形象，在其未用作特定表现形式时称为表象。表象一般应是广告受众比较熟悉的，而且最好是已在现实生活中被普遍定义的，能激起某种共同联想的客观形象。

在人们头脑中形成的表象经过创作者的感受、情感体验和理解，渗透进主观情感和情绪，经过一定的联想、夸大、浓缩、扭曲和变形，便转化为意象。

表象一旦转化为意象便具有了特定的含义和主观色彩，意象对客观事物及创作者意念的反映程度是不同的，其所能引发的受众的感觉也与表象有差别。用意象反映客观事物的格调和程度即为意境，也就是意象所能达到的境界。意境是衡量艺术作品质量的重要指标。

> **案例链接**
>
> 有一则西冷冷气机的广告，画面上是围上围巾的企鹅形象，使本来就可爱、笨拙的企鹅显得更可爱、更有趣。广告语："西冷真够劲，谁都忍不住打喷嚏！"这个广告的"意"很明显："连生活在冰天雪地最耐寒的企鹅都感觉到冷了，都围上围巾还忍不住打喷嚏，何况其他情景呢？"再通过"围上围巾的企鹅"的"象"，两者水乳交融，合二为一。尽管广告中只字未提冷气机的质量，但是广告创意通过意象结合把冷气机优良的制冷效果主题表现得淋漓尽致。
>
> 资料来源：杨礼浪. 论产品营销中的广告创意[J]. 商场现代化，2006(14): 131-132.(经编辑)

4.2.2 意象的意义

1. 意象的象征意义

象征是指表达精神内容的具体形象物。在某种特定环境和语境中，某种物体和形象、情境或情节、观念或思想，成为表达另一种意义的手段。象征是从可见的物质世界的符号过渡到不可见的精神世界的符号，象征符号所指物是精神与心理世界，所指称的物质世界也是因其具有精神意蕴而有意义的。在艺术创作中，象征是一种常用的表现手法，如松树象征坚毅、顽强，竹象征正直、坚贞，红豆象征相思，鸳鸯象征夫妻恩爱。图4-8所示是游戏机店铺的创意广告，经典的吃豆人游戏标志，结合了街头标志，创意恰到好处。当这些蕴含着约定俗成的象征意义的表象(客观事物)被用于广告中时，就成为贯彻创意人员意图的意象。

图 4-8　游戏机店铺广告创意图片

2. 意象的指示意义

象征主要表现的是两者之间间接的、隐蔽的、深层的关系，象征符号所指物是精神和心理世界，而指示只表示两者之间直接的、表面的、浅层的关系，它是用一种事物或现象来指示另一种事物或现象，这两种事物或现象之间原本就存在相互关系，其间并不需要深刻的、抽象的心理活动。例如，为表示"嗜睡"这一现象，丽珠得乐广告中用一个正在工作的动画人物趴在桌上睡觉这一意象表现，而氯雷他定片广告则用沉重的眼皮压折支撑着的小棍这一意象来表现，这两个意象都具有明显的指示意义。图4-9所示是Chups珍宝无糖棒棒糖广告，用蚂蚁都绕着走这一意象来表达产品无糖的特性。

图 4-9　Chups 珍宝无糖棒棒糖广告创意图片

3. 意象的感情意义

感情是人对客体对象的态度，它是人对他人、对社会、对事物、对客体化自我的一种趋近或疏离的心理趋向，表现为对对象的亲近、依恋、喜爱或疏远、躲避、厌恨等。感情是由于客体满足或损害了人的需要和愿望的目标而产生的。

意象作为人的心理对象，它的形态、状态及感觉潜存着激发或抵触人们需要和愿望的因素，这些因素就是存在于意象中的感情意义，因此当人们面对某一意象时，这些感情因素就会引发人们心中的某种情感。例如，在"柯达一刻"的电视广告中，有一个镜头是一个男孩在理发，被弄痛后伤心地哭，这一意象就蕴含着一种可怜又可爱的感情意味，受众心中会引发一种对客体对象(小男孩)的怜爱之情。

4. 意象的情绪意义

情绪和感情是情感的两个方面，是两种既互相联系又相互区别的心理因素。与感情不同，情绪的指向是非对象性的，是指向主体自身的一种心理状态。具体而言，情绪是由于外界事物对人的需求的满足与缺失或自身心理状况和心理因素变化而引起的内动性的内在体验或内心状态，它是囿于主体自身的一种紧张或释放、激动或平静的心理状态。

情绪有喜、怒、哀、乐、忧、惧、焦虑、内疚、愧疚、骄傲、羞涩、昂扬、消沉等，各种情绪都具有一定的内心动势或动态，而且会通过某些表情和动作表现出来。比如，羞涩的内心动势是一种既想往前又想退缩的状态；高兴是一种跳跃式向上的内心状态；悲恸则是一种陡升、旋转、回落的状态。

意象也具有特定的形态和状态，具有一定的动向和动势，这些动向和动势与人的情绪动态具有相互对应性，是潜在的情绪诱因。它可以激发人的情绪，可以使人产生喜悦、兴奋、快乐、轻松、舒畅、忧伤、悲痛、哀怨、愤怒、冷静、焦虑、烦躁等情绪，人的情绪也可以借其得以宣泄。例如达克宁脚气霜的一则广告中，一束草穿过脚板从脚面长出的意象给人以紧张和痒痛难受的情绪体验，较好地传达了脚气给人带来的痛苦这一意念。米勒啤酒曾经开展过一次主题为"欢迎来度过美好时光"的广告宣传，广告画面中呈现的是一个轻松的消遣场所，表达一天劳累之后与朋友们一同喝几杯的欢畅，这种温馨欢快的气氛感染了观众，使他们产生了某种情绪体验，从而产生共鸣。

5. 意象的诱惑意味

意象的性质、形态和动态不仅会引发受众感情和情绪上的反应，还会对人产生某种诱引的力量。泡沫流溢的啤酒杯、女性飘逸的长发、漂亮的衣装、精美的家具、豪华的轿车等都蕴含着一定的诱惑因素。20世纪30年代欧美流行的"美女＋商品＝广告"的广告创意模式就是利用了广告中美女这一意象的诱惑意义。美国可口可乐公司邀请摄影师雅罗斯拉夫(Jaroslav Wieczorkiewicz)为一款高品质牛奶新产品拍摄的广告片获得广泛好评，消费者们纷纷表示这是他们见过的最"性感"的牛奶广告。

4.2.3 意象的选择和创造

1. 意象的选择

一个意象具有多方面的特征，每一个特征都可能与一定的意义相对应。例如"牛"这一形象，其行动迟钝、缓慢的特征对应笨拙或沉稳的意义；埋头前行、牵拉不回头的特征对应性格倔强、迂执的意义；能负重干活对应踏实能干的意义；受人驱使、听从招呼对应顺从、老实、听话等意义。这样，"牛"就有了多方面意义的可能性。

意象意义的多重性造成一个意象展现在受众面前时，会形成多种感觉、感受和理解的可能性，其中有些对主题表达和品牌塑造有益，有些则无益甚至有害。因此，广告创意人员在利用意象来表达某一特定意念时，必须首先明确意象的哪些方面对广告主题和品牌有益、哪些不利。例如，借用体育明星做广告的"李宁"和"中国联通"广告中，成功地突出和渲染了明星的飒爽英姿和健康向上的精神，这与广告产品所要传达的意念就十分吻合。有时候，意象意义的复杂性也可以为创作者从多个角度利用和挖掘意象提供可能，即通过充分利用意象的复杂性，使一个意象在受众心中产生多层次、多维度、多重性的感觉、感受和理解，增强广告意象的丰富性和魅力。

2. 意象的创造

广告意象的创造是对客观事物在头脑中的表象的加工和创造，包括变形、夸张、拟人化、错位、嵌合、替代、嫁接等。

1) 变形

在广告创意中，将意象做超出原型形象实际和可能的扭曲、变形和状态改变，可以起到烘托、渲染主题的作用。变形包括文字的变形、面积的变形、声音的变形、动作的变形等。意象变形创造出现实生活中不存在的形态和状态，这种超常的特点使意象具有一定的神秘感和奇妙感，具有较强的视觉冲击力和心理震撼力。

2) 夸张

夸张是将事物的某种趋势做超常的夸大和延展。夸张是广告创意中最常见的表达方法，它又包括以下几种情况。

(1) 情态夸张。例如美国《时代》周刊的一则广告，为了表达刊物吸引读者这一意念，构想了这样一组意象和情节：画面上，一个猎人把双筒猎枪扔在地上，竟在野外悠然地读起《时代》杂志，而一只鹿也戴上一副眼镜，在猎人背后偷看杂志。在这个广告中，猎人忘记了打猎，鹿也忘记了危险，都被一本杂志所吸引，这一意象体系和情节夸张地表达了广告主题意念。

(2) 形态夸张。例如一则SONY录音带广告，为了表现磁带音域宽广，弹琴的手夸张地变长。

(3) 动态夸张。音乐能使一座大桥扭动吗？先锋音响"能"。在一则广告中，激扬的音乐响起，画面中一座巨大吊桥上，一辆车在行驶，音乐声中，桥开始扭动，上下震动。这时，一张CD盘从汽车的先锋CD机中弹出，音乐停止，桥也停止了扭动。车上的青年不好意思地说："对不起。"广告结束语是："先锋——休闲的工艺。"闻乐起舞的大桥夸张地表现了音响的声音效果。

(4) 关系夸张。在有些广告中，为了表现或突出广告商品，往往将其进行不成比例的夸张。例如在某矿泉水广告中，女子站在矿泉水瓶的瓶盖上，使矿泉水以及品牌名在蓝天雪山的映衬下显得更加突出、抢眼。

(5) 情节夸张。在MOODS牌香水中，正开着车的男子被另一辆车上的女子香味所吸引，从而夸张性地表现了香水的魅力。

3) 拟人化

赋予非人的事物以人格或人性的特征，使其人格化，也是广告意象创造中常用的手法。例如乐百氏的一则广告中，将白云拟人化，神态、声音都与人一样，并且与一群孩子交流，构成了稚气、有趣的情节。劲量牌电池的广告中，设计了一个强壮的、虎虎生威的电池小人，电池小人单指倒立，能做上万个俯卧撑，最后，用头在墙上撞出充满力道的四个大字"浑身是劲"。图4-10、图4-11和图4-12是美国漫画家Revolocities给可口可乐等饮品创作的拟人化形象，并对每个饮料对应的人物的性格也做了细化。

图4-10　可口可乐拟人形象　　　图4-11　雪碧拟人形象　　　图4-12　芬达拟人形象

4) 错位

错位是将自然状态的位置关系进行人为的超乎常规的改变，形成一种错位意象，从而表现出一种新奇感和谐趣感。例如国外某袜子广告，标题是"足下之领带"。画面中，四位绅士扎着漂亮的领带，细看却是精美的袜子。广告以这种错位意象表达了脚上的打扮与领上一样重要的理念。

5) 嵌合

嵌合是将一个意象嵌入另一个意象，形成一个新的意象。例如英国有一个睡床的广告，为了表达人的背部的舒服感，把安静祥和的面部微笑表情移植在一个女性的背上。

6) 替代

在一个(组)意象中，去掉某一部分意象，并以另一意象来代替，从而达到意念传达的目的。例如国外一家美容美发店为了说明发型修理不当给人带来的糟糕的感觉，用一大堆草代替了人的头发，给人一种杂乱无章的感觉。

7) 嫁接

两个意象的嫁接也会生成新的意象，这种新的意象将原有意象的感觉、印象和意味融合一体，产生一种新的感觉、新的印象、新的意味。例如国外有一则鼻炎药的广告，将人的鼻子意象和仙人球意象嫁接在一起，形成一个新的意象，巧妙地将患了鼻炎给人带来的痛苦表达出来。

4.3 广告创意的过程

通过对创意概念的界定，我们可以得出这样的结论：创意是广告运作的核心环节，是一个广告的文案和画面后面所包含的灵魂，关系到广告运作的成败。古往今来的广告大师都把广告创意推崇到至高无上的地位，认为有没有优秀的创意是评价和衡量一个广告水平的准则，而能不能生产出具有与众不同的创意的广告作品是衡量一个广告创意代理和创意人员的标准。但是，尽管创意被推崇到如此独一无二的地位，但它却是广告运作的所有环节中最神秘莫测的一环，被喻为"神秘的黑匣子"，这是由于创意的本质是人类的创造性思维活动，而人类的思维过程本身向来都被认为是最难以被认识、规范、总结和程序化的。尽管这样，通过一代代广告创意人员的共同努力，我们还是对创意的过程以及产生创意的方法有了一些认识和总结，有的人还认为广告创意由于其强烈的实用性目的而变得有迹可循，我们甚至可以根据一定的程序和方法来促使优秀创意的产生。

4.3.1 准备阶段

在准备阶段，要完成以下两个任务。

(1) 收集资料。所需收集的资料可分两类：一类是与产品或企业密切相关的特定资料，包括产品目标消费者的资料(年龄、性别、文化层次、购买能力、地域分布、生活形态、价值观念、购物习惯等)、产品的特征(材料、品质、档次、成分、产地、功能、外观、包装、信誉等)、产品现有的文化附加值(了解产品在消费者心目中的地位和精神意味)。另一类是有关宏观市场、目标市场以及社会环境的综合资料，包括市场的整体发展趋势、购买能力、消费观念、目标市场的分割状况、广告产品或品牌的市场位置，以及市场容纳量和余纳量等，此外还包括竞争对手的状况、广告行动以及广告发布地的自然环境、政策环境等。

(2) 通过资料的整理、分析和研究，发现问题、筛选问题，并且界定广告创意所要优先解决的问题。广告创意的重点在于找到正确的问题，一旦我们找到认为正确的问题，应该试图从各个不同的角度去检视问题，并试图给问题找到答案。如果找不到答案，就可能意味着"问题"本身有问题，这就意味着这是一个需要不断反复和从头再来的阶段。日本研究创造工学的学者大鹿让认为，创造的心理过程就是把不同事物同化，然后又把同化的事物异化的不断重复，是联系看起来毫无关系的不同事物的过程。把不同的事物同化可看作人类对待未知事物的习惯，人类习惯于把不熟悉的事物与熟悉的事物联系起来看待；把同化事物异化就是人类的思维有将既存事物作为未知事物去重新认识从而发现新的问题的本能。因此，"已知事物"的多少将直接影响我们对未知事物的认识以及从熟悉的事物中发现新问题的能力。所以，该阶段往往是创意人员精神和注意力高度集中的阶段，是对创意人员把握资料的能力、个人的知识结构、信息储备、艺术修为、创造能力的严峻考验。

> **资料链接**
>
> 　　魔岛理论是詹姆斯·韦伯·扬提出的。韦伯认为，创意具有某种神秘的特质，就像在海上漫游的水手突然发现童话般的岛屿一样。在古代的水手传说中认为有一种魔岛存在，他们说，根据航海图的指示，这一带明明应该是一片汪洋大海，却突然冒出一道环状的海岛。更神奇的说法是，在水手入睡前，海上还是一片汪洋，第二天早上醒来，却发现周围出现了一座小岛，大家称之为"魔岛"。后世的科学家知道，这些"魔岛"实际上是无数的珊瑚经年累月地成长，最后一刻才升出海面。创意的产生有时候也像"魔岛"一样，在人的脑海中悄然浮现，神秘而不可捉摸。
>
> 　　资料来源：《时事报告》2007年12期（经编辑）

4.3.2　酝酿阶段

在酝酿阶段，创意人员暂时离开前一阶段一直困扰他的问题，有意识地让自己的精神从前一阶段的高度紧张和集中中松弛下来，把注意力转移到其他与创意活动不相干的活动中去，如看电影、听音乐、打球、散步、游泳等有助于心理放松的活动。从表面上看，创意人员在这一阶段看起来无所事事，完全忘记了自己的任务，而事实却是，这种放松把我们的心理活动的重点从有意识区域转移到无意识区域，让我们的潜意识充分自由。当我们从事不相干的活动时，我们的潜意识却更加活跃和自由了，它会自发地把前一阶段我们思考过的各种要素和资料进行自由的排列、归纳、组合、联系，甚至跳跃性地进入我们从未思考过的层面。这是孕育灵感、培养顿悟的阶段，就像火山爆发前表面上看起来风平浪静，而看不到的深处却在奔涌翻滚一样，是创意爆发前的蓄势阶段。

4.3.3　顿悟阶段

顿悟阶段是指经过了准备阶段的苦思冥想和酝酿阶段的神游之后，我们的思路突然进入一个豁然开朗的状态。灵感如黑暗中的闪电不期而至，照亮了我们在黑暗中摸索创意的心灵。有人用"蓦然回首，那人却在灯火阑珊处"来形容这种灵感突如其来时的心理状态，这时最重要的是及时捕捉瞬间的灵感火花，并把它发展成创意的雏形。因为灵感有稍纵即逝的特点，来时没有任何征兆，去时也不留任何痕迹，如不及时捕捉，就会错失良机。因为灵感的这种事先完全无法预测的特点，使它长期以来被人们披上了一层神秘、玄妙的面纱，认为灵感是可遇不可求的事物。事实上，灵感的表现形式和出现时机虽然是偶然的，但促使其产生的因素却是必然的，可以说是一种潜意识转化为显意识的特殊的表现形态。俗话说，"机遇不会青睐没有准备的头脑"，灵感的出现其实是过去储存在我们脑海中的信息和资料在偶然间得到综合运用而产生的新的认识和构想。也就是说，灵感产生于一瞬间，但它要靠不断的学习和努力的积累。当这种积累发展到顶峰时，才会迸发出灵感的火花。发明万有引力定律的牛顿也否认了灵感产生的偶然性，他断言"我发现万有引力是因为我一直在思考这个问题"。灵感虽然产生于无意识，但在灵感出现的前后存在着有意识、有目的的思维活动。

4.3.4 完善阶段

完善阶段是对顿悟阶段中经由灵感获得的创意雏形进行完善和论证的阶段。该阶段的主要任务就是把前一阶段得到的初具轮廓同时又仍显粗糙的创意雏形进行反复修正和完善，要运用相关的理论知识和逻辑知识来验证其合理性和完整性，运用经验、实践等方法来检查其可行性，通过反复的发展、修正和论证，最终形成成熟的创意构想，并且落实到创意概念和具体的执行点子上。这是因为在无意识的兴奋状态下所产生的灵感往往有很大的主观性，它的内容也一向是含糊不清的，比起经过踏踏实实的研究而获得的知识和想法来说具有很大的不准确性，经不起客观事实的检验。因此，为了使灵感成为真正有价值的东西，我们必须对灵感进行各种检验，看看它是否有实效、逻辑性如何。在这个阶段，我们有时还要借助他人和集体的力量，通过集体讨论或者是征求他人的意见来不断地发展和完善创意。

例如，大卫·奥格威为劳斯莱斯汽车创作广告时，写了26个不同的标题，请了6位同仁来审评，最后选出最好的一个："这辆新款劳斯莱斯时速60英里时，最大的闹声是来自电子钟"，写好后，他又找出三四位文案人员来评论，反复修改，最后才定稿。

上述对广告创意过程的阶段划分，体现了所有创造性活动的实现过程。学者瓦洛斯对创造性活动的过程进行了划分，其认为创造活动都要经过准备、预想、思路打开和验证4个阶段。

4.4 广告创意的思考方法

4.4.1 垂直思考法

垂直思考法是按照一定的思维路线或思维逻辑进行思考的方法，是以逻辑学和数学为代表的传统思维方法。它强调的是缜密、精确、严谨、程序，其思考的路径是线性的，即沿着线性思路一步一步地解析、演绎、推理、立论。这种方法就像在地上挖了一个洞，任何思考都不脱离这个洞的范围，只是逐步深入。在这个洞内，有许多旧的经验、旧的观点，人们就利用这些经验和观点进行创意的思考。

垂直思考法过去一向被认为是最理想的思考法，其优点是比较稳妥，有一个较为明确的思考方向，但垂直思考法有一个很大的缺陷，即偏重于以往的经验、模式，跳不出老框框，只不过是对旧意识进行改良。因为旧的经验、旧的观念对人们的思考具有强烈的影响力，所以会限制其思考方向，难以产生新的创意。

广告构想的思考仍然应先用垂直思考法，因为垂直思考法的分析可靠性高，同时采用水平思考法，提醒创作者在思考时不能故步自封、墨守成规。两种方法相互配合，加以灵活运用，可得到事半功倍的效果。

4.4.2 水平思考法

水平思考法是由英国心理学家爱德华·戴勃诺博士提出的。水平思考法又称横向思考法，是指在思考问题时向着多方位、多方向发展，摆脱对某种事物的固有思维模式，从与某一事物相互关联的其他事物中分析比较，利用局外信息，从其他领域的事物中得到启示而产生新设想的思维方式。此方法有益于产生新的创意却无法取代垂直思考法，只能弥补垂直思考法的不足。

水平思考法的核心内涵是：当人们为创新的目标而进行思考时，非常有必要离开一贯认为是正确的、无疑的固有观念。人们在记忆或思考问题时，往往习惯于从事物的外观形状出发，这种常态的思维方式是很难产生新的思维成果的。这就好像对"水往低处流"这一现象的看法，拘泥于这个天经地义、无可厚非的观念，就不可能设想水在特定的条件下还会向高处移动的可能性，也就不会有将水引向高处的虹吸管的发明与应用了。

水平思考法的精华在于逆向地思考问题。国外有一则电视广告的创意是这样的：一个内藏闪光灯的傻瓜照相机在不断地拍照后，突然闪光灯不亮了，然后主人就顺理成章地取出照相机的四节电池。可这时意想不到的画面出现了，主人不是换电池，而是换照相机，重新换一个新的照相机，再装上原来的电池，闪光灯又重新频频亮起来了，说明该电池是如何耐用。这种突破常规(换电池而不是相机)的逆向思维，正是创意所需要的。

4.4.3 头脑风暴法

头脑风暴法是美国广告公司董事A. F. 奥斯本在1939年首创的集体创意的技法。它通常采用会议方法，针对某一议题集体进行广泛讨论、深入挖掘，直至产生优秀的广告创意。一般在召开会议前的一两天发出通知，说明开会的时间、地点、议题等。参加人员包括广告营销人员和创作人员等，人数为10~15人。一般设会议主持人1名，秘书1~2名。会议开始后，会议主持人详细地介绍需要讨论的话题和问题要点，以及所有相关的背景资料后，任由与会的每个人开动脑筋。会议秘书及时将大家的创意记录下来，让在场人员随时可以通过大屏幕看到，以便激发思想火花、开阔思路、互相启迪和补充。

在使用头脑风暴法进行广告创意时应注意以下几点。

1. 选择恰当的问题

头脑风暴法的主要作用在于引发许多和某一特殊需求(或问题)有关的主意，因此问题必须是开放性的，凡是以各种认知性、单纯记忆性、汇合性、评鉴性为基础的问题是无法用头脑风暴法来解决的，因为头脑风暴法的目的在于产生创意，而不是产生决议；必须是小范围的题目，而不是大范围的题目。例如"如何使这种商品在销售上能压倒市场中其他十余种品牌的同类产品"，这就是一个大题目，其中牵涉问题太多，应该将这个大题目化成多个小题目，例如"如何使这种商品在市场中十余种的同类商品中显得鹤立鸡群"就是一个小题目。

2. 营造良好的环境

应该有一个专用的房间，室内的气温要冷热适宜，灯光保持适当，要有舒适的座椅，安静而无噪音，最好没有电话装置。这些条件有助于参加讨论的人员集中脑力思考。

3. 选择恰当的主持人

主持人的言谈要有幽默感。主持人在大家提出创意期间，不能用任何动作、表情、语言阻止任何人发言，并且要及时阻止参加讨论人员之间的相互批评。主持人要切实把握题目的范围，勿使大家迷失方向，避免浪费时间。

4. 一定的时间限制

一次会议应限定一个时间，如在两小时或三小时之内结束。在广告创作者中间，往往有许多人只注重作品的质量，不注重时间的限制。有了时间限制可对创意起催生作用，还可避免浪费时间。

5. 组成小组

小组人数以10~15最为理想，人员过多则没有畅所欲言的机会，人员过少则影响参与者的热诚和思考的积极性。每个小组的人员应一律看成是同等级的人，没有年龄大小的区别，没有职位高低的区别，没有男女的区别；每个人轮流发言，都有机会提出自己的创意。

> **📖 案例链接**
>
> **头脑风暴法的一个有趣案例**
>
> 有一年，美国北方格外严寒，大雪纷飞，电线上积满冰雪，大跨度的电线常被积雪压断，严重影响通信。过去，许多人试图解决这一问题，但都未能如愿以偿。后来，电信公司经理应用奥斯本发明的头脑风暴法，尝试解决这一难题。他召开了一种能让头脑卷起风暴的座谈会，参加会议的是不同专业的技术人员，要求他们必须遵守以下原则：第一，自由思考；第二，延迟评判；第三，以量求质；第四，结合改善。
>
> 按照这种会议规则，大家积极地议论开来，有人提出设计一种专用的电线清雪机；有人想到用电热来化解冰雪；也有人建议用振荡技术来清除积雪；还有人提出能否带上几把大扫帚，乘直升机去扫电线上的积雪。对于这种"坐飞机扫雪"的想法，大家心里尽管觉得滑稽可笑，但在会上也无人提出批评。相反，有一位工程师在听到坐飞机扫雪的想法后，大脑突然受到冲击，一种简单、可行且高效率的清雪方法冒了出来。他想，每当大雪过后，出动直升机沿积雪严重的电线飞行，依靠螺旋桨即可将电线上的积雪迅速扇落。他马上提出"用直升机扇雪"的新设想，顿时又引起其他与会者的联想，有关用飞机除雪的主意一下子又多了七八条。不到一小时，与会的10名技术人员共提出90多条新设想。
>
> 会后，公司组织专家对设想进行分类论证。专家们认为设计专用清雪机、采用电热或电磁振荡等方法清除电线上的积雪，在技术上虽然可行，但研制费用大、周期长，一时难以见效。那种因"坐飞机扫雪"激发出来的几种设想倒是一种大胆的新方案，如果可行，将是一

种既简单又高效的好办法。经过现场试验,发现用直升机扇雪真能奏效,一个久悬未决的难题终于在头脑风暴会中得到了巧妙解决。

资料来源:(根据网络资料整理)

本章思考题

1. 广告创意的原则有哪些?
2. 举例说明广告创意的过程。
3. 分组模拟练习垂直思考法、水平思考法和头脑风暴法。

案例分析与讨论

地铁广告——网易新闻"越孤独越热闹"

2016年12月31日,网易新闻在上海人民广场地铁站通道内投放了巨幅广告(见图4-13),它是由1万个可以撕掉的磁铁拼接而成的,长达12米。每个磁铁上印着一个二维码,下面还有一个注释——这个城市中的孤独有1万种,扫描磁铁寻找和你相同的那一个。这是网易新闻2016年年终品牌推广"越孤独越热闹"的策划案之一,让人在刷屏的同时也能切身体会到心有所思之感,可谓撩人心弦、创意满满。12月26日起,网易新闻通过5个不同"孤独者"视角的分篇章短视频,直击"空巢青年""抑郁症患者""宅男""新匠人"等过去这一年最具代表意义的个体和群体,记录他们创造与被创造的故事,见证他们在时代洪流中如何凭借热情与兴趣,让这个世界变得更"热闹而不凡"。而随着事件的广泛传播,成千上万个孤独者二维码在朋友圈生成,人民广场、深圳机场等人潮涌动之地的"孤独者二维码墙"亦引发大量围观,以孤独为引,一场激发年轻人共鸣的狂欢逐一上演。

图4-13 网易新闻一万个二维码地铁广告

一、从"空巢青年"到"新匠人",他们用孤独创造不凡

离开家乡来到另一个陌生的城市一个人生活,是当前很多年轻人的真实写照,与北漂、蚁族这些标签相比,"空巢青年"也许是这个群体最不愿意接受的一个指代。在首期短视频"孤独×空巢青年"中,网易新闻通过都市白领、主播等素人生活状态的影像记录和问答,呈现了属于这个群体的从害怕独处到与孤独为伴的心路历程,他们在孤独中实现自我,成为真正的自由个体。

无论是张国荣的逝世还是乔任梁的离开,在对抑郁症患者的解读中,"孤独"这个词从来没有缺席过。在第二期短视频中,网易新闻以独白的口吻对音乐人梁欢从身陷抑郁症、摆脱病症到迎接全新生活的故事进行了讲述和还原。正如片中所言,抑郁症有很多出口,真正走出来之后也会感到孤独,但这种孤独某种程度上是健康的,会促使每一个曾经的抑郁症患者去做更多的工作,去实现更多的自我价值。

《我在故宫修文物》大火、电影《驴得水》口碑爆棚,让大家看到了新时代环境下匠人专业主义精神的"闪光点"。在关于孤独匠人的短片中,网易新闻对话《驴得水》主演任素汐,为大众还原了繁杂迷乱的社会下坚守着的匠人群体那一份本真。对于任素汐来说,孤独是演话剧《驴得水》五年来,始终如一日的角色打磨,对于匠人群体来说,孤独便是勿忘本心,是对情怀与理想的恪守。

二、聚焦"旅行者1号",致敬属于人类的终极孤独

那么人类终极的孤独是什么?在直击"空巢青年""抑郁症患者""宅男应援群体""新时代匠人"等过去一年社会不同人群不同的孤独表现后,网易新闻最后一则年度态度视频聚焦距今离地球最远的人造卫星"旅行者1号",漫游在浩瀚星际的"旅行者1号"孤独如地球,坚持亦如人类——始终未曾放弃为寻找另一个自己而努力。2017年是"旅行者1号"离开地球40年,网易新闻以此片为这一全人类共同的孤独旅程画上了充满纪念意义的一笔。

以个人的故事彰显群体的态度,以个人的经历引发群体的共鸣,在5个短片所呈现的孤独者世界中,失落、悲伤、被遗忘的感慨都不可避免,但孤独并非生活的最终形态,它的另一面是自由和无尽的可能性,对他们来说,总有些事情是比摆脱孤独更重要的。

三、认知孤独才能和更多同行者相遇

认知孤独只是第一步,每一个孤独者都在渴望与他人相遇,如果要学会与"孤独"更好地相处,没有比帮助每一个孤独者找到另一个自己或者更多的"他们"更直接的了。5个年度态度短片上线的同时,网易新闻还同步发布了孤独招领处H5,用户可通过H5生成个人专属孤独码,并附上自己的孤独语录,表达自己的孤独态度,而他人也可以通过扫描孤独码的形式读取他人的故事,并通过页面下方的留言与孤独者进行对话互动。

为了让这场孤独者的年度狂欢能影响更大范围的年轻人,网易新闻在上海人民广场打造了10 000个孤独码组成的磁铁墙,每一个孤独码背后都是一个孤独者,等待与另一个孤独者的邂逅。而在深圳机场,"一个人旅行不孤单,心里藏着一个人才孤单""行李比我幸福,至少还有人等他"等孤独语录轮播画面也见证着千万名来来往往的旅客内心的"孤独独白"。

网易新闻推出年度态度"越孤独越热闹",希望帮助更多年轻人用对孤独的正确认知,在与更多"孤独者"同行的路上,在新的一年成就更好的自己。在以"越孤独越热闹"的方式向这个被孤独者塑造的2016年告别后,未来,网易新闻将继续在每年年终推出"年度态

度",从过去一年的新闻事件中感知世界的文化情绪与氛围趋势,捕捉时代洪流下个体的热情与兴趣,以多样的内容形式表达每一年的时代精神。

资料来源:网易新闻(经编辑)

讨论:
1. 结合案例分析当代社会有什么特点?
2. 说明此案例的创意成功之处。

课堂实训

实训内容:广告创意练习。

实训要求:运用头脑风暴法,针对全国大学生广告创新大赛选定策划广告主题进行广告创意练习。

实训组织方法及步骤:教师将学生分成若干组进行讨论;根据分析、讨论的结果确定广告创意方案并撰写文案。由教师组织,各小组委派代表在班级进行交流。教师进行点评,并对本次实训进行总结。

第5章

广告创意策略

寻找广告创意首先要寻找和确定创意策略,就广告创意过程而言,创意策略即关于广告创意的战略思想。我们必须选择好战略思想,才能在该思想的指导下找到正确的创意概念和具体的执行点子。所以,了解创意策略的种类以及各策略的适用条件,对于广告创意人员来说是必不可少的环节。

【本章要点】

1. 掌握固有刺激广告策略的内容及运用方法。
2. 掌握独特的销售主张的内容及运用方法。
3. 掌握品牌形象策略的内容及运用方法。
4. 掌握广告定位策略的内容及运用方法。

导入案例

上海大众

上海大众曾在《经济日报》刊登一则篇幅达半版的广告,广告是一个象棋的棋盘,中间是"汉界"和"楚河",两头是两部汽车,中间还有一根直线上写着一行黑体字:"上海大众乌鲁木齐维修站和上海大众的直线距离长达3300公里,但是服务水平丝毫没有差距。"

这则广告使人产生一个悬念:这是什么意思?接着就产生一种好奇心,想去了解它。

广告主和广告公司都希望自己的广告有新的创意,能别出心裁、引人入胜,给人以深刻、难忘的印象。但是,又常常苦恼于想不到新的点子。

这则广告好就好在能够诱导人们去探究底下的文字说明:从上海到乌鲁木齐很远,光是直线距离就足足有3300公里,更不用说蜿蜒曲折、翻山越岭的公路,实际距离绝对不止这么长。当你开着上海大众汽车到了西北,要去维修站检修车子,难免会有疑虑,担心那里的水平能否比得上上海的大众汽车维修站。

这则广告是这样回答的:上海大众在全国各地有200多家维修站,哪一家都一样。怎么一样呢?什么一样呢?

广告又进一步设下悬念并如此回答:不论保养、维修还是更换配件,都一样提供热情、高效、专业的服务,都严格遵守上海大众的统一标准。这些维修站的设备、技术和服务都是规范化、专业化的。

上海大众在乌鲁木齐的维修站又是否如此呢？广告回答：乌鲁木齐虽然与上海相距遥远，自然环境不同，风俗习惯迥异，方言也有差别，但是，设施装备一样全，技术水平一样高，维修速度一样快，服务质量一样好，可以享受到完全一样的优质服务。

把广告的诉求内容集中在热情、高效、优质的服务质量上，而不是集中在宣传产品名字与其他优点上，这个创意能准确地为广告的定位服务，使企业识别标志有了更丰富的内容，提高和扩大了企业的知名度。

资料来源：广州瑞颜广告

5.1 固有刺激广告策略

5.1.1 固有刺激广告策略的内容

固有刺激法是由李奥·贝纳提出的。李奥·贝纳(Leo Burnett，1892—1971)早年在芝加哥的欧文广告公司任职。1935年，他离开了欧文广告公司，创办了李奥贝纳广告公司。后来，他又创办了芝加哥广告学校。李奥·贝纳以其特有的广告哲学闻名，他和他的追随者们被称为"芝加哥学派"。李奥·贝纳的创意给人的印象深刻，他通过热情、激情和经验创造广告文案的内在戏剧性效果。他认为，成功广告创意的秘诀在于发掘产品本身内在的、固有的刺激，他把这种刺激称为内在的戏剧性。

李奥·贝纳认为，广告创意最重要的任务是把产品本身内在的、固有的刺激发觉出来并加以利用。这种创意方法的关键之处是要发现企业生产这种产品的原因，以及消费者要购买这种产品的原因。产品本身内在的、固有的刺激的产生是建立在消费者的欲求和兴趣基础之上的，但是，此种创意方法的出发点是产品，从产品出发去寻找消费者心中对应的兴趣点，即认为产品中必然包含消费者感兴趣的东西。因此，我们可以认为，这种创意的方法带有产品至上时代的思考特征。但是，从另一方面来讲，这种创意方法也包含了以消费者为思考中心的萌芽。

李奥·贝纳认为，一般情况下，根据产品和消费者的情况，要做到恰当，只有一个能够表示它的名词，只有一个动词可以使它动，只有一个形容词可以准确描述它。对于创意人员来说，一定要找到那个名词、那个动词以及那个形容词。

换句话说，李奥·贝纳的意思是，你必须找到传达产品和服务内在特点的最为准确的方式，而只有一种方式可以使广告对于消费者来说具有最大的戏剧性效果。他鼓励广告创意人永远不要对"差不多"感到满足，永远不要依赖欺骗(即使是聪明的欺骗手段也不要用)去逃避困难，也不要依赖闪烁的言辞去逃避困难。

李奥·贝纳和他的公司利用此创意理念汲取内心的激情，创作了许多著名的广告，造就了许多著名的品牌，如"绿色巨人乔利""炸面包人皮尔斯伯里""金枪鱼查理"以及凯洛格食品公司的"老虎托尼"。

5.1.2 固有刺激广告策略的运用

李奥·贝纳运用固有刺激法最成功的一例广告是他为"绿色青豆巨人"做的广告(见图5-1)。当时,那家公司还叫明尼苏达流域罐头公司。广告的标题是:月光下的收成。文案是:"无论日间或夜晚,青豆巨人的豌豆都在转瞬间选妥,风味绝佳……从产地到装罐不超过三个小时。"李奥·贝纳解释道,如果用新罐装做标题是非常容易表达的,但是月光下的收成则兼具新鲜的价值和浪漫的气氛,并包含特种的关切。"月光下的收成",这在罐装豌豆的广告中的确是难得一见的妙句。

李奥·贝纳先生在1960年的一次演讲中,以该广告为例,论述了可能出现的三种背离固有刺激创意法的做法。

1. 用许多不证自明的事实作成一篇无趣味的、自吹自擂的文章

这种人可能会这样写广告——如果你想要最好的豌豆,你就要青豆巨人。青豆巨人经过精心种植与罐装,保证你最后对味道满意。因为它们是同类产品中最好的,所以这些大而嫩的豌豆在美国最畅销。今天就在你买东西的食品杂货店中买一些吧。

2. 用明显的夸大之词构成了夸张的狂想曲

李奥·贝纳指出,有这样倾向的创意人员可能会醉心于这样的文案——在蔬菜王国中的大颗绿宝石。你从来不会知道一颗豌豆能够像露这样甜蜜,像六月清晨那么新鲜并洋溢着芬芳。把它端到烛光照射的餐桌上,你丈夫把你的手握得更紧一点也不足为奇。

3. 炫耀才华,舞文弄墨

这类创意人可能会这样写——这种豌豆计划永远终止蔬菜战争。青豆巨人,它不过与玉米粒一样大,剥豌豆的人能够剥下。青豆巨人有一个保证豌豆永存于世的计划——豌豆在大地,善意满人间。

女性口服液"美媛春"曾经在广州推出的广告就深得"与生俱来的戏剧性"的精髓,首先在《广州日报》上推出广告,只有"美媛春"三个字,每个字下文案分别为"美媛春是一个少女,活泼天真、美丽动人,她从大海那边来……","美媛春是一个姑娘,婀娜多姿,楚楚动人,她从大地那边来……","美媛春是一个少妇,神韵动人,她从天而降……",右下角都注明"详情请见大后天本报";三天后又推出了"寻人启事"——"美媛春"寻找广州地区12周岁以上、姓名中含"美""媛""春"任一字者,奖给价值50元的礼品,含两字者奖100元礼品,含三字者则更有一份"惊喜"。结果这一活动成功地发掘出了产品的特有神韵与固有价值,吸引了人们的注意力,广告推出后四个月的销量即比前八个月猛增250%。

图 5-1　青豆巨人的平面广告：月光下的收成

资料来源：丹·海金司. 广告写作艺术[M]. 北京：中国友谊出版社，1991

5.2　USP广告策略

5.2.1　USP广告策略的内容

20世纪50年代初，罗瑟·瑞夫斯(Rosser Reeves)要求向消费者提出一个"独特的销售主张"(Unique Selling Proposition，USP)，简称USP理论。罗瑟·瑞夫斯曾经是弗吉尼亚银行的一个文员，移居纽约后，他开始在广告公司工作。1940年，他加入了贝茨公司。在长期的实践中，他不断发展自己的创意哲学，他强调研究产品的卖点，对家庭消费非常看重。他帮助总督香烟、高露洁牙膏重塑了形象，1952年，罗瑟·瑞夫斯为德怀特·艾森豪威尔所做的竞选总统的电视广告宣传计划被采纳，从而对美国政治广告活动产生巨大的影响。

1961年，在达彼思广告公司任职的罗瑟·瑞夫斯写了一本名为《广告实效》(*Reality in Advertising*)的书，此书极为畅销，对广告界影响巨大。在这本书中，罗瑟·瑞夫斯提出了"独特销售说辞"的广告创意理念。罗瑟·瑞夫斯的"独特销售说辞"包含以下三部分的内容。

(1) 每一个广告都必须向消费者提出一个说辞。说辞不是光依赖文字，不只是对产品的吹嘘，也不只是巨幅的画面。每则广告一定要向一个广告信息接受者表达："买这个产品，你将从中获得这种明确的利益……"

(2) 提出的这个销售说辞必须是竞争对手没有提出或无法提出的，并且无论在品牌方面还是承诺方面都要独具一格。

(3) 提出的销售说辞必须要有足够的力量吸引众多的消费者，也就是说，销售说辞应该有足够的力量为你的品牌吸引新的消费者。

罗瑟·瑞夫斯认为，一旦找到"独特销售说辞"，就必须把这个独特的说辞贯穿整个广告活动，必须在广告活动中的各个广告中都加以体现。

5.2.2 USP广告策略的运用

"独特销售说辞"的著名案例之一是罗瑟·瑞夫斯为M&M巧克力所做的广告,这个广告创意的诞生颇具传奇色彩。

1954年的一天,M&M糖果公司的总经理约翰·麦克那马拉(John Mac Namara)来到罗瑟·瑞夫斯的办公室找他。约翰·麦克那马拉认为原来的广告并不成功,他想让罗瑟·瑞夫斯为自己的巧克力做一个广告,广告创意必须能为他吸引更多的消费者。于是,双方进行了一番谈话,在谈话进行了十分钟之后(注意,广告客户的定向说明会会以非正式的方式出现,这种谈话的性质正是一种关于产品独特的定向说明会),罗瑟·瑞夫斯认为在这个产品之中他已经找到了客户想要的创意。当时,M&M巧克力是美国唯一一种用糖衣包裹的巧克力,罗瑟·瑞夫斯认为独特的销售说辞正在于此。下一步,怎样把这一独特的销售说辞体现在广告中呢?最后,在M&M巧克力的广告中,他把两只手摆在画面中,然后说:"哪只手里有M&M巧克力呢?不是这只脏手,而是这只手。因为,M&M巧克力——只溶在口,不溶在手。"

瑞夫斯还曾给李斯德林漱口药水做过一则广告,题为"消除口臭!"人们哗然:独创性的销售主张几乎是从一堆破铜烂铁里冒出来的!但正是这个销售主张,持续了32年,给厂家带来了巨大的利润。这说明第一个发现产品独特的销售主张,并通过广告迅速传播到消费者中去,可以举重若轻地占领市场。例如高露洁牙膏最早便是以"清洁牙齿同时清新口气"这一独特销售主张来先发制人。"科学派"鼻祖霍普金斯曾为喜立滋啤酒提炼出一个广告主题,竟然是"喜立滋啤酒瓶是经过蒸气消毒的",实际上每一家啤酒厂都是这样做的,但重要的是别人没有说过,结果喜立滋啤酒由原来的第五位跃升为第一品牌。中国的赊店老酒的销售说辞也有异曲同工之妙:不含有害物质。本来凡是合格的酒都不含有害物质,但赊店老酒先说出来就在消费者心中引起不寻常的心理效应。

广州蓝色创意广告公司曾经为"康怡花园"做了一则广告,他们只花费了两三万元广告费,结果不到一星期就卖出70多套房子,花到十几万元广告费时,房子全部卖完。他们的独特的销售主张其实十分简单——地处中山大学对面,但这一点对在朝"国际化大都市"迈进的广州市民来说,有很强的震撼,因为"国际化"的结果是大建设、大拆迁,而地处中山大学对面,环境条件就肯定了——再搬迁也不可能把中山大学这一老牌重点大学给拆了。

又如让人应接不暇、眼花缭乱的汽车市场上,各大汽车生产商也都是各显身手,劳斯莱斯说"尊贵",奔驰说"豪华",宝马说"驾驶乐趣",马自达说"装备精良",富豪说"安全",绅宝说"飞行科技",尼桑说"美观"……而奥美公司在我国台湾为March汽车做的广告更是出人意料,一反常规地宣传自己的胖车型,用的口号是"那个死胖子在叫我胖子?"等,结果一下子塑造了鲜明的个性。

又如美国宝洁公司在洗发水市场推出的几大品牌,几乎个个都是独特销售主张的典型,海飞丝"头屑去无踪",飘柔"令头发飘逸柔顺,适合各种发质",潘婷"富含维生素,令头发健康、加倍亮泽",沙宣"保持头发湿度",润研"含有植物精华,令头发乌黑亮泽",几种产品个性鲜明,分别占据不同消费者的心,为宝洁公司在中国的洗发水市场独霸一方立下了汗马功劳。

独特销售主张的概念简单来说就是"人不能同时抓到两只兔子",可是很多品牌却无法领会集中诉求的奥妙,希望在一则广告里把什么都说个够。这样反倒不如把一个最突出的优点拿出来大书特书,集中火力主打一个利益点。

我们不难发现,罗瑟·瑞夫斯的独特销售说辞和李奥·贝纳的固有刺激法有一个相似之处,即一开始就把重点落在产品之上,先找到产品的独有的特点,然后再以不同的方法去引起消费者的兴趣。

产品同质化的现象使寻找独特销售说辞的工作越来越难,但是,毫无疑问,它仍是广告创意重要的思考方法之一。

5.3 品牌形象策略

5.3.1 品牌形象策略的内容

20世纪60年代,由大卫·奥格威提出的品牌形象论又称BI理论,是广告创意、策划策略理论中的一个重要流派。该策略的提出与当时美国社会的生产力发展和社会发展水平相适应。当时美国的买方市场已经彻底形成,任何一种产品的畅销都会导致大量同类产品的迅速跟进,产品之间的差异变得越来越小,产品在使用价值上的差异也因此而很难区分。在这种市场条件下,企业如果想要继续一味地强调产品的差异来说服消费者变得越来越困难,而产品的品牌对于消费者消费行为的影响则变得越来越大,市场消费正体现出以品牌为导向的趋势,企业间的竞争也从产品的竞争逐步过渡到品牌的竞争。大卫·奥格威的品牌形象策略也在此时应运而生,该策略的基本要点如下。

1. 为塑造品牌服务是广告最主要的目标

广告的终极目的就是力图为广告对象建立一个品牌并且为该品牌维持一个高知名度的良好形象。同时,奥格威认为形象就是个性,品牌个性就像人的个性一样,它是通过品牌传播赋予品牌的一种心理特征,是品牌形象的内核,它是品牌使用者个性的类化,是其情感附加值和特定的生活价值观的体现。品牌个性具有独特性和整体性,它创造了品牌的形象识别,使我们可以把品牌当作人来看待,使品牌人格化、个性化。

2. 任何一个广告都是对品牌的长期投资

从长远的观点来看,广告为了维护一个好的品牌形象,有时可以不惜牺牲短期效益和局部利益。奥格威告诫客户,目光短浅地一味搞促销、削价及其他类似的短期行为的做法,无助于维护一个好的品牌形象,而对品牌形象的长期投资可使形象不断地成长丰满。这也反映了品牌资产积累的思想。

3. 描绘品牌总体形象比单纯强调产品功能特征更重要

随着同类产品的差异性减小,品牌之间使用价值同质性的增大,消费者选择品牌时所运用的理性思考就减少。因此，描绘品牌的形象要比强调产品的具体功能特征要重要得多。奥格威把品牌形象作为创作具有销售力广告的一个必要手段，即在市场调查、产品定位后总要为品牌确定一个形象。

4. 塑造品牌形象的实质是提升产品的心理附加值

消费者购买产品时追求的是"实质利益+心理利益"，对某些消费者来说，广告尤其应该重视运用形象来满足其心理的需求。广告的作用就是赋予品牌不同的象征性联想，正是这些象征性联想给了它们不同的个性。

通过对品牌形象策略要点的总结和分析可以得出这样的结论，该策略实质上是建立在消费者心理差别基础上的销售主张，它通过塑造完美的品牌形象和个性来引起消费者的象征性联想，使消费者对品牌产生良好的情绪及情感反应，建立良好的品牌印象，从而提升品牌产品的心理附加值。该策略最适合那些很难产生实质差别的产品类别，或者即使能产生实质差别但也可能很快由于同类产品的跟进而消除的产品类别。

5.3.2 品牌形象策略的运用

对于相同的产品或品牌，消费者在辨别时，往往是通过与产品品牌对应的形象来进行识别。而这种品牌形象的建立是通过广告多次反复将某些与该产品品牌相关的特定广告意象信息传递给消费者，使消费者在心理上建立两者的联系而产生的效应。

广告意象的选择可以通过不同的方式：合适的模特形象、商标人物、名人形象及普通人形象等。

在产品模特形象的选择上，奥格威曾经为哈撒韦(Hathaway)衬衫做的广告就是一则非常成功的案例。

1951年，缅因哈撒韦衬衫厂的老板埃勒顿·杰蒂找到刚开业三年的奥美广告公司创意总监大卫·奥格威，他对奥格威说："我们准备做广告了。我们的广告预算每年还不到3万元。但我可以向你保证，如果你肯接受，我决不改动你的广告文案一个字。"奥格威接受了这个邀请。奥格威冥思苦想，想了很多种模特形象和"故事模板"，有一种就是让模特乔治·蓝吉尔戴上一只眼罩，这源自奥格威幼年时崇敬的一位小学校长和一位大使的真实形象。拍出照片后，那张蓝吉尔戴着眼罩，穿着哈撒韦衬衫，左手支腰的独特姿势吸引了所有的奥美人。他们一致决定用这张照片配上以"穿着哈撒韦衬衫的男人"为标题的文案。广告最后刊登在《纽约客》杂志上，如图5-2所示。

这则戴眼罩男人的广告使哈撒韦衬衫一炮走红。世界各地的报纸都刊登谈论这则广告的文章。接着，奥美又拍摄了不同场景的系列广告：蓝吉尔在卡内基音乐厅指挥纽约爱乐乐团、演奏双簧管、开拖拉机、击剑、驾驶游艇、购买雷诺阿的画等。

这则广告的成功使一家从不进行广告宣传的衬衫品牌，在默默无闻116年之后享誉全国，销量大增。这则广告也被誉为当代最成功的广告之一。

图 5-2 哈撒韦衬衫广告图片

万宝路香烟是运用品牌形象理论的又一个成功案例。万宝路原来生产女性香烟，早期的广告宣传文案是"像5月的风"一样柔和。后来，李奥·贝纳广告公司把牛仔形象附加到万宝路品牌之上，它才开始腾飞，夕阳下牛仔的形象成为一个经典，万宝路至今已是世界香烟第一品牌。万宝路香烟广告图片如图5-3所示。

图 5-3 万宝路香烟广告图片

5.4 广告定位策略

5.4.1 广告定位策略的内容

"定位"的英文是positioning,是指在对目标消费群体和对广告产品以及竞争产品深入分析的基础上,确定广告产品与众不同的优势和与此相联系的在消费者心目中的独特地位,并将它们传递给目标消费者的动态过程。

1. 定位策略的基本主张

定位策略是20世纪70年代由艾·里斯(Al Reis)和杰克·特劳特(Jack Trout)提出的,他们对定位下的定义为:"定位并不是要您对产品做些什么,定位是您对未来的潜在顾客心智所下的功夫,也就是把产品定位在未来潜在顾客的心中。"可见,定位策略与USP和品牌形象策略最大的区别在于该策略把关注的核心从产品或品牌自身转向了消费者,它实质上反映了营销观念的深刻转变,即从过去的以产品为出发点利用包括广告在内的各种手段把产品推销给消费者来获取利润,转变成以消费者为出发点通过研究消费者的不同需要并满足这种需要来获得利润。定位策略的基本主张如下。

(1) 广告的目标是使某一品牌、公司或产品在消费者心目中占有一席之地。广告应将力量集中在一个狭窄的目标上,要对消费者进行差别化的分类和确认,然后在目标消费者心智上下功夫,在其心中为产品或品牌创造出一个特定的心理位置。

(2) 进入消费者的心智必须把握适当的时间和环境,应该运用广告创造出独有的位置,特别是"第一说法、第一事件、第一位置"。因为"第一"是进入消费者心智的最短路径,创造第一,才能在消费者心中形成难以忘怀的、不易混淆的优势效果。

(3) 广告要表现差异性并不是指出产品的具体的功能差异,而是要显示和突出品牌之间的类的区别。这样的定位一旦建立,只要消费者产生相关的需求,就会自动地想到广告品牌或产品,达到"先入为主"的效果。

2. 常用的定位方法

定位策略的实质是在将消费者按照需求分类,然后在充分研究了解消费者心理和需求的基础上致力于使广告的产品或品牌相对于竞争品牌在消费者心目中占据一个适当的位置。这是将广告的产品和品牌与竞争对手区别开来的有效方式,特别适合新品牌或者那些希望在市场份额上赶上优势品牌的品牌使用,是攻击市场领先者最好的战略。实践中常用的定位方法如下。

1) 强化自己现有位置的定位

具体做法是为保持现有的市场地位,不断加强最初的产品概念。例如可口可乐不断强调自己是"真正的可乐",沃尔沃不断强调自己是全世界"最安全的汽车"。该策略适合市场长期领先的产品、品牌使用。

2) 多品牌单一位置定位

多品牌单一位置定位是指处于市场领导者地位的企业，为了限制竞争者，同时产生多个品牌来压制竞争品牌，各个品牌都采取单一的定位策略，每一个品牌都在其潜在顾客心中安置了其独自占据的一个特定位置。例如宝洁公司针对不同的细分市场生产了数种不同品牌的产品，以满足消费者个性化需求，从而保持宝洁公司在洗发水市场上的领导者地位。

3) 比附定位

比附定位是指通过与市场领导者产生关联来加强和提高自己在消费者心目中地位的定位策略。该策略有两种执行方式：一种是通过将自己与现有市场领导者截然对立来显示自己的地位；另一种是通过与现有市场领导者的领导地位挂钩来提升自己的地位。前者如七喜，宣布自己"非可乐"；后者如AVIS出租汽车公司明降暗升地宣称自己是"第二"。该策略适合市场跟进品牌使用。

我国的蒙牛公司也是比附定位的受益者。在刚启动市场时，蒙牛只有1300多万元的资金，名列中国乳业的第1116位，与乳业"老大"伊利根本不能相提并论。但蒙牛却提出了"为民族争气、向伊利学习""争创内蒙古乳业第二品牌""千里草原腾起伊利集团、蒙牛乳业——我们为内蒙古喝彩"等广告口号，并将这些口号印在产品包装之上。这些广告看似是对伊利的赞赏，同时也把蒙牛和伊利放在了并驾齐驱的位置，在消费者心里留下深刻印象。

4) 寻找市场缝隙的定位

处于市场跟进地位的品牌，为了求得生存和发展，要积极寻找市场领导者忽视的市场缝隙，然后尽全力去占领，力争成为该细分市场的第一和最强。

5) 高级俱乐部定位

通过某种集合将自己与市场领先者捆绑在一起，给消费者制造自己是某个最高、最好的集团中的一员的心理印象。比如嘉士伯就曾宣称"可能是世界上最好的啤酒"，凯迪拉克多次宣称在中国真正的高档车只有三种：奔驰、宝马和凯迪拉克。

6) 重新定位

重新定位即打破品牌在消费者心中所保持的原有位置与结构，使品牌按照新的观念在消费者心中重新排位，以创造一个利于自己的新秩序。例如万宝路通过重新定位，使原先一直销路不畅的女士香烟品牌一跃成为全球第一品牌等。

案例链接

宜家重新定位

宜家最开始以高档、时尚的形象进入中国市场，然而随着中国家居市场的逐渐开放和发展，消费者在悄悄地发生着变化，那些既想要高格调又付不起高价格的年轻人也经常光顾宜家。这时，宜家没有坚持原有的高端定位，而是锁定那些工薪族，重新定位自己的目标顾客，并针对其消费能力对在中国销售的1000种商品进行降价销售，最大降幅达到65%。

只有来自内心的力量才能持久，重新定位后的品牌要获得消费者的忠诚，就必须从内心打动目标顾客，引起目标顾客的情感共鸣。

资料来源：(根据网络资料整理)

5.4.2 广告定位策略的运用

伯恩巴克是广告界公认的一流广告大师。1949年,他与道尔·戴恩创办了Dayle Dane Bernbach广告公司(又称DDB,即恒美广告公司),任总经理。在短时间内,DDB广告公司以其超绝群雄的广告创意跻身著名的世界十大广告公司之列,伯恩巴克也被誉为20世纪60年代美国广告"创意革命时期"的三位代表人物和旗手之一(另两位分别是大卫·奥格威和李奥·贝纳)。

德国大众金龟车广告便是使得伯恩巴克及DDB公司脱颖而出的一个经典案例,如图5-4所示。

图 5-4 德国大众金龟车的平面广告

资料来源:David Ogilvy. 奥格威谈广告[M]. 洪良浩,宫如玉,译. 台北:哈佛企业管理顾问公司,1984.

德国大众汽车公司的金龟车进入美国市场10年仍被消费者冷落,因为其马力小、简单、低档、形状古怪(像只硬壳虫),既没有劳斯莱斯的豪华气派,也没有马自达323的优越性能,更没有尼桑的美观时尚。金龟车的劣势还不止于此,其迟迟无法打开美国市场的另一个重要原因在于大众的政治心理障碍——它曾被希特勒作为纳粹时代的辉煌象征之一而大加鼓吹。对于刚经历过"二战"浩劫的人们,金龟车自然受到排斥。

1959年,伯恩巴克接下了这项难度系数甚高的广告业务。

在金龟车的种种不足中,细心的伯恩巴克却发掘出了金龟车独有的优点:价格便宜、马力小、油耗低,除此之外它还是一辆可靠的车子——结构简单而实用、质检严格而性能可靠。随即推出一系列广告,其中之一便是"想想小的好处",画面简单而醒目,大片空白,仅左上角有一辆小小的金龟车图案。文案如下:

我们的小车并不标新立异。许多从学校出来的学生不屑一顾;加油站的伙计也不愿搭理它;没有人注意它,甚至没人看它一眼。

其实,驾驶过它的人并不这样认为。因为它耗油低,不需要防冻剂,能够用一套轮胎跑完40 000英里的路。

这就是为什么你一旦用上我们的产品就对它爱不释手。

当你挤进一个狭小的停车场时,当你更换那笔少量的保险金时,当你支付那一小笔修理费时,或者当你用旧大众换得一辆新大众时,请想想小的好处。

这一则具有非凡创意的广告使大众金龟车在美国销路大开,而且长盛不衰。难怪广告大师大卫·奥格威会羡慕不已地说:"就算我活到100岁,我也写不出像'福斯汽车'(即金龟车)的策划方案,我非常羡慕它,我认为它给广告开辟了新的路径。"

尽管上述创意策略和方法看似都是独立存在、互不相干的,但在实际操作过程中,我们可能会经常看到它们中的两种或多种交叉重叠使用的情况,比如我们在利用品牌形象策略时,可能同时会用到情感策略或者共鸣策略,这都要视实际的传播需要而定。

本章思考题

1. 联系实际谈谈广告创意的基本范畴。
2. 简述USP的核心内容。

案例分析与讨论

公交站台广告

公交站台广告现在已经是很常见的广告形式,每次等公交的时候,都能看到身后的广告图片,有新的电影出来了,也会在公交站台进行广告推广,这是一种很有效果的广告推广方案。20世纪90年代以来,中国的户外广告业发展迅速,进入繁荣期,作为一种较为特别的广告形式,户外广告具有相当强的针对性和逼视性。而且由于现代都市生活节奏的加快,有些电视长而乏味,杂志报纸内容雷同、单调,影响广告的收视率和人们对广告的信赖,但公交站台广告依旧保持着清新、良好的公共形象,从而使更多的用户将资金投向公交站台广告。

随着公交站台广告投放量的逐年增大,公交站台广告效果的研究日益引起媒体、广告公司和广告主关注。由于广告效果具有复合性和累计性的特点,在目前广告效果评估的实际过程中,仍有很多难以确定和把握的领域。

公交站台广告在艺术表现过程中,形象的选择是很重要的,因为它是传递客观事物信息的符号。不仅要比较确切地反映被表现事物的本质特征,而且又必须能为公众理解和接受。同时形象的新颖性也很重要。公交站台广告的创意活动中,创作者也要力图寻找适当的艺术形象来表达公交站台广告的主题,如果艺术形象选择不成功,就无法通过主题的传达去刺激和说服消费者。

公交站台广告具有强视觉冲击力:大面积的画面展示是广告信息有效传播的前提条件,庞大的广告画面可以带来强大的视觉冲击效果,画面亮丽精致,流动性又带来重复性。由于公交站台广告画面巨大,在30米外,恶劣气候下,小角度观看,公交站台广告画面依然清晰可见,纵然相距60米以上,较大的广告画面仍能保证信息清晰可见,对品牌形象的综合宣传效果更好,可以充分展现企业的实力和形象。

图5-5~图5-8是几个国外经典公交站台广告。

图 5-5 Real Hip Hop 公交站台广告

图 5-6 IKEA 公交站台广告

图 5-7 Coca-Cola 公交站台广告

图 5-8 Quiksilver公交站台广告

资料来源：鹰目户外媒体网、立地大牌招商、中国网(经编辑)

讨论：
1. 结合案例，分析公交站台广告的优势。
2. 公交站台广告需要注意哪些细节？
3. 案例中的公交站台广告的创意点在哪里？

课堂实训

各小组针对实训要求收集相关资料和数据，并讨论分析，在广告策划中选择恰当的广告创意策略，形成初步的创意方案，最后进行小组展示。

实训要求：请各小组根据大学生广告艺术大赛2018年的选题，为vivo手机市场推广制定初步的广告策略。要求各小组明确分工，灵活运用广告创意策略，针对选择的目标市场制定广告创意策略，策略要具有较强的可行性。

第6章

广告战略与广告策划

在现代社会和经济生活中,战略是描述一个组织打算如何实现其目标和使命。菲利普·科特勒的观点是:"当一个组织清楚其目的和目标时,它就知道今后要往何处去,问题是如何找到最好的路线到达那里。公司需要有一个达到其目标的全盘的、总的计划,这就叫战略。"现代广告策划要想达到最佳效果,就需要具有战略化策划思想。广告发布者需要在宏观上对广告决策进行把握,以战略眼光为企业长远利益考虑,为产品开拓市场着想。

【本章要点】
1. 了解广告战略的概念和性质。
2. 掌握广告战略的类型和内容。
3. 熟悉广告策划的内容和程序。
4. 掌握撰写广告策划书的方法。

导入案例

可口可乐更改全球广告语,拉开新的品牌战略序幕

2016年1月19日晚,可口可乐公司首席营销官 Marcos de Quinto 在巴黎宣布将自2009年启用的广告语 Open Happiness 更改成了 Taste the feeling。其成为可口可乐百年历史上的第48个广告语,如图6-1和图6-2所示。

图6-1 可口可乐广告图片(一)

图 6-2 可口可乐广告图片(二)

过去 7 年，可口可乐一直围绕"开启快乐"这个主题展开广告宣传。此次升级并不是仅仅简单地更改了广告语，更是一次大的战略调整，可口可乐有史以来首次使用了 One Brand(同一品牌)的策略，即可口可乐旗下所有可乐家族产品，包括可口可乐、零度可乐、健怡可乐、可口可乐 life 都会统一使用这一新的广告语。

碳酸饮料市场在不断萎缩，2015 年前三个季度，可口可乐公司的销售额仅增长 1%，而这些与竞争对手百事可乐并没什么关系。

可口可乐品牌掌舵者 Marcos de Quinto 说："我们希望重新让可口可乐回到根本。可口可乐自始至终都是简单的，如果我们是一个大品牌，那也是因为我们拥有简单的快乐(并让消费者感同身受)。如果我们认为自己是一个图腾，其实我们就开始让自己变得狭隘了。我们越简单，那么我们才能越强大。我们需要强调的是，可口可乐是属于每一个人的。可口可乐是有着不同口味产品的一个品牌，所有产品线都有着相同的价值观和视觉形象。人们可以尝试不同的可口可乐产品，但无论他们想要哪一种产品，他们想要的都是美味可口、神清气爽的可口可乐品牌。"

据称，整个 campaign 贯穿 2016 年全年，并在全球范围内进行推广，包括麦肯、Santo、Sra. Rushmore 和奥美在内的 4 家广告公司参与到此次 campaign 的创作中。

可口可乐更改全球广告语，重新布局品牌战略，从而开拓市场，促进品牌健康发展。

资料来源：广州瑞颜广告

6.1 广告战略的概念和性质

"战略"一词源自希腊文,原意是"将军的艺术",现代人意指"领导的艺术"。早期企业管理中并没有战略的概念,但随着外部环境的变化,各种因素之间的关系越来越复杂,战略思想在企业管理中越来越重要,而在现代广告策划中,广告战略也发挥着越来越重要的作用。

6.1.1 广告战略的概念

科学、合理的广告战略是广告策划成功的关键,也是市场战略获得成功的关键。市场如同战场,错误的广告战略会浪费企业的资源,阻碍企业的发展,而正确的广告战略则可以以较小的花费达到最佳的广告宣传效果。广告战略追求的不仅是投资回报率,更是战役的胜利,是竞争优势的确立,是品牌的积累和远景。

企业战略是关于企业未来经营活动的指导思想和总体设计,广告战略是企业经营战略的一个重要组成部分,它是企业为实现总的战略目标,从战略的眼光出发,对其规划期内的广告活动进行长远的、全局的谋划。具体地说,广告战略涉及广告运作所有的主要环节,如广告目标、广告对象、广告诉求点、广告表现和广告媒体等。

6.1.2 广告战略的性质

广告战略涉及的是广告活动中带有全局性和根本性的问题,是广告发布者在宏观上对广告决策的把握,因此,它具有全局性、长期性、纲领性和竞争性等特点。

1. 全局性

广告战略是为企业总体战略目标服务的,是开展一系列广告活动的思想指南和行动指南。广告战略在总体上把握方向,确定广告在企业经营活动中的地位和功能,所追求的是广告活动总体达到最佳效果,所以广告战略一般不涉及广告活动的具体实施细节。

2. 长期性

广告战略是广告在未来较长时期内开展活动的发展规划,它的制定不仅要以企业当前的外部环境和内部条件为出发点,还要对企业的广告活动起指导作用。广告战略对广告整体具有深远的影响,广告战略在没有最终实现以前,一般不会轻易改变,具有极强的稳定性。例如,跨国公司的全球广告战略十分注意广告口号、手法、风格的一致性,以期在世界范围内保持一个统一、强大的形象。美国可口可乐公司在相当长的时间里都采用统一的广告宣传策略,从而迅速提高了产品在全世界的知名度。

3. 纲领性

广告战略对广告活动具有全局性和长期性的影响,从整体上规定了广告活动的发展方向和发展重心，以及所要采取的重大措施和基本步骤，这些都是概括性和纲领性的，都需要分解落实然后付诸实施。而在广告战略的规划期内，每一则广告都要以广告战略为指导，服从广告战略总体方案。

4. 竞争性

广告战略是企业增强市场竞争能力的一种重要手段，所以在制定具体的广告战略时，必须要考虑竞争对手的广告战略，这样才能有效地掌握竞争的主动权。企业只有正视竞争、参与竞争，准确地制定具有竞争优势的广告战略，才能促进企业的生存和发展。

> **案例链接**
>
> **Adidas 广告战略弃电视重数字**
>
> 作为实现品牌 5 年战略的重要组成部分，Adidas 首席执行官 Kasper Rorsted 于 2017 年 3 月在接受 CNBC 采访时表示："Adidas 将会把更多的预算从电视广告转移到数字渠道上。年轻消费者主要是通过移动设备与品牌接触的，因此，数字互动对我们来说至关重要，你不会在电视上看到任何我们的广告了。"
>
> 未来几年，数字化将成为改变 Adidas 公司的一个战略性话题，数字化贯穿 Adidas 价值传递链条的始终——设计、开发、制造和销售产品。
>
> 在数字化创新方面，Adidas 2016 年的表现也的确有可圈可点之处。比如，Adidas 从 Uber 早期的用户增长模式中汲取了灵感，在新款足球鞋 Glitch 推出之际，上线了一款同名移动 App 来销售这款球鞋。Glitch App 界面如图 6-3 所示。
>
>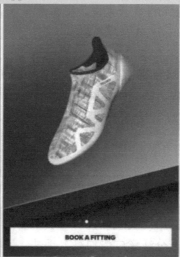
>
> 图 6-3 Glitch App 界面
>
> 通过重点布局电商渠道以及与社交媒体上的大 V 合作，Adidas 希望在接下来的三年内使来自电商渠道的收入翻两番，从 2016 年的 10 亿欧元(约 10.6 亿美元)提升至 2020 年的 40 亿欧元(约 42.5 亿美元)。
>
> 资料来源：(根据网络资料整理)

6.2 广告战略的类型

广告战略的最终目标是服务于企业总体营销战略，获得良好的广告宣传效果。而不同的企业因为产品不同，所选择的目标市场不同，所以采用的广告战略也各不相同。根据广告实践，一般可供企业选择的广告战略主要有以下几种类型。

6.2.1 品牌战略

品牌战略是指创立、推进、保卫品牌，力争扩大品牌的知名度、美誉度，步步深入地实施的广告战略。消费者在市场中所关注、购买的是品牌，消费者关心的是品牌带给他们的功能及情感利益，而并不关心品牌背后的企业。比如，许多消费者并不知道雷达、浪琴是SMH公司旗下的品牌，然而这并不影响这些品牌深入人心。所以，企业经营活动必须以品牌战略为核心，这样才能最终占有消费的心，进而占领市场。例如，长虹曾经以成本领先战略令对手闻风丧胆，成为中国彩电业的佼佼者。然而2000年以来，长虹的价格利器似乎失去了竞争优势，反而每况愈下。长虹原本的成本领先战略侵蚀了长虹的品牌形象，在一项家电品牌调研中，长虹给消费者的品牌联想是"低端品牌"，这导致长虹失去了很多中高端市场。可见品牌战略在广告战略、企业战略中的重要性。

企业要想打造强势品牌，必须进行品牌战略管理。品牌战略实施一般要遵从图6-4所示的步骤。

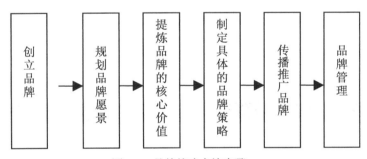

图6-4 品牌战略实施步骤

1. 创立品牌

创立品牌是品牌战略走向成功的第一步。首先要进行产品设计、品牌设计、品牌注册等工作，而且要对品牌进行进一步的调研，了解品牌所在市场环境、品牌与消费者的关系、品牌与竞争品牌的关系以及品牌的战略目标等，从而找准品牌的定位。例如，王老吉曾经使消费者陷入了认知的混乱，产品是凉茶却有饮料的面孔，而经过品牌调研之后发现消费者一般在饮用时特别希望能够预防上火，所以产品以"预防上火"为品牌诉求点来创立品牌，使王老吉品牌脱颖而出。

2. 规划品牌愿景

规划品牌愿景即确立品牌未来的发展方向，包括市场规划、资源规划、目标规划等。

3. 提炼品牌的核心价值

品牌核心价值是品牌广告传播活动围绕的中心，它必须高度差异化，体现品牌的个性，如可口可乐的"乐观向上"、海尔的"真诚到永远"等。

4. 制定具体的品牌策略

企业应确定在具体的品牌策略上是采用统一品牌策略还是多品牌策略。例如，日本松下电器启用全球统一品牌策略，而宝洁较多地采用多品牌策略。

5. 传播推广品牌

品牌战略一旦确定，就应该进行全方位、多角度的品牌传播与推广，使品牌深入人心。品牌的推广可以运用广告、公关赞助、新闻炒作、关系营销等多种策略。

6. 品牌管理

在品牌战略中，品牌的管理非常重要。企业应当根据情况设置专门的品牌管理组织机构，例如，宝洁的品牌经理负责解决有关品牌的一切问题，通过交流、说服调动公司所有的资源，为品牌建设服务。而且进行品牌管理时要注重品牌的保护，品牌在传达内容、媒体计划等方面都要进行合理规划，有损品牌价值提高的广告，即使可以一时地提高销售额，也不应该实施。品牌延伸也要合理。例如，雀巢经过品牌延伸后，产品拓展到咖啡、婴儿奶粉、炼乳、冰淇淋、柠檬茶等，结果每种产品都卖得不错；而金利来品牌核心价值是"男人的世界"，虽然曾一度推出女装皮具，结果收效甚微。

案例链接

李宁重拾快时尚品牌战略

早在 2007 年，时任李宁 CEO 的张志勇就有意重塑李宁的品牌战略布局。当时的消费者市场调查报告显示，李宁品牌实际消费人群的年龄主要分布在 35~40 岁，而张志勇则希望把年轻人作为主要目标群体，让品牌年轻化、时尚化。2010 年正值李宁公司成立 20 周年，张志勇对目标群体、产品定位、品牌 DNA 等做出了重大调整，甚至更改了李宁的标志性口号"一切皆有可能"。

然而，这次激进的品牌转型计划并没有成功。由于李宁的品牌形象并没有跟上年轻人的需求，加之传统的代理商营销模式尚未被撼动，因而李宁成为一个打着年轻人旗帜的"老化品牌"。此外，为了向国际高端运动品牌靠拢，张志勇还采取了提价的方式，但是目标群体"90 后"没有买账，甚至连原来"70 后""80 后"的消费群体也流失了，业绩大幅下滑，公司被迫走上了转型之路。

六年前，李宁集团在品牌转型上折戟了；六年后，李宁重拾年轻化、时尚化的品牌战略。

李宁集团 2016 年的中期报告显示，李宁给公司的业务发展划出了重点：在产品及渠道方面，继续拓展低价位运动休闲市场，吸引追求时尚的年轻消费者。2015 年下半年以来，李宁陆续推出了以蓝色为主调的李宁弹簧标产品系列，并开设专属的独立销售点，主打低价位、高性价比吸引年轻消费者。这款产品定位运动休闲和快时尚，以二三线城市的核心商圈、购物中心为主要线下销售渠道。截至 2016 年 6 月底，该品牌已经在北京、上海、深圳、合肥、南宁、重庆、武汉等 30 多个城市开设销售点。

"未来，公司将努力超越以性价比取胜的局限，通过性能及功用吸引爱好运动的消费者。以体育运动为 DNA，将技术、文化等元素融入产品中，倡导体育作为教育和快乐生活方式的理念，推动'体育+'概念的发展。"李宁集团 2016 年的中期报告透露了未来的发展方向。一直以来，李宁、安踏、特步等本土运动品牌走的是以性价比取胜的市场策略，而高端市场则被 Nike 和 Adidas 等国际高端运动品牌瓜分。李宁公司的发展策略表明，未来将进一步提升品牌的附加值。

资料来源：时代周刊(经编辑)

6.2.2 集中战略

集中战略是指集中所有资源优势，先在最可能取得高销量的地区集中宣传，取得市场优势后，再逐步扩大到其他地区。集中战略追求的是广告的近期效益，由于目标集中，因此容易取得竞争优势，获得明显的宣传效果。例如，脑白金刚问世时，史玉柱向朋友借了50万元，投入10万元在无锡江阴这个小县城做广告宣传，很快便在当地产生了市场效应，为其进军全国市场走好了第一步，但是集中战略也有风险，容易导致顾此失彼。

6.2.3 全方位战略

全方位战略就是在产品销售的所有市场进行广告宣传，建立从中央到地方的多种宣传渠道，以提高企业及商品的知名度，迅速扩大影响。这种广告战略的关键是在较大的市场中谋求较大的份额。这种战略一般只适用于资金雄厚且市场差异小、产品面向大众的大型企业。

6.2.4 渗透战略

瞄准竞争对手的同类产品在市场上已有的地位，通过广告渗透及营销扩散战略，把自己的产品打入同类产品所占领的市场中。这种广告战略在时间和空间上采取持之以恒、潜移默化、逐步渗透的策略与竞争对手展开持久战，重点宣传商品比同类商品的优异之处，或者更多更好的服务，慢慢地打入同类商品所占领的市场，力求从竞争者那里吸引消费者，吸引更多的潜在顾客来购买。例如，上海"白猫"洗洁精曾一度占领了北京市场，"金鱼"洗涤灵虽然失去了占领市场的先机，但却在北京市场采取渗透广告战略，利用"白猫"洗洁精脱销的机会，采取促销攻势，一举夺得了上海人开辟的北京市场，成功地使一些买不到"白猫"洗洁精的顾客成为"金鱼"洗洁精的新顾客。

6.2.5 防御战略

广告防御战略是指为了维护自己的市场地位,运用不间断的广告来维持产品知名度和市场占有率。这种广告战略往往用于企业产品的成熟期。在这一时期,产品拥有比较稳定的消费者群体,广告的主要目的是提醒消费者继续购买,维持品牌忠诚度。例如,可口可乐打出"真正可乐"的口号,以此与竞争者加以区别,以维持其市场地位。

6.2.6 心理战略

心理战略是指利用"攻心战术"进行广告宣传,使消费者产生强烈的购买欲。广告心理战略必须适合消费者的心理需求、审美需求和利益需求。首先,是广告媒介的选择,广告媒介包括报纸、杂志、广播、电视、户外广告和直接函件等,由于不同广告媒介在消费者中所能激起的反应程度是不同的,因此我们要首先选择适合的广告媒介;其次,想象力丰富的文案或广告画面能给人以更强烈的刺激,从而产生更佳的印象,使广告的魅力和艺术表现力大增,同时,亦可加强心理诉求效果,因此可以通过广告创意来增强产品对消费者的影响,使消费者产生更好的印象,如图6-5和图6-6所示;再次,要激发消费者的购买欲望,通过广告宣传激发消费者潜在的特殊欲求,从而促使其购买能够满足其心理欲求的商品;最后,要注重时尚流行和商品的个性宣传。

图 6-5　某狗粮广告

图 6-6　某望远镜广告

例如,招商银行的Young信用卡主要面向在校大学生,针对大学生收入低、消费需求大、喜爱网上购物、需要使用外币支付等特点,招商银行在Young卡的宣传广告中主要突出了一卡双币、全球通用、先消费后还款、开卡和使用挂失零风险、网上购物,安全方便等内容。这种广告诉求很好地契合了大学生的心理需求和利益需求,使大学生产生强烈的使用欲望,结果Young卡成为校园中普及率很高的一款信用卡。

不同的广告战略体现了不同的广告战略思想,企业应当根据企业、市场和产品的情况确定正确的广告战略指导思想,为企业的广告活动指明方向。

案例链接

为了卖床，宜家开了个床上早餐店

在北京的宜家商店里打盹儿也许是要被工作人员制止的，但是在英国，宜家为了宣传自己的床品，他们巴不得你过来睡上一觉，甚至推出了床上早餐店。那种被阳光叫醒，然后在床上吃一顿早餐的幸福感，想想就觉得满足。

这家床上早餐店在伦敦开张，不过只营业两天，活动本身的公关意义更多一些。想想也有道理，在床上吃早餐，对于餐馆来说绝对是个挑战。此前宜家推出"床上电影院"时，就让人对卫生问题产生了担忧。

这家临时的床上早餐店从早晨 7:30 开始供应瑞典早餐，一直持续到中午时段，你想在床上小睡 40 分钟也是可以的，如图 6-7 所示。不仅如此，还有专业的睡眠专家给你提供睡眠建议，当然这其中也会包括推荐一部分宜家的床上用品。

图 6-7 宜家床上早餐店

宜家通过这种心理战略表达了产品的愿景，拉近了和消费者之间的距离，使顾客能亲身体验到宜家为其所思和所想。

资料来源：策划集中营(经编辑)

6.2.7 广告战略决策选择

1. 面向总体市场的广告战略和面向细分市场的广告战略

这两种战略的选择基本上确定了广告活动的针对对象以及广告活动应如何选用媒介。

1) 面对总体市场的广告战略

面对总体市场的广告战略是为了配合无差别营销战略的。无差别营销战略将总体市场看成同质性的，向市场中的所有消费者推销产品。这时要推销的产品必须是大众化的用品，其大众化体现在用途、质量、性能、价格、销售地点等方面，使大多数人有可能成为这种产品的消费者或用户。

采用面向总体市场的战略，广告活动就必须充分考虑如何迎合普通大众的需求和口味。首先，广告的文案、形象等必须是大众化的，要用大众熟悉的语言表达，用大众可以接受的形象来推销产品；其次，广告必须在大众可以接收的媒介上传播，如电视节目、报纸、大众化杂志、无线电广播等，使一般大众可以接收到广告信息；最后，广告还必须能够具体配合这种无差别营销的推销活动，如保持长期稳定的广告形象、广告口号、劝说重点等，使广告宣传可以给人留下连续性、统一性的印象，让人们长期接受这一产品。

2) 面对分隔市场的广告战略

面对分隔市场的广告战略是为了配合差别营销战略的。这种营销战略把市场进行细分，找出本企业产品可以进行推销的若干分隔市场，以及可以向不同分隔市场推销的不同产品。在这样的营销战略指导下，企业的生产和销售都必须是多元化的，以迎合不同分隔市场中不同消费者的多样需求。产品的生产应该是小批量、多品种、式样变化快、总产量高的，而产品的销售则应以多种推销方式、多种售价、多种产品(甚至商标)形象来进行。

为了配合差别营销战略，广告战略决策也需要适应这种生产和销售的多元化要求。所以，面对分隔市场的广告战略要求，广告活动应是多样化的，以便迎合各种类型的消费者，以多种劝说方式推销多元化的产品。面对分隔市场的广告战略对广告活动提出若干宏观要求，广告活动不能再是大型的统一行动，而应该采用企业整体广告与具体产品广告相结合的方式。一方面，应有一定数量和规模的宣传企业自身、企业商标、企业营销标记、企业形象等的广告，连续不断地在大众化的媒介上推出；另一方面，还应有一系列具体宣传各种产品的广告，以不同的劝说方式在各种针对性强的媒介上推出。这两类广告的总体效果是既不断强化企业的整体形象，又向不同类型的消费者推销不同品种的产品。

2. 满足基本需求的广告战略和满足选择需求的广告战略

这两种战略的选择基本上决定了广告活动中应该采取的总的劝说方式和重点。

在广告战略决策中，必须结合消费者分析和产品分析得出的结论，了解消费者对某一种产品的需求到底属于哪一个层次，由此决定应采用什么样的劝说方式、向消费者着重介绍产品的哪些特点。

1) 满足基本需求的广告战略

当消费者对某一种产品的需求是基本需求时，这种产品必然是能够为消费者的基本生活需要提供便利的。消费者对这一产品的要求是供应充足、稳定，价格合理且以尽可能低廉为好，性能稳定不易损坏，可以长期使用，维修方便、收费低廉等。为了能更有效地向消费者推销这类产品，满足基本需求的广告战略要求广告的劝说方式如下：一是尽量采用大众化的语言、通俗易懂，不要使用不易理解的概念和词汇；二是以实例、对比、产品使用者代表、明星及其他权威人士等来加强劝说效果；三是突出产品的物美价廉、经久耐用，甚至可以公布参考性价格,以证实产品的价格之低廉;四是劝说方式中可以有一定程度的夸张和噱头,以满足消费者的心理期望;五是对产品的销售数量、售后服务方式等进行宣传,以加强消费者的购买决心;六是塑造产品形象应注意其大众化、实惠的特点。

2) 满足选择需求的广告战略

如果消费者需要一种产品以满足其选择需求时,消费者在评价这种产品时,情绪化的因素会起很大作用。消费者已不再把价格低、经久耐用当成重点来考虑,转而注意产品是否时髦和是否符合自己的风格。这时消费者对产品的要求是是否漂亮华丽(或者古朴粗犷),是否符合本人所在的小集体的审美观,是否能使本人具有一定独特性,是否能使本人得到(或者是自认为得到)别人更多的赞美等。为了迎合消费者的这些需求,满足选择需求的广告战略要求广告的劝说方式为:第一,强调产品的独特性是广告劝说的重点。产品要么豪华名贵,要么古朴典雅,要么庄重美丽,要么古怪离奇,总之这一产品必须与其他产品有着相当明显的不同,而这些不同点又能为消费者带来自豪感。第二,在劝说中加重情感成分,培养消费者对产品形象、商标形象的仰慕之情,突出拥有这一产品后消费者将会有的风度,这时可以请明星来进行劝说。第三,通过广告中的气氛渲染,显示本产品的高档次和高价格,吸引消费者注意。第四,对产品的销售方式、销售地点做若干限定,加强消费者在购买此产品时所能获得的心理满足。例如在广告中注明"本产品只能用某某信用卡付账购买"或者"本产品只在本市最高级的商店出售"等。第五,广告语言要美好动人、格调优雅。

满足选择需求的广告战略,除要求广告在大众化的媒介上出现之外,还要在一些专门性、对受众要求较严格的媒介上出现。

3. 推出需求广告战略和拖拉需求广告战略

这两种战略的选择基本决定了广告活动应如何与其他推销活动相配合。

1) 推出需求广告战略

由于推出需求广告战略是企业广泛采用的,所以其形式为大家所熟悉。推出需求广告战略的形式为:产品已经在市场上销售了,消费者可以看到、买到这些产品,广告同时也在宣传这些产品,使广告和直接销售紧密联系起来。之所以称其为推出需求,是因为广告的作用是推动需求去接受产品的供给,从而促进销售。

2) 拖拉需求广告战略

拖拉需求广告战略的形式与推出需求广告战略正好相反,拖拉需求广告战略虽然被企业采用的不多,但也绝不是十分罕见的。在拖拉需求广告战略指导下,企业在准备把一种新产品推出之前,就开始对这种产品做广告宣传,让消费者未见产品先见广告,当这些广告带动(拖拉出)消费者的需求后,再让产品正式上市销售。

拖拉需求广告战略把广告当成产品销售的先锋,如果运用得当,将会大大促进产品销售,为整体营销带来很大的利益。先进行广告宣传,让消费者知道、了解新的产品,把消费者的消费欲望拖拉出来,然后再销售产品,产品的销售就不再是盲目的、被动的了。产品一旦投放市场,就有可能取得良好的销售效果。

当然,拖拉需求广告和推出需求广告不是绝对分开的,而是相互连接的。当拖拉广告效果良好,广告主企业的产品上市后销售情况合乎理想,推出需求广告就要随之而来了。推出需求广告应该与拖拉需求广告保持一致，使消费者从产品上市前后广告中得到的信息是一样的，以便进一步劝说消费者购买此产品。选择采用推出需求广告战略还是拖拉需求广告战略，实际上是要对产品上市前是否要率先做广告宣传做决策。不论产品上市前是否做广告，产品上市后的广告都是要做的，所以这项决策并不影响以后的广告活动规划。只不过在采用拖拉需求广告战略时，应考虑广告活动的连接问题。

任何新产品上市前(或新服务推出前)企业都是要做广告的，如果这些广告的推出时间距上市时间很近，这些广告就不应算作拖拉需求广告，只不过是推出需求广告的前奏而已。拖拉需求广告仅指那些广告推出和产品上市之间有一定时间间隔的广告。

4. 产品广告战略和形象广告战略

产品广告和形象广告是广告的两种形式，在广告目标和广告主题上有着明显的区别。

产品广告的目标是直接推销产品，希望广告劝说能够带来销售额的迅速上升。产品广告的内容可能是多种多样的，但是其主题却是一样的，即展示、介绍、宣传产品的特点和优点，促使人们尽快来买此产品。目前，我国的广告绝大多数都是产品广告，采用各式各样的劝说内容和劝说方式，让消费者了解产品的情况，赶快来购买产品。

形象广告的目标不是直接推销产品，而是塑造产品、商标或企业整体的形象，通过长久地巩固和完善这一形象，赢得消费者的喜爱和支持。所以，形象广告的内容不是直接展示、介绍产品的。形象广告大多情感动人、内容美妙、耐人寻味，通过显示拥有此产品的人将会具有的风格和风度、此产品的情调、此产品能够带给人们的联想等，塑造产品的形象，并由此进一步塑造商标形象和企业形象。通过广告内容与消费者交流感情，赢得消费者的喜爱。

📖 案例链接

阿里云 2016 形象片：人工智能如何改变世界

2016 杭州·云栖大会前夕，阿里云发布了最新的品牌宣传片，以对话人工智能的形式进一步阐释了"什么是无法计算的价值"，这一对话也揭开了人工智能时代的序幕。对话阿里云图片如图 6-8 所示。

图 6-8 对话阿里云图片

《对话阿里云》由杭州政府、华大基因、追光动画及阿里云人工智能 ET 出演，围绕"什么是无法计算的价值""生命可以计算吗""梦想可以计算吗"三个问题展开。从智慧生活到生命科学，再到民族梦想，三个真实的故事描绘出以人工智能为代表的科技创新，如何在潜移默化中影响每一个人的日常点滴。

在过去的一年时间里，阿里云始终保持三位数的增长，成为全球领先的云计算及人工智能技术公司。和惊人的增长速度同步的是阿里云在各个行业的不断深入，金融、游戏、政务、电商、医疗等，越来越多的企业和政府机构开始采用云计算和人工智能技术进行创新、创造。一年前，"无法计算的价值"不断有了看得见、摸得着的成果，"计算的价值"越来越清晰地显现。

《对话阿里云》讲了三个小故事，而事实上，人们与计算和人工智能的故事才刚刚开始，这三个小故事毫无疑问将"未完待续"。

资料来源：(根据网络资料整理)

6.3 广告策划概述

策划，一般是指对某一活动的运筹和规划，是动态的计划。汉语"策划"一词最早见于《后汉书·隗嚣传》中："是以功名终申，策画复得"。这里有策略、主意之意，也具有动态地筹划、谋略的含义。我国有重视策划的传统，有关这方面的事例和描述比比皆是，例如，"多算胜，少算不胜，而况于无算乎？"(《孙子·计篇》)；"运筹帷幄之中，决胜千里之外"(《史记·高祖本纪》)。

策划最早用于战争，例如"知己知彼，百战不殆"实际上就包含了策划中所需要的对环境的分析、自身的分析以及对竞争的分析。美国哈佛企业管理丛书编纂委员会认为："策划是广告人通过周密的市场调查和系统的分析，利用已掌握的知识(情报或资料)和手段，科学、合理、有效地布局广告活动的进程，并预先推知和判断市场态势、消费群体态势和未来的需求，以及未来状况的结果。"

英文中，"策划"一词表示为strategy，之后演变为strategy和plan的结合，体现了策划的动态性和综合性。对于策划的应用也逐渐由战争领域拓展到公关领域，直到现在广泛用于很多领域。

策划应用在广告领域即为广告策划。广告策划是根据广告主的营销计划和广告目标，在市场调查的基础上，制定一个与市场情况、产品状态、消费者群体相适应的、经济有效的广告方案，并加以实施、检验，从而为广告主的整体经营提供良好的服务的活动。广告策划实际上就是对广告活动进行的总体策划，或者叫作战略决策，包括广告目标的制定、战略战术研究、经济预算等，并将其诉诸文字。

在我国的香港和台湾地区，广告策划通常被称为广告企划。台湾地区比较通行的定义是：广告运动企划是执行广告运动需要的准备动作。在实务上，广告主和广告代理商处理运动企划存在很大的差异，但理想的过程可以是下列行动的组合：产品、市场分析，竞争状况评估，客户简介，目标设定，预算制定，目标对象设定，建立创意及媒体策略，创意的执行，媒体的购买、排程，媒体执行，以及与其他行销组合机构的配合、执行、效果评估。"

正确地理解广告策划应注意以下几点。

(1) 广告策划的最终目的是追求广告效果的最大化。

(2) 广告策划的根本依据是广告主的营销策略，广告策划必须围绕其有效展开。

(3) 广告策划程序应当科学、规范、合理，而不是随心所欲。

(4) 广告策划是广告活动的整体规划及总体战略，而广告计划是停留在具体操作层面上的，两者是不同的。

(5) 广告策划必须以市场调查为依据和开端。

(6) 广告策划的核心内容是心理策略、定位策略、创意策略、媒介策略及广告效果测评策略等。

(7) 广告策划的最终体现是广告策划文本。

(8) 广告效果的测定方法与标准应该在广告策划中预先设定。

20世纪80年代中后期，我国广告界提出"以创意为中心，以策划为主导，为客户提供全面服务"的经营理念，广告策划在广告活动中的地位和作用越来越受到重视。各行各业都开始注重广告策划，通过成功的广告策划吸引消费者的注意，达到良好的广告效果。

例如，2018年春节发生的互联网金融大比拼可谓百花齐放、百家争鸣。最深入人心、最具有代表性的包括蚂蚁金服、国美金融、苏宁金融和京东金融等。蚂蚁金服凭借支付宝的强大的优势，发布了"2018中国人新年俗报告"，以前只能在线下才能体会到浓浓的年味，如今可以通过大数据，在线上获取中国人过年方式的各种排行榜。与国美金融性质最接近的要数苏宁金融，"有味！中国年"春节系列活动，也重点打了感情牌，推出了一系列暖心的产品，值得回味。京东金融也不示弱，直接抽奖送旅游，如巴厘岛5日游等，以此来温暖人心。国美金融广告如图6-9所示。

图6-9 国美金融广告

从广告策划上来看，蚂蚁金服、苏宁金融和京东金融都在走大众化路线，而国美金融精准定位，结合自身优势，差异化打出了"家金融"这张王牌，具有不可复制性。国美金融在2月14日情人节发布长图，把产品融入故事情节中，大大降低了用户对广告的排斥，最终配合文案完成1000元大礼包免费领取的活动。国美保险微互动防癌保障计划，通过文案故事情节铺垫，每1000步可兑换10元保额，保额上限最高可达1000元。这个创意新颖，广告植入合理，用讲故事的方式迎合了春节祥和的氛围。

6.4 广告策划的内容和程序

广告活动是一个动态复杂的过程，而整个过程又包含多个环节，要想协调好各个环节，达到好的广告活动效果，就需要对整个广告活动进行全局性的规划。

6.4.1 广告策划的内容

广告策划的内容主要包括广告市场调查、广告战略制定、广告策略制定、实施，以及广告效果评估。广告策划内容框架如图6-10所示。

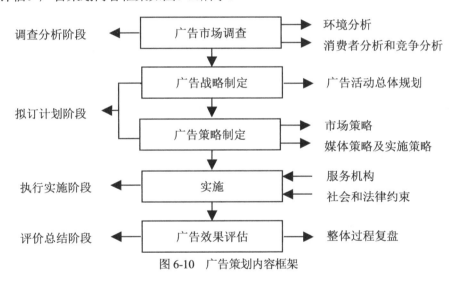

图6-10 广告策划内容框架

1. 广告市场调查

广告市场调查是广告策划的起始阶段，也是广告策划的基础。广告市场调查的内容包括市场、产品、消费者、竞争者等方面的信息，广告调查的信息来源于市场调查结果、各种文献资料调查结果及广告策划者知识和经验的积累。在调查基础上，形成相应的报告。

2. 广告战略及广告策略制定

在前期广告调查的基础上，确立广告沟通的对象、竞争对手及销售区域，并确定总体采用的广告战略及广告目标，如品牌战略等。在制定广告战略时确定广告目标尤为重要，例如，根据不同的市场情况及市场战略的需求，不同的广告策划会制定不同的广告目标，如以推销介绍产品为目的的广告目标，以改变或引导消费者的消费观念为目的的广告目标，以提升企业形象为目的的广告目标。

例如，高露洁公司为了提高企业的知名度、美誉度，在推广过程中，非常重视与中国医学机构进行联系、合作，携手开拓口腔保健产品市场，来塑造口腔保健专家的形象。因此，高露洁的广告策划要与这一目标相吻合。图6-11所示是高露洁广告及宣传活动的图片。

图 6-11　高露洁广告及宣传活动图片

在大的战略指导下制定广告创意策略、广告表现策略及广告媒体策略等具体策略，广告策略部分要详细说明广告实施的具体细节，把所涉及的媒体计划清晰、完整而又简洁地设计出来，并详细做好广告预算及分配部分。

3. 广告效果的评估

广告效果的评估是全面验证广告策划实施情况的必不可少的工作。这部分主要说明经广告主认可，按照广告计划实施广告活动预计可达到的目标，以及测定方法。这一目标应该与广告战略中制定的广告目标相呼应。

6.4.2　广告策划的程序

对广告活动进行整体策划是一项复杂的系统工程，需要分阶段、有步骤、有条不紊地进行。一般来说，广告策划的任务主要由专业广告公司来承担，或者一些实力强大的企业自身有专门的广告部门，由其来承担相应工作。无论是哪种类型的广告组织，展开广告策划的工作时，其基本策划步骤都大体经历以下4个阶段。

1. 调查分析阶段

在这一阶段，广告公司一般先要成立专案策划小组，小组需要集合多方面的人员组成，如果实行AE制度，则主要由业务主管、文案撰写员、美术设计员组成。另外，还可再配置策划书撰写人员，负责编制、拟订广告计划；市场调查人员、媒体联络人员和公共关系人员，配合整体策划活动的进行。专案策划小组根据客户的委托，要对市场进行调查分析与研究。对市场的分析研究包括：对产品进行分析，明确产品定位；对同类产品进行分析，明确竞争对手；对市场进行分析，明确市场目标；对市场发展机会进行分析，明确潜在市场；对消费者进行分析，明确广告对象。

2. 拟订计划阶段

在这一阶段，要明确销售策略并且确定广告目标和广告指标；确定广告战略并决定最佳推销方案；确定广告内容；确定广告预算；同时进行创意策略和媒体策略分析，确定广告主题、广告表现；制订实现广告计划的不同方案；对不同广告计划方案进行评估；决定最佳广告策划方案。

在广告策划方案的基础上，听取各方面意见，取得负责人认可，并向客户递交广告策划书，由客户进行审核，最终取得客户认可。

3. 执行实施阶段

根据广告策划方案设计制作广告作品，并将广告策划书的正式文本和广告作品提交媒体部门，根据媒体计划的安排正式推出广告。

4. 评价总结阶段

在这一阶段，要收集广告反馈的信息，并对广告效果进行评定，在此基础上，总结经验和教训，制定新的广告策划方案。

📖 资料链接

房地产广告策划评估阶段

广告主们都知道自己投放的广告里有一半是无效的，但是谁也不知哪一半是无效的，房地产广告也是如此，房地产广告和日用品广告效果反馈的最大不同点就是：房地产广告可以在广告投放后的当天就能直接在来电来访上得到体现。大部分的房地产项目已经能够通过客户的第一次来电的渠道建立广告效果跟踪制度，来电数量也成为广告投放效果的重要标准。

在不同项目的反复实践中发现，来电数量的确能在一定程度上反映广告投放效果，但是过分强调来电数量就像完全忽视来电数量一样，会导致走向另一个误区。

房地产广告的效果体现有三种层次：一是直接到访；二是电话询问；三是留下印象。因此，电话数量就成为广告销售力的直接体现。但是检测不同项目可以发现，同样都是非常优秀的广告表现，同样都是无可挑剔的媒体选择，甚至同属于同一档次的项目，但是两者正常的广告后来电数量也不同。可以看出，相对于广告表现来说，产品本身更为重要，其中最重要的因素是地理位置、价格、销售时间段。

通常来说，主要干道附近的项目来电量低，因为容易描述，容易到达，客户会更多选择直接到达；高档项目(别墅、高档公寓)来电率低，因为目标客户群总量低；进入销售后期的老项目低，因为市场认知度高，电话询问不再成为最主要的了解手段。只有根据不同项目的特性做好来电来人给人留下的印象程度以及与最终成交量相结合的评估，才能正确测定一个广告的成果，从而使广告公司能够更好地配合项目进行相应的调整与修改。

资料来源：中国房地产策划联盟

6.5 广告策划书的撰写

6.5.1 广告策划书的内容

广告策划书是把广告策划的内容以书面的形式确定下来,所以在撰写广告策划书之前,先要确定广告策划的内容。广告策划的内容繁多,包括了广告活动的全部领域。一般来说,完整的广告策划主要包括广告的市场分析、广告战略、广告策略、广告预算、广告效果预测。

1. 广告的市场分析

广告的市场分析是在广告调研的基础上,对所获得资料的分析和研究,在此基础上,才能够制定正确的广告方案,使广告活动顺利进行,从而使广告活动有效传递信息。可以说,市场分析是广告策划首先要做的事情。广告的市场分析主要包括以下内容。

1) 企业分析

企业分析具体包括有关企业的历史、企业的市场地位、近几年企业的经营业绩、企业的营销策划、企业形象等。在此基础上,还要了解企业过去的广告宣传状况、广告宣传的主题、常用的广告媒体及广告宣传效果。

2) 产品分析

广告策划中要对产品进行分析,目的是对产品进行深入的了解,从而决定广告宣传时的诉求重点,具体包括:产品的历史、产品生命周期、产品销售记录、产品市场份额、产品组合、产品的品牌状况、产品的特点(成分、用途、包装、定价、渠道)、产品定位、产品形象、消费者对产品的评价、产品的专利技术,以及产品过去广告的主题、创意、媒体、预算等内容。

3) 市场及消费者分析

市场及消费者分析主要是分析此产品的主要消费群体及这个群体的各种状况,掌握他们的消费习惯、媒体习惯及情趣、偏好等,具体包括:市场容量、市场成长、市场竞争结构、发展趋势;目标消费者的人口统计分析,如年龄、性别、教育、收入、职业、种族、地域分布;消费者的心理变量,如个性、生活方式、社会阶层;消费者的行为特点,如购买时机、购买时看重的利益、购买频率、使用量、对产品的态度、对产品的忠诚度等。

4) 竞争状况分析

产品的推广及广告活动效果等要受到其同类竞争产品的影响,所以对竞争状况的分析是确定广告宣传规模、广告使用媒体的基础。因此,在撰写广告策划书时还要对竞争状况进行分析。竞争状况分析可以从以下几方面着手进行:企业或产品的主要竞争者、次要竞争者分析;竞争企业及其产品定位、形象分析;竞争对手的经营优势和劣势分析;竞争对手在市场中的位置、营销手段、广告主题、广告内容及媒体组合分析;竞争者的广告效果分析等。

例如,要对vivo手机进行广告策划,首先要在市场调研的基础上了解市场状况,消费者状况及竞争对手的基本情况。

资料链接

2017年上半年中国智能手机市场状况

2017年上半年，智能手机市场格局发生了大变动，苹果、三星销售量持续下滑，连新上市的iPhone 8也未能改变颓势，同时国产手机迎来新的春天，华为、OPPO、vivo等品牌手机的销售量开始领航。

2017年上半年，中国手机市场出货量达2.81亿部，其中4G手机仍为国内主要出货手机类型，上半年出货量占全部手机90%以上。随着4G和智能手机的普及，国内手机增量已成常态化，出货量基本趋于稳定，手机厂商未来市场竞争将主打换机潮以及布局5G手机市场。智能手机国内普及率高，成出货手机主体。

2017年上半年，中国智能手机出货量约2.66亿部，约占总体手机出货量的94.6%。其中7月份智能手机出货4082.5万部，占同期国内手机出货量的94.8%。国产手机如OPPO、vivo等手机品牌近年发展迅速，已经抢占了中、高、低端智能手机市场，逐渐渗透至三四线城市及农村地区。

2017年，中国手机用户达7.47亿人，其中智能手机用户规模达6.55亿人，第二季度增长率为0.92%。从增长率来看，未来用户市场已经基本趋于稳定，不会有太大的增长。所以迎来5G时代，提高产品品质、改善用户体验是手机厂商赢得竞争的关键。

2017上半年，中国智能手机市场中销量前四均为国内厂商。其中，华为以21.6%的销售额排名第一；OPPO、vivo分别位居第二和第三；小米的销量也超越苹果，排名第四；三星手机份额仅占3%。国内手机厂商如果能继续维持低端机型良好表现，提升中高端机型市场的竞争力，将继续成为中国智能手机市场的主要领跑者。2017年上半年中国智能手机销售状况如图6-12所示。

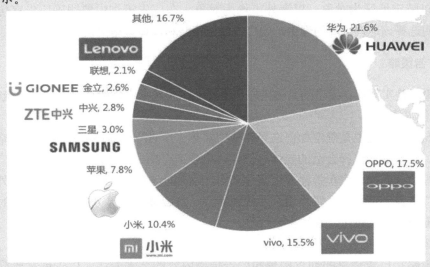

图6-12　2017年上半年中国智能手机销售状况

资料来源：(根据网络资料整理)

2. 广告战略

在广告策划中，广告战略是通过市场分析，对广告目标、广告重点、广告对象、广告地区等做出的战略性决策。

1) 广告目标

广告目标是指广告活动所要达到的具体目标或通过广告的传播所要获得的具体结果。一般的广告目标都是通过广告传播来扩大产品销量，树立企业的美好形象。但不同企业在不同时期所面临的广告任务不同，例如，企业发展的初级阶段，企业会侧重于单纯推销产品的目标，随着企业的发展和市场竞争的激烈，企业会更加侧重于树立形象的目标。因此，企业应针对不同的实际情况，制定具体的广告目标。广告目标的确立一定要符合企业整体营销的要求，切实可行，符合实际，并可以被测量。

2) 广告重点

广告重点主要是根据产品策略和心理策略的策划，明确以什么样的方法突出广告宣传的重点，以达到广告策划所要求的目标。例如，在新产品推出的广告中是采用推出需求战略还是拖拉需求战略，也就是推销产品还是唤起消费者的需求。

3) 广告对象

广告策划中要确定广告的传播对象和诉求对象。广告战略中要决定广告是面向总体市场还是某个细分市场。面向总体市场的广告战略通常是配合无差异营销战略，广告战略形式比较简单，而面对细分市场的广告战略比较复杂，针对性强，现在很多广告主都采用这种广告战略。

4) 广告地区

广告地区是指广告信息传播的地理范围。广告传播的地理范围大致有三类：以全国范围为对象、以特定地区为对象、以海外市场为对象。在广告策划中要明确广告宣传的具体地区，并说明选择该地理区域的理由，为广告信息策略和媒体策略的决策提供依据。

3. 广告策略

广告策略是实现广告战略的具体措施和手段，主要包括广告媒体策略和创意策略。

1) 广告媒体策略

广告媒体策略主要是确定如何选择和使用媒体。广告媒体策略要根据广告战略及产品特点、市场、销售等来选择合适的媒体。例如，电视适合播放一些形象性强的产品广告，而报纸、杂志则适合药物、汽车等需要用文字来对产品功能进行详细介绍的广告。另外，还要确定投放的广告量、使用什么媒体组合、媒体行程、各媒体的预算分配等问题。同时，还要考虑媒体的覆盖率、互补性、效益性等问题。

2) 创意策略

创意策略指广告信息的创意构想和广告传播内容的艺术表达。广告创意要符合广告目标，并根据市场、商品、消费者等情况借助语言、构图、色彩、文字、音响、图像等表现要素把广告传播的内容创造性地表达出来。

例如，随着粉丝的经济发展，各大手机品牌为了吸引更多关注度，也开始了明星代言的热潮。明星代言和综艺冠名对品牌商的资金要求较高，手机品牌还应理性对待明星代言，进行精准营销。大数据为智能手机打开了一扇新的大门，带给行业新的发展思路，同时还为手机的品牌定位、精准营销提供了更多数据支持。

资料链接

2017年手机行业明星代言

2017年，12家主流手机品牌中，共有6家厂商签约了21名代言人，主要是流量明星、当红歌手、演员及体育明星。主要手机厂商代言人梳理如图6-13所示。

图6-13 2017年主要手机厂商代言人梳理

但是，流量和知名度并不一定能为厂商带来直接效果。最佳代言人必须从市场声量、换机转化以及品牌形象三个厂商最关注的角度来看谁的数据最具说服力。

从市场声量方面来看，综合人均声量、声量贡献度的评估结果来看，陈伟霆和鹿晗为手机厂商带来了最佳的市场声量效果。

从换机转化方面来看，OPPO代言人占据前4个位置，其中，TFBOYS的带货能力非常强，加上杨洋的个人效果，OPPO的4位代言人既能留存老用户，又能拉动其他品牌用户转化。

与前两项看重流量热度不同，厂商塑造、提升自身的品牌形象是一个缓慢长期的过程。因此，在选择代言人时，既要保证有一定的人气，同时还要在公众面前保持长期的正面形象。

不同气质的代言人对于手机厂商各方面数据的提升效果也有所不同。手机厂商可以针对自身的营销策略挑选不同明星来代言。但是，随着营销成为行业共同关注的重点，手机太多、明星太少的情况越发明显。在此情况下，国内的手机厂商创始人、高管纷纷走到台前，如当年的乔布斯一般，成为自家产品的最佳代言人。

从数据来看，在各家创始人高管中，雷军的表现最为突出。过去几年，作为小米的最佳IP及发声渠道，雷军上直播进综艺，成为最能"折腾"的企业领袖之一。而他出现在品牌资讯中时，也为品牌带来了不错的效果。由表6-1可以看出，雷军和小米同时出现的资讯，阅读数据好于小米相关资讯的总体水平。

表6-1 主要手机品牌高管与阅读相关数据对比

	篇均阅读	有效阅读比	收藏比	评论比	分享比
雷军和小米同时出现的资讯	7456	72.30%	0.62%	0.32%	0.17%
小米相关资讯总体水平	6656	71.00%	0.50%	0.34%	0.09%
罗永浩和锤子同时出现的资讯	5388	69.04%	0.65%	0.39%	0.15%
锤子相关资讯总体水平	6015	68.00%	0.46%	0.29%	0.09%
刘作虎和一加同时出现的资讯	5698	57.32%	0.33%	0.34%	0.06%
一加相关资讯总体水平	6565	66.00%	0.43%	0.30%	0.07%

资料来源：2017手机行业白皮书

4. 广告预算

广告预算是对广告活动所需费用的匡算。广告预算不仅制约着广告的制作，而且制约着广告媒体的选择和发布频率。广告预算主要包括两个方面的内容：一是在广告策划期内，企业将多少资金投入广告活动；二是在确定开展广告活动的资金总额后，进一步确定这些资金怎么使用，具体说明经费使用项目和相应数额，并详细列出媒体价格。如有必要，可以用文字与表格结合的方式，说明经费的具体开支、使用情况。广告预算在执行过程中允许有一定的偏差，这个偏差一般可控制在5%以内。

5. 广告效果评估

广告效果评估是对广告策划中规定的各项指标的完成情况和广告活动的效果进行评价和测定。广告策划中要确定评估广告效果的标准和方法，对如何评估这一广告活动做出说明和安排，同时对评估所需的费用也要做出估计。例如，在传播效果评估方面，在广告策划中，通常要说明广告宣传所要达到的视听率、知名度、理解度、偏爱率等心理效益指标，并确定测定这些指标所采用的方法，如问卷法、座谈法等。在销售效果方面，通常要说明广告宣传所要达到的销售率、市场占有率等经济效益指标。

6.5.2 广告策划书的写作

广告策划的内容确定以后，就可以撰写广告策划书。广告策划书的写作要求语言简洁、精练、简短、扼要。为避免页数过多，可以把图表和支持资料作为附录。另外，表述应具体准确，层次分明。把每一部分当成一个子系统，把握好整体与局部的关系。广告策划书要完整，广告活动的有关事项都可以在策划书中说明，使阅读的人能够从广告策划书中把握整个广告活动的全貌。一个完整的策划书一般包括以下几个部分。

1．标题

标题是广告策划的名称，标题要高度概括广告策划的内容，通常要说明某产品或某企业的广告策划，如"高露洁2018年度北京地区广告策划书"，而且广告策划的标题还应说明其文体，通常要标明"策划书"等。如果未定稿，还应标明"初稿""草案"等字样。一般来说，广告策划的标题应该明确具体、规范准确、简明扼要。

2．目录

目录指广告内容的索引。这部分并不是必需的，只有当广告策划篇幅较长时才适用，便于说明内容和查阅。广告策划的目录应该是说明广告策划各部分内容的小标题或提纲，是拟订策划提纲阶段的工作成果。

3．正文

正文是广告策划的主要部分，一般由前言和内容两部分构成。前言是对全部策划的简明的概述，目的是使读者快速把握策划的大概内容，要求突出重点、简明扼要。内容是广告策划书的主体，主要说明广告活动中各项工作的安排。

4．署名和日期

署名有三种形式：一是署策划部门的名称，如××公司；二是署法定代表的名字，如××广告公司××经理；三是署策划执笔人的姓名。

日期则是广告策划制定的日期。

本章思考题

1．简述广告战略的内容。
2．分析广告战略的类型，并举一个营销实践中的例子。

3. 简述制定广告策划的步骤。
4. 完整的广告策划书的内容一般包括哪几个部分？

案例分析与讨论

"佳洁士—节约"牙膏广告策划书的主要内容

一、市场分析
(一) 牙膏中国品牌市场发展历程
(二) 现有市场竞争格局发展
(三) 消费者分析
(四) 市场发展趋势分析
(五) 未来产品发展趋势
二、产品分析
(一) 佳洁士—节约牙膏分析
(二) 竞争对手牙膏分析
三、销售与广告分析
(一) 宝洁公司销售与广告现状
(二) 宝洁公司的市场销售现状
四、 主要品牌定位策略分析
(一) 高露洁
(二) 中华
(三) 冷酸灵
五、企业营销战略
(一) 营销目标
(二) 市场策略
六、广告表现
(一) 非媒介
(二) 媒介
七、公关营销策略
(一) 目的
(二) 活动策划
八、效果预测、评估
附：电视广告脚本
资料来源：中国公共关系网(经编辑)

讨论：
1. 根据所给的案例分析此广告策划书的内容包括哪几个部分。
2. 说明广告策划书撰写时的注意事项。
3. 根据案例的内容和格式并结合实习的企业模仿撰写广告策划书。

课堂实训

各小组针对大学生广告艺术大赛选题收集相关资料和数据，并讨论分析，形成广告策划书的整体思路。

实训要求：请各小组根据大学生广告艺术大赛选题，为vivo手机市场推广制定广告策划书。要求各小组明确分工，收集大量资料及数据并进行充分讨论，策划方案要针对特定的目标市场，具有一定的创意及较强的可行性。

第7章

广告主题策划

广告主题是商品广告的基本思想,是与顾客需要、顾客消费心理和企业目标相契合的商品最主要个性特征的概括。广告主题是广告的灵魂,它决定了广告的创意、需求表现和实际效果,广告没有主题是不会成功的。

【本章要点】
1. 了解广告主题在广告活动中的重要性。
2. 掌握广告主题的含义及构成要素。
3. 掌握广告主题确定的基础。
4. 了解广告主题策划的注意事项。

> **📖 导入案例**
>
> **农夫山泉"什么样的水源,孕育什么样生命"**
>
> 为了讲清楚农夫山泉的水来自世界顶级天然水源这件事,从 2014 年以来,农夫山泉就一直以纪录片的形式在大众心中建立良好口碑。从最开始的员工到第三方人士,从人为描述到无声展示,农夫山泉一直以水质作为广告主题。
>
> 2018 年,农夫山泉上线了一个特殊的、与以往不同的广告。它的特殊之处在于,广告视角变成了生灵万物,而且除了结尾落版外,全片没有一句旁白。如果光看前面,你会以为这是一个生态纪录片。
>
> 在拍摄这个广告时,农夫山泉邀请长白山当地的动物学家卜正吉作为顾问,确保在拍摄时不会影响或惊吓到动物们。同时,农夫山泉还请来了曾为 BBC 拍摄过《人类星球》《地球脉动》第二季等纪录片的摄影师盖文·塞仕顿。另一位摄影师约翰·艾驰逊,有近 30 年的野外纪录片拍摄经验,曾拍摄过《猎捕》等纪录片。花这么大手笔,可见农夫山泉对这个广告的用心程度。广告图片如图 7-1 和图 7-2 所示。

图 7-1 农夫山泉广告图片(一)

图 7-2 农夫山泉广告图片(二)

如果说"农夫山泉有点甜""我们不生产水，我们只是大自然的搬运工"分别是农夫山泉广告主题的 1.0 和 2.0 阶段的话，那么此次广告"什么样的水源，孕育什么样的生命"就是将广告主题升级到了 3.0 阶段。在整个视频中，农夫山泉并没有以喊口号的方式，直接宣扬自己的水质有多好，而是通过这条山脉及生灵们的视角，来展示农夫山泉水源地的美好，让观者产生"移情效应"，自然与农夫山泉的产品水质产生联想。

"什么样的水源，孕育什么样生命"，文案看似简单，但放在该纪录片里，却精准概括了广告的洞察：有什么比呈现水源地稀有生命的多样性，更能证明水源的品质呢？

它不像其他品牌一样，用巧妙的创意包装产品卖点，也不再打情怀牌，而是返璞归真，忠实记录水源地丰饶的生态系统，用美好衬托美好，准确、清晰地向广告受众传达了农夫山泉水源是世界顶级天然水的广告主题。

资料来源：广告洞察(ID:admen888)作者：欧阳睿(经编辑)

7.1 广告主题概述

任何一则广告都必须首先科学地确定广告主题,即确定一个商品或一种服务究竟需要展现什么,广告表达的中心思想是什么,如何把这种中心思想有效地传达给受众,引起受众的注意,诱发消费者的购买欲。所以,广告主题的确定是关系如何正确、科学、有效地进行广告的重要问题。

7.1.1 广告主题的含义

在文艺作品中,主题是指作品所表现出的中心思想,是作品思想内容的核心。在广告中,主题同样是指广告所要表达的重点和中心思想,是广告作品为达到某项目标而要表述的基本观念,是广告表现的核心,也是广告创意的主要题材。广告主题是广告为达到某项目的而要说明的基本观念。

如图7-3和图7-4所示,这两则广告虽然简单,却把广告想要表达的中心思想非常明确地传达给受众。图7-5所示公益广告中,把手机转化为两人之间的墙壁,突出手机对人际关系的撕裂影响,从而达到提醒人们切勿迷恋手机的作用。一张好的广告海报胜过千言万语,而其中技术只是一部分,真正起作用的是广告主题创意。

图 7-3 CNN 新闻广告:News you can't ignore

图 7-4 有了 BIC 502 超能胶,请相信爱情吧

图 7-5 手机公益广告

广告史上历来有两个派别：科学派和艺术派，很难说谁对谁错，但从图7-6和图7-7这两则户外广告可以看出广告主题与创意的关系。从广告实践中可以得出，广告即使没有创意，只要投放足够也是有效的。例如，图7-6的户外广告，这种有效性来自曝光效应，从心理学角度来说，一个品牌或一个产品，只要你看得越多就会越觉得它好。但同样的户外广告，如图7-7的嘉士伯啤酒广告，文案是"也许是世界上最好的户外广告。"因为你可以在这里接一杯啤酒，这种广告就融入了创意，获得大量免费传播，传递广告主题的效果会更好。

图 7-6　大成基金户外广告

图 7-7　嘉士伯啤酒户外广告

从以上两则户外广告可以看出，只有主题鲜明、诉求突出、具有创意，才有可能是优秀的广告作品，才能提升广告宣传效果。否则，整个广告作品缺乏统一的主题，各种信息就会显得杂乱无章，很难引起受众的注意，更不用谈给受众留下深刻的印象并引发购买行为。

7.1.2　广告主题的深入理解

在深刻理解广告主题含义的同时，有几点需要注意。

(1) 广告主题想要传递给消费者的观念是在广告商品中提炼出来的，应对消费者有实际或心理价值，也就是要给消费者一个购买理由。例如，洗衣粉广告主题为洁净，是带给消费者功能上的利益。广告主题像一根红线贯穿广告策划中，使各要素有机组合。

(2) 广告主题是相对稳定的,并且应是与时俱进的。2016年,可口可乐广告主题改为"taste the feeling",其广告主题的变化展示了其相对的稳定性,同时也展示了品牌随环境变化不断调整自己的广告策略的行动轨迹。

案例链接

可口可乐广告主题的变迁

可口可乐的成功大部分要归功于可口可乐的广告宣传。可口可乐在发展过程中始终注意不断调整产品定位和广告策略,积极探索新媒体和新的表现方式,使广告更匹配人们的需求。1886—1999年,可口可乐曾32次变换广告主题,用过94条广告口号。

我们将20世纪50年代作为一个分水岭:之前的广告以平面广告为主,称为平面广告时期;之后电视广告逐渐发展起来,在此阶段可口可乐创作出大量优秀的电视广告作品,称为电视广告时期。可口可乐部分年份广告主题如表7-1所示。

表7-1 可口可乐部分年份广告主题

年份	广告主题(英文)	广告主题(中文)
1952	What You Want is a Coke	你想要的就是可乐
1957	Sign of Good Taste	好味道的标志
1958	The Cold, Crisp Taste of Coke	可乐冰凉清脆的味道
1959	Be Really Refreshed	真正清爽
1963	Things Go Better with Coke	可口可乐让一切更美好
1969	It's the Real Thing	真东西
1974	Look Up America	向前看,美国
1976	Coke Adds Life	喝可乐,生活添味道
1979	Have a Coke and a Smile	喝可乐添微笑
1982	Coke Is It!	就是可乐
1986	Catch the Wave (Coca—Cola)	抓住可乐的波浪
1987	When Coca—Cola is a part of Your Life, You Can't Beat the feeling	生活中难舍可口可乐,挡不住的感觉
1988	You Can't Beat the feeling	挡不住的感觉
1989	official Soft Drink of Summer	夏天办公室里的软饮料
1990	You Can't Beat the Real Thing	挡不住的真感觉
1993—1999	Always Coca—Cola	永远的可口可乐
2000	Coca-cola. Enjoy	喜欢可口可乐
2001	Life tastes good	生活很甜美
2005	Make It Real	勇于尝试
2006	The Coke Side of Life	心随我酷
2009	Open Happiness	畅爽开怀
2016	Taste the Feeling	品味感觉

可口可乐广告语的变迁给我们展示了一个品牌如何在发展过程中,时时根据环境的变化不断调整自己的广告策略的行动轨迹。其实,无论是历史悠久的老品牌还是初入市场的新品牌,如何保持策略的常变常新都是一个永远期待解决的问题。

良好广告视觉的边际效益会随着时间的积累而出现递减,新广告、新主题对于一家高成长企业而言也就非常重要。市场是需要炒作的,消费者的热情也是需要煽动的,可口可乐公司的知名度已经那么高了,可是仍然不断地推出新的广告主题。新的宣传主题,挖掘新的卖点,寻找消费者新时代的新需求,这就是广告的价值和意义。只要你的产品还在市场一天,为了不让消费者淡忘你的存在,就要让自己尽可能有效、适时地出现在他们眼前,刺激他们消费的欲望。

可以预计,未来可口可乐的广告还会继续求新求变求时尚,但可以肯定,在这些变化的背后,不变的是对消费者质量合格的承诺以及不断满足消费者需求的使命。

资料来源:4A 内参(neican123)(经编辑)

(3) 广告主题应当单纯、明确。很多广告主希望把产品大部分的卖点都放到广告主题中,面面俱到,但广告主题要讲的东西太多,如同相机聚焦不清晰,反而看不懂。所以广告主题应当单纯、明确,因为它是广告的灵魂。如图7-8和图7-9所示的广告图片,就表现了单纯的产品功能性主题,简单明了地把广告主题传达给消费者。

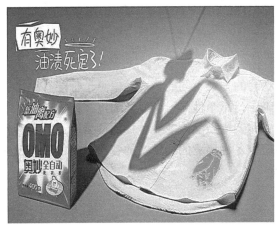
图 7-8　洗衣粉广告

图 7-9　杀虫剂广告

7.2　广告主题的构成要素

在对产品进行广告主题策划时,策划者头脑中可能会浮现很多可供选择的立意点,要想确定合理、有效的广告主题,就需要分析广告主题的构成要素。广告主题是由广告目标、信息个性和消费心理三个要素构成的,即广告主题=广告目标+信息个性+消费心理,三者之间的关系如图7-10所示。

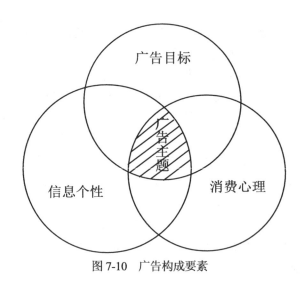

图 7-10 广告构成要素

1. 广告目标

广告目标是广告战略的核心。确认广告目标要素，一方面要考虑如何使广告目标符合企业的整体目标，另一方面要考虑广告目标融入广告主题的可能性，确保广告目标经过广告主题得以实现。由于广告目标是在反复分析、研究的基础上制定的，因而确认这一要素较为容易，只需着重考虑其如何在广告主题中体现即可。

2. 信息个性

信息个性是指广告所宣传的商品、企业或观念的与众不同的特点。信息个性能够突出广告的特点，避免广告空洞，没有特色。寻找并确定信息个性是一个复杂的过程，需要广泛了解广告产品和广告企业有关的信息，还要充分了解竞争产品或非竞争性的同类产品的各种特点，了解竞争产品广告的主题构成要素，然后研究各种历史的和现实的资讯材料，进行反复比较和研究，提出多种备选方案，最后才能确定。

3. 消费心理

广告目标和信息个性要符合消费心理，才能够与消费者产生共鸣，起到良好的传播效果。确认消费心理要素同样也是一个复杂的过程，在买方市场时代，各种产品极其丰富，竞争激烈，消费者所关心的不再是能否买到某种商品，而是所购买的商品能否满足自我、表现自我、塑造自我，消费心理因素在购买活动中已处于主导地位，理所当然应纳入广告主题的考虑范围。但消费者的构成层次比较复杂，同一层次消费者的需要与欲求也有很大差异，并不稳定，经常处于变动状态。为此，确认消费心理这一构成要素时，要尽可能地充分利用广告调查及营销要素分析的资讯材料，尤其要注意目标市场的细分情况，尽可能使所确认的消费心理要素准确地反映目标市场的心理趋势及人文特点，使广告主题与消费者发生更大的共鸣。

以上三种构成要素的有关资料都是通过前期详尽、周密的市场调查取得的，任何一个成功的广告主题都是这三个要素的和谐统一。广告目标是广告主题策划的基础和依据;信息个性是广告主题的特色;符合消费心理是达到广告传播效果的必要条件。

图7-11~图7-13所示是邦迪的广告图片,突出了产品疗伤的功能特色,同时与消费者的心理产生共鸣。广告中,邦迪首先表现了对消费者的理解,它声称"成长难免有创伤",这就拉近了与消费者之间的距离。广告又截取了反映亲情、友情和爱情的不同生活片段,以唤起人们对曾经熟悉情景的回忆,进而引起消费者共鸣。生命中曾经经历的一些伤痛和生理上的伤口便具有了某种关联,表达出邦迪"再深、再久的创伤也终会愈合"的广告主题。

图7-11　邦迪广告图片(一)

图7-12　邦迪广告图片(二)

图 7-13　邦迪广告图片(三)

7.3　广告主题的确定

在早期的广告发展中，很多人曾经认为，广告就是商品加好话再加美人，似乎这样来做广告就能够得到很好的效果，显然这种观点只适用于卖方市场。随着商品经济的发展，物质极大丰富，在当今买方市场的情况下，仍用这种方法做广告是行不通的。消费者更加理性，对商品有很大的选择余地，因此，科学地确定卖点即广告主题非常重要。

产品与消费者的关系构成了产品的特定价值，从多元的角度来考虑，可以形成相应的价值体系，广告策划者可以以此为基础确定广告主题。产品价值体系的建立可以从以下三方面进行。

7.3.1　建立产品价值网

产品对于消费者多层次的价值就构成了产品价值网。从产品的整体概念来看，一个产品的属性是多样的，它提供给消费者的利益可以是核心的使用价值，也可能是基本属性的价值，或者是带给消费者情感上的价值。这种多样的属性带给消费者的价值就构成了产品的价值辐射网。

例如，一台洗衣机能够提供给消费者基本的洗衣功能的核心价值，也具有外形美观、噪音小、省水等多项特征，同时给消费者带来爱妻、爱家等情感上的满足，所有这些都是产品价值网上的利益点，都可以成为广告主题。

1. 以产品实体因素为立意点

产品的实体是提供给消费者价值的载体，很多产品实体由于具有独有的特点，可以作为广告主题的立意点。图7-14所示是奥格威为劳斯莱斯所做的广告，广告从多个方面详细列举了劳斯莱斯各方面的性能，充分说明了"精工制造"这样一个广告主题，取得了很好的广告效果。

图7-14　劳斯莱斯广告图片

通常可以以下几方面的产品实体因素为立意点来确立广告主题。

(1) 产品的原料、结构、性能等。例如，纳爱斯伢牙乐儿童营养牙膏广告语"看得到的品质，尝得到的VC、VE"，突出体现了产品原料具有促进儿童牙齿健康成长的营养成分，以此为广告主题的立意点。

(2) 产品的生产、管理过程，包括生产环境及生产历史等。例如，金典有机奶的一则广告文案:"关爱家人,我用天赐的宝贝,金典有机奶每一滴都来自没有污染的有机牧场,0污染,0添加,天赐的宝贝,给最爱的人。"强调了生产原料和生产过程的绿色安全。

(3) 产品的品牌、外观及包装等。例如,三精制药厂生产的三精葡萄糖酸钙在广告主题立意方面主打产品的外包装特色,即"蓝瓶的"。在确定广告主题时,产品选用了蓝瓶这个特殊点作为一个鲜明的区隔。蓝瓶是三精制药独有的专利技术,采用独有的包装让三精口服液产品有别于其他药品。蓝瓶是三精口服液产品在品牌、品质之外,和同类品种间最明显的差异点,让蓝瓶被每个消费者记忆,并与三精的产品质量相关联,让消费者在信赖三精品质的同时,只选择蓝瓶的,有效地与竞品区隔。

2. 以产品使用情况为立意点

产品的使用情况是消费者在使用产品过程中的切身感受,很多广告以此为立意点来确立主题,如电视图像清晰、手表走时准确等。常用的产品使用情况立意点如下。

(1) 产品的用途和用法。例如,白加黑感冒药的"白天吃白片不瞌睡,晚上吃黑片睡得香",体现了其药品服用方法的独特性,给消费者留下了深刻的印象。

(2) 产品的使用情况和效果。产品的实际使用效果是带给消费者价值的最明显体现。例如,图7-15所示是高露洁牙膏的广告图片,广告利用夸张手法来体现产品的效果,强化了消费者对于高露洁牙膏产品效果的认知。

图 7-15 高露洁牙膏广告图片

3. 以产品的价格或档次为立意点

产品的价格或档次是产品细分过程中常用的细分变量和定位方向，因此也可以产品的价格或档次为广告主题的立意点。

例如，大宝在定位产品时选择了"平民化"品牌定位。20世纪90年代，众多厂商蜂拥中高档日化护肤市场，更加广阔的中低档日化护肤市场一直没有得以重视。大宝适时抓住机会，以差异化策略针对大众市场人群推出了一系列高性价比的护肤化妆产品，并将渠道拓展到二、三线城市和农村市场。

大宝1996年的职业篇广告中(见图7-16)，通过社会调查的形式，将京剧演员、小学教师、青年女工、摄影记者4类工薪职业人群使用心得汇集在一起，通过简单、真切的语言和工作化场景的再现，让消费者体会到大宝的产品亮点。这种表现方式不仅体现了大宝的工薪价格，也拉近了与普通消费者的距离。

图 7-16 大宝职业篇广告

4. 以产品关系为立意点

产品与其他产品的关系可以体现为相关联的、相竞争的和不相关的，很多产品在确定广告主题立意时，为了强强联合或加强与竞争产品的区别，往往采用以产品关系为立意点。

1) 以产品之间的关联为立意点

在消费者的生活中，有些产品是具有相关性的。例如，有了打印机，需要配套的打印纸及墨盒；有了计算机，需要相关的软件等。很多广告就是以这种产品之间的关联为广告主题立意点，使消费者产生联想，唤起消费者对产品的需求。

例如，碧浪洗衣粉和海尔洗衣机，曾经因为两者之间的关联而进行联合营销，以此为广告主题立意点，达到双赢的效果。

📖 案例链接

碧浪+海尔：联合营销 事半功倍

合作广告又称联合公告、联袂广告、伙伴广告，是指两个或多个品牌共同出现在一个广告中，广告同时承担多个品牌的推广。合作广告并不是新鲜的概念，但在中国市场上，合作广告却并不常见。

从 2009 年 8 月份开始，一条新颖的广告在各大媒体高频率播出，吸引了业内人士和消费者的关注。电视广告时长 30 秒，场景是海尔洗衣机研究中心，配以研究人员的口吻告诉大家："……海尔洗衣机携手碧浪，给你惊喜机洗洁净！"最后出现碧浪与海尔两个品牌的图标，如图 7-17 所示。

图 7-17　碧浪+海尔广告图片

以年轻白领为代表的中高端消费者的洗衣任务大部分都是由洗衣机完成的，机洗的确是碧浪在品牌推广中不可忽视的关键点之一。长期以来，碧浪也非常注重与洗衣机品牌的联动，印刷在包装背面的"全球著名洗衣机品牌推荐"已有多年，但这仍然是一种浅层次的联合推广，对消费者的触动非常有限。从这次典型的合作广告来看，无疑双方都从中受益，达成双赢。合作双方在中国市场的地位以及广告的大规模投放，使得该广告成为中国市场合作广告形态的标志性作品。

资料来源：(根据网络资料整理)

2) 以产品与竞争产品之间的关系为立意点

产品在进行广告宣传时，有必要考虑竞争产品的广告，因为竞争品牌的广告可能会影响和制约本品牌的广告宣传。

两者之间的竞争关系在广告中可能体现为针锋相对，例如，百事可乐和可口可乐多年以来进行这种相竞争的广告大战，但同时也使两种品牌的信息都深入人心。汉堡王产品广告主题立意也体现为这种特点，如图7-18所示。

图7-18 汉堡王的广告图片

产品间的竞争关系除了体现为针锋相对外，还体现为屏蔽和同化，这种关系尤其体现在品牌强弱度相对较大的品牌之间。例如，一说到去屑洗发水，消费者马上想到的是海飞丝和采乐等产品，这就是因为两者在去屑方面都是属于传播上强势的品牌，所以在一定程度上对其他弱小品牌关于去屑的宣传形成了屏蔽的作用，这时即使一些洗发水品牌主打去屑广告主题，消费者头脑中也不会留下深刻印象。

还有一种情况是弱势品牌进入市场时，其宣传信息被强势品牌宣传信息所同化、吸收，没有达到应有的作用。例如美国固特立轮胎在市场上宣传其新发明的钢丝辐射层轮胎，结果一段时间后通过市场反馈回来的信息是，56%的消费者认为该产品是一家更大的轮胎制造商固特异所生产，前期广告宣传信息很大程度上被同化。

我们一般认为广告会给企业带来积极的帮助，同时竞争对手会受到一定程度的负面影响，但事实上由于广告的溢出效应，广告很有可能成为别人的嫁衣，这种情况往往发生在弱势的中小企业身上。广告的溢出效应即广告投放给广告主销量带来提升的同时，也可能极大地刺激竞争对手的品牌销售。

国外权威经济学期刊发表的文献中做了广告投放效果的实验，证明了广告的溢出效应。

案例链接

广告溢出效应实验

以下实验都已在国外权威的经济学期刊中发表过，具有很高的可信度和准确性。为了测验广告投放的实际效果，实验者通过对实验条件的设置，排除了一切外在的干扰因素。

实验一：Navdeep S. Sahni 是哈佛大学市场学专业的助理教授。他在一个餐饮网站上通过大量数据对餐馆广告投放效果进行了分析。这家餐饮网站类似于我国的大众点评，在 11 个国家的很多城市提供服务。Sahni 使用了 11 家餐厅的数据，进行了 11 组对照实验，来测试这 11 家餐厅在该网站上投放广告的效果。Sahni 惊奇地发现在这 11 家餐厅投放广告的同时，其竞争对手网页的访问次数和销售线索都显著增加了,尤其是提供与这 11 家餐厅相同菜品且在网站上评分更高的竞争对手增量尤其明显。这 11 家餐厅的相应竞争对手从广告投放中所获得的收益是它们自身的 5 倍。

实验二:来自谷歌公司的 Randall Lewis 和芝加哥大学布斯商学院的 Dan Nguyen 联合分析了用户在 Yahoo 首页的 5 亿次访问以及他们接下来在 Yahoo 搜索上的行为。在这一过程中,有三个广告主在 Yahoo 首页上投放了展示广告。通过三组对比实验,他们发现投放展示广告后,广告主的搜索请求量增加了 30%~45%。与此同时,在竞争对手没有做任何动作的前提下,他们的搜索量最高增加了 23%。更令人惊奇的是,这些竞争对手增量的合计是广告主的 2~8 倍。

以上两组实验证明了一件事情:广告存在溢出效应。企业花费大价钱投放的广告,却为他人做了嫁衣。更可怕的是,在实验一中,Sahni 通过进一步的实验证明这种溢出效应并不仅仅发生在当下,更多会影响未来。因为消费者都有路径依赖,这次选择了评分高的餐厅就餐,评价不错,下次他们会不假思索地再次选择这个餐厅,这无形之中就使花了钱的广告主不仅损失了现在,更损失了未来。所以这是一件不得不引起企业警惕的事情。

结合以上实验可以发现,广告投放的密度以及用户对不同品类和品牌的购物行为差异是最影响溢出效应的两个关键因素。具体来看,广告的溢出效应更容易发生在以下几种情况下:

- 广告投放的密度小时;
- 用户决策流程长和单价高的品类;
- 一个弱势品牌在面对一个强势品牌时;
- 产品标准不一致时;
- 用户为喜欢不断通过搜索或者其他方式获取信息,对产品进行多方比对的用户。

资料来源:数字商业时代(经编辑)

产品在确定广告主题进行宣传时,也要关注竞争对手的广告宣传,否则很可能让对方乘虚而入,反而为他人进行免费宣传。例如2016年,《京华时报》连续三天刊登方太广告,官博还为方太做了猜字送礼物的活动,如图7-19所示。京华时报官博:"这是什么?艹+氵+果+皿,是蔬菜、水果?或者某种器皿?悄悄告诉你吧,每个偏旁部首都是线索,还涉及物理、化学、人体工程学。快动员你的脑细胞一起猜猜看,拼IQ的时候到了!"通过这样的悬念广告吸引消费者的注意力,让大家产生兴趣。

但是《京华时报》说好的6月7日公布答案,而在6月2日就提前公布了,原来方太的一个竞争品牌华帝利用方太的广告在6月1日的《羊城晚报》上投放了类似的广告,如图7-20所示。所以方太这一波在《京华时报》花费60万元版面费所做的广告,在一定程度上是为华帝做了免费宣传。

图 7-19 方太广告图片

图 7-20 华帝广告图片

因此，广告创作人员在确定广告创意主题时，如果选择与竞争者之间的关系作为立意点则需要谨慎，要评估自身的实力以及与竞争品牌之间的差异，否则实力相差悬殊则可能所做的广告宣传会被强势品牌屏蔽或同化。

5. 以消费者的关心和期望为立意点

消费者对产品品牌的关心和期望往往是其最在意的产品价值和功能，而这种关心的点也是会动态变化的，因此广告策划人员应当关注消费者的优势需要，从而确立立意点。

中国消费者协会于2017年2月7日—3月5日组织开展了"网购诚信与消费者认知"问卷调查活动。本次调查采取在线分层抽样调查方式，覆盖31个省、市、自治区，共获得有效样本8000个。调查结果显示：从网购消费者考虑的诸多因素来看，约七成消费者关注"产品/服务质量"，超六成消费者关注"产品/服务价格"及"品牌和口碑"，三者占比分别为70.0%、

64.4%和62.9%。此次调查还显示,部分消费者会关注消费过程中的舒适度,如消费的便捷性(低时间成本)和消费场所环境。

对于同一产品,消费者也会有不同的关心点。《中国消费者》报社2015年联合19个城市的消协(消委会、消保委),在中国消费网、安全联盟等网络平台上开展了"护肤品消费行为有奖调查"活动。调查结果显示,消费者关注的重点是补水,选择人数占59.41%;关注防晒、美白、提拉紧致、抗衰老的人数也占到了35%左右。由于近年来雾霾等空气污染现象严重,导致很多人出现皮肤过敏等问题,因此,有33.16%的消费者表示会选择解决由空气污染而导致的皮肤问题的护肤品。可见,不同的消费者对于同一产品也有不同的关心点。

7.3.2 建立产品价值链

广告策划人员在确定广告主题时,可以从产品价值网中的任意点着手,也可以对产品价值网中的点进行延伸,在其产品价值链中寻找合适的创意点作为主题,这种主题创意点是来自产品价值的衍生价值。例如,鲜橙多"多喝多漂亮"的广告把饮料的饮用价值拓展到消费者的外表,再拓展到身体的健康,从而实现价值的拓展。所以在确定广告主题时,应注意挖掘产品的价值链,从中提炼出最有特色的环节,作为广告主题的立意点。

1. 建立产品社会价值链

消费者作为社会人,在社会群体中以多种方式与相关群体进行联系和沟通,而这种沟通靠的是语言、行为以及产品,因此产品的价值不仅仅局限于消费者的个体消费价值,而且在社会中扩散,体现社会价值,如友情、亲情和爱情等,它也可以成为确定广告主题的立意点。

例如,三菱汽车广告之"回家的路",如图7-21所示,广告讲述了一个女生小的时候爸爸每次都骑自行车来接她,等她买了车,爸爸还是骑自行车来接她。"爸爸的背是我回家经验里最深刻的记忆。"最后她从车窗玻璃内看着爸爸的背影,泪流满面。其中有两句广告词虽平淡,却打动人心:"欢迎你随时回家""走再远,不要忘记回家的路"广告面对恋家的年轻一代,运用强势的亲情攻势来感动他们,让他们记住品牌的口号"欢迎你随时回家"。

图7-21 三菱汽车广告图片

又如,雕牌(纳爱斯)懂事篇,用下岗来表现雕牌亲情与温情的主题,吸引了消费者的眼球,将其亲情文化的品牌内涵传达给消费者,完成了广告从眼睛到心灵的过程。相比陈佩斯版立白广告"不伤手的立白",雕牌的广告因为与消费者有更多的情感沟通,在内涵上略胜一筹。

2. 建立产品主观价值链

在科技发达的今天,产品种类日趋丰富,产品的质量、品质等客观价值日趋雷同,人们的需求发生变化,正从物质层面转变为非物质层面,在感性消费时代,人对差别化的关键需求正从功能层面转向情感层面。因此要想确定好的广告主题创意,我们可以从建立产品的主观价值链来着手。赋予产品主观价值,也就是对产品附加"无形的价值"使消费者产生满足感,是从情感层面发掘商品与消费者的联结点,运用文化的魅力来释放消费者的情感,与消费者进行深度沟通。

1) 产品给人的感觉

人通过自己的感觉器官来感知事物,通过视觉、听觉、味觉、嗅觉、触觉等来感知事物的大小、轻重、颜色、味道、粗糙、冷热等属性,这种属性会带给人积极或消极的体验,如舒服、惬意、快乐或不适等,而这些感受就可以作为广告主题的立意点。

例如,雀巢咖啡——"味道好极了";乐百氏果奶——"甜甜的,酸酸的,有营养味道好";德芙巧克力——"牛奶香浓浓,丝般感受"。

2) 产品的性格

产品的品质、形态、功效、档次、给人的感受等,会使其在消费者心目中产生性格特征。消费者选购产品主要考虑产品是否符合他们的生活方式,是否会产生一种值得向往的体验。

当我们谈起某个人时,都会对这个人有一个大致的看法,包括他的年龄、职业、身份、相貌等,其中很重要的就是这个人的个性,是爽朗、深沉、开朗还是稳重等。同样,当我们看到某品牌及其产品时,也会对这个品牌产生各种联想,包括它的经营范围、企业口号、产品类型、产品色彩等,其中很重要的就是这个产品品牌的性格,如它与其他竞争品牌的差异在哪里,它有哪些特点等。产品品牌与人一样,必须具备独特、明确的性格,才能令人印象深刻,在众多竞争者中脱颖而出。产品具有了性格,同时也会吸引那些"气味相投"的消费者,形成认同自己性格的消费群体,并形成忠诚度。比如年轻人都喜欢喝可口可乐,因为它代表着活力、激情,与自己的个性相符;成功的商业人士都喜欢坐奔驰车,因为它代表着大气、稳重、高档、高品位。

📖 **案例链接**

雀巢咖啡的产品性格

品牌的性格并非一成不变,它应随着时间、地点的变化而变化,雀巢咖啡在这方面就做得相当成功。它将咖啡这一纯西方的饮料带进了很多国家,并迅速让人们接受了它。

20世纪70年代后，在日本市场上，雀巢咖啡利用个性形象，通过以"了解差异性的男人"为主题的广告活动表达了这样的概念：雀巢金牌咖啡所具有的高格调形象是经过磨炼后的"了解差异性的男人"所创造出来的，营造了"雀巢咖啡让忙于工作的日本男人享受到刹那的丰富感"的氛围。80年代初，在中国市场上雀巢咖啡抓住中国人对西方文化和生活方式等一切都感到新鲜这一心态，将咖啡作为西方文化和生活方式最典型的代表物，反复强调其"味道好极了"，以引发中国人尝一尝的念头。而进入90年代，根据中国国内竞争激烈，年轻人压力日趋增大的工作环境，以及人们所追求的成功欲望，以赋予雀巢咖啡"好的开始"的个性形象为重点诉求。

雀巢咖啡的成功就在于能与各地当时的文化、价值观念、生活形态、消费者的偏好巧妙地结合起来，赋予品牌特定的个性形象，利用广告手段来塑造个性形象，使消费者对自己产品的认识由模糊不清变成清晰，并留下深刻的印象，从而达到影响消费者购买行为的作用。

资料来源：孟庆强，韩雪. 解析品牌个性塑造[J]. 商场现代化，2004(11).

3) 产品的象征

产品的档次、品位、品牌声誉、产品给人的感觉，以及产品与社会文化的关系等，会给人某种象征，如个人的身份、地位、事业、命运、品格、权威等。

消费者的消费行为不仅受到广告与营销等外在因素影响，同时个体的内在特质也是影响消费行为的重要因素。消费者自我、人格等个性特征与所觉察到的产品自身或品牌体现的形象(品牌象征意义)有着密切关系。随着消费者行为正朝向享乐性和符号性转变，消费行为更强调凸显自我身份建构，消费者自我、人格等与消费行为的互动影响越来越大，这将构成未来品牌营销的趋势。

在消费者与产品品牌的交互作用过程中，由于品牌象征意义及其所传达的信息使两者可能建立亲密的情感联系，此时消费者将品牌视为带有人格特征的"朋友"。从这一层面来说，品牌有了生命，也有了独特的自我和个性。消费者把特定的产品和所期望的身份联系起来，而这种需求也转化为对这种特定产品的需求。

案例链接

查理香水

美国露华浓公司曾推出一款女用香水，产品上市一年就成为全美销量第一的香水，其中重要的原因是香水的主题观念契合了当时西方女性的心态和生活方式，具有极强的心理暗示意义。这款香水用一个男性名字命名——查理。

广告塑造了一个独立自主的男性化的女性形象(见图7-22)。广告中查理是一个年轻好动、有魄力、有朝气、善于交际的活跃分子。她崇尚独立，乐于冒险，事业心强。她不拘礼节，不矫揉造作，昂首走在大街上，独来独往，轻巧熟练地驾驶着华丽的轿车……有时她竟然成为男士的保护者。

图 7-22　露华浓香水广告中的查理女孩

广告中说:"她非常查理"。查理香水在女权运动的社会环境中适应了当时女性追求新的观念和生活方式的心态,成为女性摆脱男权束缚,向往独立自主的象征,因此受到女性的青睐。

通过产品价值链来确立广告主题创意点时,要注意产品价值不能任意延伸,要符合一定的现实逻辑和心理逻辑。例如化妆品广告"今年20明年18",虽然这种现象不可能客观存在,但却是人们的美好愿望,所以符合消费者的心理逻辑,而把方便面作为过节送礼佳品显然是不合适的。

7.3.3　挖掘产品潜在价值创造新价值

消费者在接触和使用产品时,由于受到既有经验和知识的限制,一些产品的价值是能够被消费者感知到的,而有些产品的价值则未必能被消费者感知到。进行广告策划时,广告人员应当突破这种局限性,把广告主题放到更广阔的关系中考察,发掘产品的潜在价值,创造新价值。

1. 唤醒消费需求

消费者对产品的需求往往是潜在的,可能消费者还没有充分意识到,这种需求潜伏于消费者的心中和社会关系中。广告的主要任务就是作为外在的营销刺激因素,来激发消费者潜在需求,促进消费者采取购买行为。

例如，健身房在打广告时，只突出了健身房舒适、课程好及教练好等，并不能激发消费者想要健身的欲望。当消费者没有一个迫切的需求时，我们就要想办法去影响他们，利用情绪或者心理机制激发其潜在的需求。如图7-23所示，健身房广告"总有一个比你忙的人在锻炼"，消费者看了心里一惊，感觉到压力，压力带来想要改变的欲望。

图 7-23　健身房广告图片

再比如，现在生活压力很大，当人长时间为了目标付出后，就会想要补偿自己、奖励自己，填补心理上的空缺。所以广告主题立意可以利用消费者的补偿消费心理来激发其对产品潜在的需求。图7-24所示的广告中，广告语"问君加班几多愁，托尼老师喊你去洗头"和"今天坐好一点"都是利用了消费者的这种心理来确立广告主题立意点。

图 7-24　利用消费者补偿心理的广告

案例链接

唤醒消费者需求的保险柜生意

纽约有位年轻商人摩斯,他在纽约市的一个热闹地区租了一家店铺,满怀希望地开始做起保险柜的买卖。然而开业伊始,生意惨淡。虽然每天有成千上万的人在他店铺前走来走去,店里形形色色的保险柜也排得整整齐齐,店中销售人员更是彬彬有礼,但是却很少有人光顾。看着店前川流不息的人群,却没有一人光顾他的店铺,他不禁心中烦恼。最后思来想去,终于找出了一个突破困境的好办法。

第二天,他匆匆忙忙前往警察局借来正在被通缉的重大盗窃犯照片,并把照片放大好几倍,然后把它们贴在店铺的玻璃上,照片下面还附上文字说明。照片贴出来以后,来来往往的行人都被照片吸引,纷纷驻足观看。人们看过逃犯的照片后,产生了一种恐惧的心理,本来不想买保险柜的人,此时也有些犹豫,前思后想还是觉得买一个踏实。

因此他的生意立即有了很大的改观,原本生意冷清的店铺突然变得门庭若市。就这样不费吹灰之力,他的营业额就连续上涨。保险柜在第一个月就卖出 48 个,第二个月又卖出 72 个,以后每个月都卖出七八十个。不仅如此,还因为他贴出了逃犯的照片,使警察顺利地缉拿到了案犯,这位年轻人还荣幸地获得了警察局的表彰奖状,报纸也对此做了大量的报道。他又毫不客气地把表彰奖状连同报纸一并贴在店铺的玻璃窗上,由此锦上添花,他的生意更加红火。

通过外部的刺激和诱导来向客户传递产品的价值信息,从而唤起客户的潜在购买欲望,这就是摩斯成功的原因。

资料来源:成智营销

2. 创造消费需求

消费者有时对产品处于"无需求"状态,也就是消费者对产品不了解、不关心,没有认识到产品的价值。在这种情况下,广告应当把产品信息和价值充分传达给消费者,创造消费需求。

20世纪90年代后半期,在瓶装水行业,乐百氏和娃哈哈在进行紧锣密鼓的纯净水大战。这两家饮用水领域的领军企业针对各自的纯净水品牌,投入巨额资金进行品牌、渠道和宣传等各个层面的竞争。作为一个后进者,农夫山泉在实力上远远落后于这两家企业。但是,农夫山泉认识到,随着经济发展和社会财富的积累,消费者对健康的重视程度会越来越高。因此,从健康的角度出发,农夫山泉避开纯净水这个雷区,大力推广"天然水"这一广告主题概念,提出了"天然的才是好的"的观点,并提炼为"农夫山泉有点甜"这一品牌口号。同时,在公共领域,农夫山泉与乐百氏、娃哈哈两大巨头展开了关于纯净水的"口水大战",在短时间内迅速提高了自己的知名度。后来农夫山泉的广告主题逐渐从"农夫山泉有点甜"逐步转化为"好水喝出健康来",更加突出了水质,同时也佐证了农夫山泉甘甜的本质原因,而且更侧重于诉求水源——千岛湖的源头活水,通过各种创意表现形式使消费者认识到农夫山泉使用的是千岛湖地下的源头活水,是真正的"健康水"。作为一个后进品牌,农夫山泉凭借雄厚的资金实力和灵活多变的广告宣传形式,在2000年稳稳地坐上全国瓶装水市场占有率第三的位置。现在,农夫山泉已经是这一行业当之无愧的佼佼者。

这就是农夫山泉通过独特的广告主题立意来创造消费者需求。

3. 突破消费观念障碍

消费者在特定的社会文化背景下会形成特定的生活观念,而这种观念会直接影响其对于产品品牌的认知和评价,这也是符合消费者认知心理特点的。因为消费者总是容易接受符合自己观点的事物,对不符合自己观点的事物会加以排斥。例如,很多中国消费者以勤俭持家为荣,以量入为出为原则,因此这一观念就决定了其在消费方面的克制。广告主题立意应尽可能符合消费者的观念,或者通过宣传来扭转消费者的旧观念,使消费者接受产品价值。

消费者的消费观念一旦形成,要对其进行改变是很难的,一般扭转的成本是巨大的,也正是因为"认知难以改变"这一特点而形成了品牌壁垒。典型的例子是王老吉品牌被"拿走"以后,加多宝为此付出巨大的代价。加多宝在背后花了巨额的广告费用,才借助"红罐"这一视觉因素把加多宝这一新的品牌植入用户大脑。

寻找消费者消费观念中的不合理,造成反差,也可以突破消费者观念上的障碍,改变消费者的消费习惯。例如,御景湾的房产广告曾经利用"房价能等,但是孩子的童年不能等"这样的广告语,成功打动了消费者,改变了消费者对房价观望的态度。

4. 逆向思维,挖掘新价值

产品会带给消费者正向价值,也会存在负价值,也就是产品可能会存在不同的两面,如食品美味,但可能会使人发胖;化妆品能让人更靓丽,但长期使用可能会使皮肤受损;洗涤剂能够清洁,但有可能伤害织物或人体等。消费者面对这种情况可能会在购买时产生矛盾心理,所以广告主题确立时,应该避开这些负价值,或者以此为立意点找到新的角度来让消费者打消顾虑。

大众汽车"柠檬"(Lemon)("柠檬"意指报废的次品)的平面广告,是逆向思维创意的经典,如图7-25所示。广告语告诉消费者,这辆车没有被装上运往美国的货船,原因是质检员发现了一处细微的瑕疵。一般人通常看不出来的毛病,但逃不过质检员的火眼金睛。在其他广告都在宣传产品的优点的时候,"柠檬"揭露的却是自己产品的缺陷(当然,潜台词是大众汽车通过质检的每辆车都是无可挑剔的)。这则广告不仅通过逆向思维吸引眼球,更重要的是,它的最后落笔是"硬销售",强调产品过硬的质量。

图 7-25 大众汽车"柠檬"平面广告

产品形象代言人的作用是引起品牌形象联想、体现品牌个性、造成品牌识别、增加品牌权益。男性用品用男性模特做广告，女性用品用女性模特做广告，这是常人的思维习惯，但有时反其道而行之，却可收到意外的效果。男明星代言女士化妆品已有先例，日本和韩国近年来纷纷刮起了这股风潮：木村拓哉为Kanebo唇膏拍摄广告，迈出了"男星代言彩妆"的第一步；李敏镐是悦诗风吟的形象代言人(见图7-26)。

图 7-26 李敏镐代言悦诗风吟广告图片

这样的代言行为，乍看起来因为性别的不同而显得不符合逻辑，但其实也具有合理的一面。帅气的男明星一般都有庞大的女粉丝群体，看着男明星的皮肤都可以保养得光洁细腻，那女性消费者就更加信任这些产品了。

通过建立产品价值网、产品价值链及挖掘产品潜在价值创造新价值，产品的价值点形成了一个多层次立体价值网络。广告策划人员可以从全方面多角度来建立尽可能多的产品主题立意点，并从中选择最有特色、最能打动消费者、效果最好的广告主题立意点。

本章思考题

1. 什么是广告主题，请结合一则广告举例说明。
2. 广告主题的基本要素是什么，各要素之间是如何结合的？
3. 请以身边熟悉的产品为例，从三个不同的角度来建立产品广告主题。
4. 请举例说明如何通过建立产品的社会价值链来确立广告主题。
5. 广告主题策划应注意哪些问题？

📖 案例分析与讨论

益达口香糖重塑品牌，推"笑出强大"广告主题

玛氏箭牌旗下口香糖品牌益达 2016 年宣布启动品牌重塑，重振产品品牌，并在 2019 年之前使销售重新增长，成为增长的领导者。据悉，这次益达将分别从"打造更有共鸣的口香糖领导品牌""前所未有的产品升级"以及"全方位的市场支持"三大方面来实现品牌重塑。

益达将推出全新瓶装设计的 40 粒装系列产品，并对产品进行三大革新，提高消费者对产品外包装和口味的辨析度。

一、中国口香糖市场容量 130 亿元左右

亿滋中国口香糖和糖果品类副总裁袁冬青曾表示，中国已经成为全球第二大口香糖市场，市场容量大概在 120～130 亿元人民币的规模。据了解，口香糖已经连续多年增速超过两位数，市场渗透率高达 70%，远远高于巧克力、奶糖和薄荷糖。

中国的口香糖市场曾一度被箭牌所垄断，2005 年这一形势发生了转折——乐天和好丽友等亚洲品牌进入中国市场，各自抢得一份蛋糕。为了稳住已有市场，箭牌推出益达品牌强攻猛守。

不过，食品巨头亿滋也盯上了这个快速发展的市场，2012 年 9 月，亿滋旗下的炫迈口香糖正式登陆中国，以 "根本停不下来" 口味持久的特殊定位、新颖便利的包装以及贴近消费者的传播手段，取得了可观的业绩。三年之后的 2015 年，亿滋再度出手，将 Trident 口香糖清至正式引入中国。这个在全球五大洲均有布局、年销售额超 30 亿美元的全球口香糖第一品牌正式进入国内市场，同时口香糖也成为亿滋业绩增长非常强劲的版块。

竞争对手越来越强大，这使益达的压力也与日俱增，因此 "重振产品品类" 也成为这次益达重塑品牌的主旋律。

二、推出全新广主题 "笑出强大"

在大家心目中，"不，你的益达" "吃完嚼两粒" 等是益达使用了很久的广告语，为了重塑品牌定位，益达推出了全新的广告主题 "笑出强大"。此次品牌重塑不仅表现在产品上，更多是在品牌价值观上关注消费者内在的精神需求，用 "笑出强大" 作为品牌的精神核心。

此前，玛氏公司董事会主席 Victoria Mars 在 2016 博鳌亚洲论坛 "未来的消费" 分论坛上曾表示，当下年轻人在消费时更注重与品牌精神的情感认同，因此公司要想留住客户，要靠品牌的价值观。

益达 "笑出强大" (见图 7-27)最新广告文案如下。

《郭敬明——讲台篇》："这次，你又要惹到谁了？你会怎样被歪曲、误解和质疑？反正你从来没有想过要讨好这些人。笑出强大，益达。"

《苏炳添——中国影响力篇》："他们说，今天中国的影响力无处不在。真的是这样吗？这短短的 100 米仍在等你去征服。笑出强大，益达。"

《年轻女孩——结婚篇》："他们都说，他一表人才、他事业有成、他身价不菲，但有些决定，你只能听从自己的内心。笑出强大，益达。"

相关广告图片如图 7-27 所示。

图7-27 益达"笑出强大"广告图片

资料来源：食品板(经编辑)

讨论：
1. 结合案例内容分析益达广告主题要素。
2. 结合案例说明益达改变广告主题的原因，并进行评述。
3. 结合案例说明在改变广告主题时的注意事项。

课堂实训

请各小组根据本组大学生广告艺术大赛选题，在前期调研、收集资料的基础上，通过小组讨论初步确立本次广告策划的广告主题，为下一步广告策划奠定基础。

实训要求：请各小组利用头脑风暴法集思广益，根据选定的产品品牌实际情况及广告策划中确立的目标消费群体的特点，选定具有创意的广告主题，以达到良好的传播效果，各小组充分讨论后确立广告主题，并说明确立该广告主题的原因。

第8章

广 告 预 算

广告预算是广告主和广告企业对广告活动所需总费用的计划和估算,它规定了在特定的广告阶段,为完成特定的营销目标而从事广告活动所需要的经费总额以及使用要求,包括广告主投入广告活动的资金费用的使用计划与控制计划。作为使用计划,广告预算是以货币形式说明的广告计划;作为控制计划,它又是以财务状况决定执行的规模和进程。良好的广告预算可以有效控制广告规模、评价广告效果、规划经费使用、提高广告效益,以促成实现广告活动的预期效果。

【本章要点】
1. 掌握广告预算的概念和作用。
2. 掌握广告预算的影响因素。
3. 掌握广告预算的方法。
4. 了解广告预算的分配与管理。

导入案例

零广告预算,特斯拉如何让品牌深入人心

作为聚焦可持续能源的汽车制造商,特斯拉的营销预算向来所占不多,据其营销经理称,他们在付费媒体上更是"一毛不拔"。没有在媒体上花一分钱,特斯拉在澳大利亚却成功建立了品牌认知和品牌忠诚,它是怎么做到的呢?

避免"硬销售",让购车体验更轻松

特斯拉首先反思了传统展示厅的营销体验,决心摒弃这种"硬销售"。他们把产品带到交通繁荣的地段,让人们更方便地发现他们,对他们的产品和品牌加以了解,而不必承受营销环境的压力感。

特斯拉极力淡化"硬销售"的体验,在一份关于汽车品牌销售说辞的排行报告中,特斯拉排在最后一个,报告写到,"特斯拉的购车体验更像是走进一个博物馆,在解说员的带领下观察汽车,同时获得相关信息"。作为一家不打付费广告、不花钱赞助的公司,他们必须全力避免不佳的购车体验。

为了使销售过程更加流畅便捷,特斯拉把展示厅的可触化体验与电商相结合,与展示厅相比,顾客在电脑上做购车决定更为轻松。

把忠诚的顾客培养成品牌大使

特斯拉将自己的车主视为最好的营销伙伴。事实上,特斯拉能够存活至今,就得益于这些车主对可持续能源的信心。在2003年和2008年两次濒临破产的关头,特斯拉不得已找到还未提车的车主,让他们为所订的车加付1万到1.5万美元。现在,特斯拉则通过专属于其车主的丰厚体验来回报他们,这些车主多为富有的科技狂热者,对可持续化感兴趣。

紧接着,在计算了加建零售中心的成本之后,特斯拉决定用这笔钱回馈车主,积极发动他们帮忙售车。这种营销方式对于特斯拉来说成本更低,对于车主来说利益也颇丰,因为这是获得特斯拉汽车折扣价的唯一方法——特斯拉汽车从来不打折,即使对于内部员工也没有折扣可言。

在这个项目里,一个车主推荐他人购车越多,他所能获得的馈赠也越大,从700美元的特斯拉信用值到太阳能车顶的优先名单,再到还未面市的公版充电墙。

不花钱自传播的创意营销

特斯拉还不放过与大品牌合作的机会。它与澳洲航空联合举办了一场波音737和特斯拉电动汽车之间的比赛,最终达成病毒式的传播效果,大大提高了品牌知名度。

在特斯拉Drive to Believe营销活动中,对电动汽车持怀疑态度的车主可以用自己的车换一辆特斯拉汽车使用一周,数千人响应了这个活动,亲身感受了电动汽车的优势。值得一提的是,该活动通过Facebook和公司邮件进行推广,在推广上也没有花一分钱。

此外,特斯拉CEO埃隆·马斯克的知名度也为公司产生了额外的公关效果,他的高曝光率为公司打了免费的广告。在这种情况下,CEO能够与顾客直接对话,特斯拉的营销经理认为,这个现象将在世界范围内的大公司中成为一个趋势。

特斯拉的零预算营销在很大程度上固然得益于新能源、高科技的光环和"钢铁侠"CEO的名气,但是为客户创造轻松的购车体验、积极建立和利用顾客的品牌忠诚、挖掘顾客心理进行创意营销,这是其他品牌能够加以借鉴的。

资料来源:(根据网络资料整理)

8.1 广告预算概述

8.1.1 广告预算的概念和作用

1. 广告预算的概念

广告预算是广告主根据广告计划对开展广告活动费用的匡算,是广告主进行广告宣传活动投入资金的使用计划。它规定了广告计划期内开展广告活动所需的费用总额、使用范围和使用方法。

广告预算不仅是广告计划的重要组成部分,而且是确保广告活动有计划顺利展开的基础。广告预算编制额度过大,就会造成资金的浪费;编制额度过小,又无法实现广告宣传的预期效果。广告预算是企业财务活动的主要内容之一。广告预算支撑着广告计划，它关系着广告计划能否落实和广告活动效果的大小。

广告预算不同于企业的其他财务预算。一般财务预算包括收入与支出两部分内容，而广告预算只是广告费支出的匡算，广告投入的收益由于广告目标的不同而有不同的衡量标准。它或许反映在良好社会观念的倡导上，或许反映在媒体受众的心理反应上，也有可能体现在商品的销售额指标上。许多广告主错误地认为，广告投入越大，所取得的效果也就越明显。广告策划者通过对大量广告活动效果的实证分析得出：当广告投入达到一定规模时，其边际收益呈递减趋势。美国广告学家肯尼斯·朗曼(Kenneth Longman)经过长期的潜心研究，也得出了类似的结果。他在利润分析的基础上，创立了一个广告投资模式，他认为任何品牌产品的广告效果都只能在临限和最大销售额之间取值。

肯尼斯·朗曼认为，任何品牌的产品即使不打广告也有一个最低销售额，即临限。广告的效果不会超过产品的最大销售额，产品的最大销售额是由广告主的经营规模、生产能力、销售网络以及其他因素综合决定。朗曼认为，理想的广告宣传活动应该是以最小的广告投入取得最大的广告效果。当广告效果达到一定规模时，广告投入就是一种资源的浪费。

2. 广告预算的作用

广告预算作为对广告活动所需费用的匡算，对广告活动具有计划上和控制上的作用。作为计划手段，广告预算是以经费形式说明广告计划；作为控制手段，广告预算在财务上决定广告计划执行的规模和进程。因此，广告预算在企业广告策划中具有以下重要意义和作用。

1) 控制广告活动

广告预算为企业的广告活动和广告计划的实施提供了控制手段。广告计划的实施要以广告预算来支持，广告传播的时间与空间、广告作品的设计与制作、广告媒体的选择与使用等都要受到广告预算的支配。通过广告预算，广告企业或部门可以对广告活动进行管理和控制，从而使企业广告目标与企业的营销目标协调一致，使广告活动按计划开展。

2) 评估广告效果

广告预算为企业广告效果的评估提供了经济指标。广告预算对广告经费的使用提出了明确的目标，可以使广告活动的每一个具体步骤尽可能达到较理想的效果。同时，由于广告预算对广告经费的每一项具体开支都做出了规定，在广告计划实施结束后，就可以比较每一个具体的广告活动所支出的费用与所取得的广告效果。因此，广告预算可以成为衡量广告效果的经济标准。

3) 规划经费使用

广告预算可以规划广告经费的使用。科学合理的预算明确规定了广告经费的使用范围、项目、数额及经济指标，可以使广告费用的投入保持适度，避免盲目投入造成浪费；可以使已经投入的广告经费有计划地事先分配，使广告经费得到合理、有效使用。

4) 提高广告效率

广告预算可以提高广告活动的效率。一方面，通过广告预算可以增强广告人员的责任心，监督广告费用开支，避免出现经费滥用或运用不良现象；另一方面，通过广告预算对广告活动的各个环节进行财务安排，提高广告活动各个环节的工作效率，也可以促成广告活动的良好效果。

8.1.2 广告预算的内容

广告预算一般包括开展广告活动所需的广告调研费、广告设计费、广告制作费、广告媒体费、广告机构办公费与人员工资等项目。有的企业把公共关系与其他促销活动费也计入广告费之内是不合理的,如馈赠销售的馈赠品开支、有奖销售的奖品和奖金开支、推销员的名片、公司内部刊物等的开支费用均不应列入广告费。1960年,美国 *Printer's Ink* (《印刷者墨汁》,现已停刊)杂志在全美广告主协会广告管理委员会的协助下,对900多家广告主做了调查,其中216家做了回答。根据调查结果,将各种与广告活动有关的预算费用开支分为白色、灰色和黑色三类单子。列入白色单子的各项费用是必须算作广告费的;列入灰色单子的各项开支是可以算作广告费的;而列入黑色单子的各种费用是不能算作广告费的。

1967年,全美广告主协会将使用白色、灰色、黑色三类单子列出的各项开支调查表编入广告预算问题大全,使白色、灰色、黑色三类单子更具影响力。日本曾由吉田秀雄纪念事业财团资助研究广告费项目构成,完成了《主要企业广告费的预算管理及费用效果分析——广告费实情调查书》,其中列举了81个项目,并与美国做了比较研究和分析,发现与 *Priter's Ink* 杂志的研究结果基本一致。广告预算分类如表8-1所示。

表8-1 广告预算分类表

分类		主要预算费用
白色单子	必须支出的广告费	广告媒体费:报纸、杂志、电视、电台、电影、户外、POP、宣传品、DM、幻灯、招贴、展示等
		制作费:美术、印刷、制版、照相、电台与电视设计、与广告有关的制作费
		管理费:广告部门薪金、广告部门事务费、顾问费、水电费、推销员费用、房租费、广告部门人员的差旅费
		杂费:广告材料运费、邮费、橱窗展示安装杂费、其他费用
灰色单子	可以支出的广告费	样本费、示范费、客户访问费、宣传卡用纸费、办公室报刊费、研究调查费
黑色单子	不得支出的广告费	社会慈善费、旅游费、赠品费、广告部门以外的消耗品费、包装费、潜在顾客招待费、从业人员福利费等

8.1.3 广告预算的影响因素

在确定广告预算的内容之后,接着需要考察的是哪些因素能够影响广告预算的制定。只有比较清楚地认知这些因素的影响,并将其列入需要参考的因素,这样建立在充分的信息采集和分析基础之上的广告预算才能够做到科学、合理,并在实际的广告运作中发挥基础保障作用。一般而言,设定广告费用预算时应该考虑到如下5个因素。

1. 市场因素

目标市场的范围、大小及潜力会对广告费用的投放产生直接的影响。另外,目标市场的性质及区域分散程度影响着广告预算。在集中的区域做广告，效益必然高，投入自然少；反之，亦然。目标市场的品牌占有率也是制定广告预算需要考虑的因素。一般情况下，维持一个品牌的市场占有率自然要比扩大市场占有率的投入要少。

2. 产品因素

产品因素对广告预算制定的影响体现在两个方面：产品生命周期中所处地位和消费者品牌忠诚度。最初提出产品生命周期概念的是美国广告研究者J. W. 弗雷斯塔，他借鉴了产业动力学的理论，提出投放市场的产品要经过研发期、进入期、成长期、成熟期、衰退期5个阶段。产品处于不同的生命周期，对广告的要求不一样，广告费用的投入也不一样。

产品各项费用与产品生命周期的关系如图8-1所示。

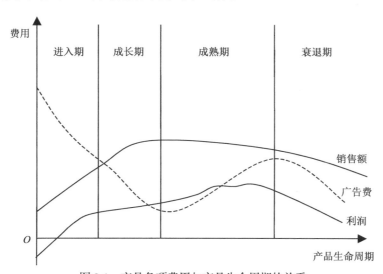

图8-1 产品各项费用与产品生命周期的关系

消费者的品牌忠诚度对广告预算的制定也至关重要。客户忠诚度高，需要的广告费投入就少一些；反之，则需要大量的广告费去提高客户的忠诚度。

3. 销售因素

预定销售目标(包括销售额及利润)是确定广告预算的基础。产品的销售和产品的广告是相辅相成的，可以说，广告最终就是为产品的销售服务的，并通过产品的销售来检验广告的效果。所以，广告预算的制定必须紧密配合企业的销售来展开。销售目标定得越高，需要的广告费投入就越大，否则销售目标必然无法实现，当然这里还要考虑到市场的实际状况，并不是说广告投入越多越好，过分饱和的广告只能是浪费。

4. 竞争因素

目标市场的竞争程度也是影响广告预算的重要因素。目标市场的竞争程度包括竞争者的数量以及竞争对手的实力。当竞争对手很多时，企业要脱颖而出，就要加大广告费用的投入。如果实力强劲的竞争对手加大广告费的投入，力图在竞争中压倒己方，企业只能相应地追加广告预算,加大广告宣传力度,保持自身的市场占有率。

5. 媒体因素

媒体因素包括媒体使用形式与媒体变化情况。不同的广告发布媒介,广告制作和发布的费用差别很大。相同的媒体,不同产品所需的广告费用的支出差别也很大。就电视而言,不同的时间段收费差别很大,报纸和杂志的不同版面收费也有差别。

> **案例链接**
>
> **央视广告招标**
>
> 2005年9月26日,被誉为行业风向标的2006年央视黄金资源广告招标开锣。300多个标的物历经14个小时的竞拍,央视广告招标金额最终达到58.69亿元,实际中标企业比去年增加1/3。央视广告部主任夏洪波称,这是理想而吉利的数字。此次竞标企业达180家,比上年增长20%,但这也是央视首次没有当场公布标王。
>
> 从十余年来的央视招标情况来看,从当初的白酒类广告风光无限到后来的电子制造业一枝独秀,最近两年则是乳业、日化行业各领风骚。
>
> 走出了暴利时代,电子制造业当年在央视的广告招标中的风光已经成为传说。在短暂几年的黄金时期之后,因为不同的原因,曾经的标王们在市场上不再坚挺,在中国新兴的电子制造业里,这样的状况显得尤其明显。
>
> "从某种意义上讲,这更像是一场昂贵的赌博。"北京某知名广告公司的中层负责人,负责为国内某知名IT厂商安排本次招标会有关事宜的知情人士说,"参加央视广告招标会有很大的风险,但是不参加,就会浪费一个爆发的机会,甚至难以翻身。"
>
> 资料来源:新浪网.2005/11/12

8.2 广告预算的方法

8.2.1 百分比法

1. 销售百分比法

销售百分比法是以一定时期内销售额或利润额与广告费用之间的比率来预算广告费用的方法。其具体运算程序是,企业根据自身在特定阶段内销售总额的预测,把广告费用的投入确定为销售额的一定百分比,就可以预算出下一阶段的广告费用的投入量。销售百分比法的计算公式为

广告费用=销售总额×广告费用与销售额的百分比

例如,某企业2017年的计划销售额为200万元,广告预算比例为销售总额的3%,则该企业2017年度的广告预算费用为200×3%=6(万元)。

销售百分比法可以根据销售额、利润额的不同计算标准细分为历史百分比法、预测百分比法和折中百分比法。历史百分比法一般是根据历史上的平均销售额或上年度的销售额进行计算的。预测百分比法一般是根据下年度的预测销售额进行计算的。折中百分比法是以上两种方法的结果折中计算出来的。

2. 盈利百分比法

盈利百分比法是根据一定期限内的利润总额的大小来预算广告费的一种方法。这里的利润可以是上一年度已经实现的利润,也可以是计划年度预计达到的利润;可以按毛利计算,也可以按纯利计算。盈利百分比法的计算公式为

$$广告费用 = 利润总额 \times 广告费用与利润额的百分比$$

这种方法确定的百分比没有考虑竞争因素给广告费带来的压力。假定互相竞争的各个企业都采用这种方法,那么同类企业的广告竞争可保持平衡。但实际上不会完全是同一种状况,各企业可能采用不同的预算制定方法,竞争因素给本企业的广告费开支可能带来压力,这时该方法的不足之处将显露出来。

这种方法还有一个局限性,即将广告预算建立在利润的基础之上。当企业销售能获利时,广告预算可以保证,但当企业销售不能获利时,便同时不会有广告预算了,广告宣传就得中止。因此,这种方法不是以广告促销为出发点,而是以利润分配为出发点,不符合广告运作的基本宗旨。

3. 销售单位法

销售单位法是按照一个销售单位所投入的广告费进行广告预算的。这种方法尤其适用于薄利多销的商品,因为这类商品销售快,但没有较高的利润,能够较为精确地预算出商品被均摊后的广告费。采取这种计算方法,可掌握各类商品的广告费用开支及其相应的变化规律。销售单位法的计算公式为

$$广告费用 = 每件产品的广告费 \times 产品销售数$$

例如,某企业生产销售某品牌轿车,售价8.6万元,每销售一辆轿车其中就有500元广告费。预计企业年销售该品牌轿车1万辆,则广告预算为$500 \times 10\,000 = 5\,000\,000$(元)。

采用这种方法制定广告预算主要适用于两类商品:一种是价格比较高而且耐用的商品,如汽车、电冰箱、电视机等;另一种是销售单位明确的低价易耗商品,如各类水果、酒类、化妆品等。

以上三种方法都属于百分比法,优点如下。

(1) 这是一种安全、合理的方法,它使广告促销支出受到以前的销售额或预期销售额的制约。因此,也使广告促销的资金有了足够的保障,即销售额增加,广告促销支出也会相应增加;反之,则减少广告促销的支出。

(2) 这种方法简单易行,使预算的工作量大为简化。

(3) 按百分比制定预算十分稳定,只要销售额不大起大落,广告促销支出也始终在一定范围内上下浮动。

百分比法也有以下局限性。

(1) 依据销售额制定预算有一定的局限性，即以销售量确定广告和促销活动的支出是本末倒置的。广告促销是销售额的因而不是果，应将广告促销作为一种支出而不是投资。

(2) 赞同百分法的人说，如果所有公司都用相同的百分比，市场将实现均衡稳定，但是一旦有人使用不同的百分比怎么办？这种方法的根本问题在于它过于保守稳健，即使内部发生了重大变革或竞争对手改变策略，公司也不会在销售策略上发生大的变化。实际上，一个积极进取的公司应勇于在广告促销上投入更多的资金。

(3) 有可能导致资金使用分配不当。广告促销是市场营销的重要内容，越是成功的产品，越需要高额的预算以充分展示其竞争优势。

(4) 新产品推出的局限。因为新产品没有任何历史数据可循，尤其那些极富创造性或预期销售额难以捉摸的新产品。

(5) 有些公司销售额下降，削减广告促销预算，而预算下降，销售额又在回落，如此循环形成连锁反应；相反，一些公司越是在困境中，越是增加广告预算，使公司起死回生，销售额和市场份额都同步回升。采用预期销售额的百分比制定预算是对当期销售额百分比法的一种改进，但随之而来的是有关预期的问题，如景气周期、不可控因素等，这些都极大地影响了销售额百分比法的有效性和实用性。

8.2.2 目标达成法

目标达成法是根据广告目标来制定广告预算的方法。确定目标和制定预算应保持同步，这要比确定目标后才制定预算更切合实际。图8-2所示为目标达成法的具体步骤。

目标达成法的主要优势在于预算是以目标为依据，越贴近市场，越可能采取有针对性的战略，并贯彻到制定预算的每个步骤中。这种方法的局限性在于，如何确定哪些任务是必要的和每项任务的成本。

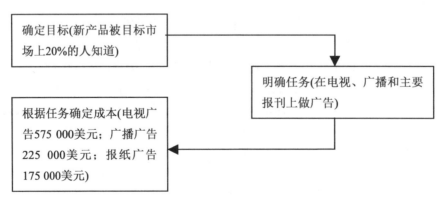

图8-2　目标达成法的具体步骤

例如，为了使目标市场上20%的人知道，应采取哪些措施，每种措施的成本是多少。即使有时清楚应采取哪些措施，这种方法的成本一般也很难估测，如果存在过去的经验数据，事情可能会简单一些，但对于新产品则无从下手，所以这种方法在制定某些新产品或采取一些创造型手段或举措时,则很难制定预算。目标达成法根据所依据的目标和计算方法的不同,又细分为销售目标法、传播目标法和系统目标法。

1. 销售目标法

销售目标法是以销售额或市场占有率为广告目标来制定广告预算的一种方法,即依据设定的广告目标来拟订广告活动范围、内容、媒体、频率、时期等,再依此计算出必需的广告费用。销售目标法可以根据广告活动的具体情况分为实验性和非实验性两种方法进行。实验性销售目标法能够较好地把握市场占有率和广告费用占有率之间的因果关系,可以较准确地计算出下期市场占有率及其所需要的广告费用。

2. 传播目标法

传播目标法是以广告信息传播过程中的各阶段为目标来制定广告预算的一种方法,是以传播过程的知名—了解—确信—行为几个阶段为目标来具体制定广告预算的。因为广告费与销售额的关系是通过消费者对广告信息的反应过程与深浅程度表现出来的,因此传播目标法较销售目标法更科学。传播目标法为一种中间目标,将各种媒体计划与销售额、市场占有率、利润额等目标有机地连接起来,因而能够更科学地反映出广告费用与广告效果的关系,利用现代化的数学模式和计量分析方法已能很好地解决两者之间的关系。

3. 系统目标法

系统目标法是采用系统分析和运筹学的方法,将系统的目标范围扩展到整个企业的生产经营活动之中,也就是说把与广告、销售密切相关的生产、财务等因素一并纳入广告预算所应考虑的范围之内,加以系统分析和定量分析,从而使广告预算更合理、更科学、更完善。

📖 案例链接

克利司多产品公司的广告预算

克利司多产品公司(Cristel-Products)是美国一家主要的食品行销企业。1982年1月,公司董事会聘任杜布斯为新产品"冰冻炸薯条"的品牌经理,负责产品行销推广。

冰冻洋薯产品主要为炸薯条,被全美国46.1%的主妇所采购。此市场由一种品牌所控制,上年销售额占全国销售额的55%,其余市场由6个小品牌以及各不同区域的配销商及店铺品牌所占有。

克利司多决定进入这一市场基于下列考虑:
(1) 克利司多有现成的洋薯来源;
(2) 虽然仍要外请技术人员,但可以使用现有设备加工与包装炸薯条;
(3) 公司急于扩充冰冻食品领域;
(4) 尽管市场已由一个公司所控制,但克利司多感觉他们所建立的高品质的知名和声望,会给他们进入此市场一个极好的机会。

董事会为炸薯条产品的营销规划了3年的市场占有率目标：第1年6%，第2年10%，第3年增至12%。3年预测销售额为1.28亿、2.8亿、3.2亿。

据此营销规划，杜布斯为克利司多的广告活动按次序建立了下列的目标：
(1) 在炸薯条购买者中形成80%的知名者；
(2) 在那些知名者中，达成70%的人了解克利司多的产品为高品质炸薯条；
(3) 在那些了解者中达到60%的偏好度；
(4) 在那些已有偏好者中，达成40%的实际购买。

据此，杜布斯需要确定3年的广告和推广预算。在建立各目标的同时，还包括下列考虑。
(1) 上年市场领导者在广告上估计已花费2000万美元，并预期每年要继续花费下去。克利司多的销售代表建议，第1年每箱要给零售商3元津贴，以确保其能给予新产品冰冻空间。
(2) 本产品类别的特性是大量使用折价券。
(3) 管理当局虽然希望产品成功，但并不希望花费大量金钱在广告上。

资料来源：上海交通大学管理案例研究中心

8.2.3 竞争对抗法

竞争对抗法是根据竞争对手的广告活动来制定广告预算的方法。竞争对抗法主要包括市场占有率法和竞争比照法。

1. 市场占有率法

市场占有率法是根据竞争对手的广告费用与市场占有率的比例来确定本企业产品市场占有率所需广告费用的预算方法。其计算公式为

$$广告费用 = \frac{对手广告费}{对手市场占有率} \times 本企业预期市场占有率$$

2. 竞争比照法

竞争比照法是企业根据其主要竞争对手的广告费支出水平来确定本企业保持市场占有率所需广告费用的预算方法。其计算公式为

$$广告费用 = 本企业上年广告费 \times (\pm 竞争对手广告费增减率)$$

一般来讲，企业应尽可能保持与竞争对手差不多的广告费用水平。一方面，企业虽然不愿使自己的广告费低于其竞争对手，否则就有可能由于广告宣传量的差异而使企业处于不利的竞争地位；另一方面，企业一般也不想使自己的广告费用过多地超出其竞争对手，双方增加广告费用所产生的效应都有可能相互抵消。因此，企业一般采用适度的广告费水平，与竞争对手保持平衡，避免过多地刺激竞争对手。竞争对抗法的好处在于这个百分比是行业内部集体智慧的结晶，并充分考虑竞争者的策略。最小的投入保证了公司相对稳定的市场地位，但是却可能导致公司不思进取。竞争对抗法也有很大的局限性：第一，它忽视了广告和促销是公司用来解决特定问题、实现特殊目标的重要手段；第二，它假设公司有相似的支出就会产生相同的效果，忽视了创意和媒体的作用——相同的资金投入，不同的创意和媒体选择，

效果可能大不一样；第三，它忽视了公司的竞争优势，竞争对抗法以竞争者的数据为制定预算的依据，却无视市场状况变化和竞争者策略的重大变化，竞争者将增加或削减预算更不为公司所知，公司也就无从改进广告策略。

8.3 广告预算的分配与管理

8.3.1 广告预算的分配

企业在确定了广告费用总额之后，就要按照广告计划的具体安排将广告费用分摊到各个广告活动项目上，使广告策划工作有序地展开，以实现扩大产品品牌的知名度、提高品牌资产、树立企业形象、增加商品销售的目的。

广告策划者在分配企业的广告费用时，可以按时间分配、按地理区域分配、按产品(品牌)分配和按媒体分配。

1. 按时间分配

按时间分配是指广告策划者根据广告刊播的不同时段来具体分配广告费用。根据时间来分配广告费用是为了取得理想的广告效果，因为在不同时间里，媒体受众的人数是不同的。广告费用的时间分配策略包含以下两层含义。

(1) 广告费用的季节性分配。在不同的季节里，市场需求情况的不同要求广告活动的规模有所侧重。以店面广告为例，在我国，每年12月至次年2月是零售业的销售旺季，这时的店面广告可以营造一种节日的气氛，调动媒体受众的购买欲望，往往广告效果非常好，一份广告投入可能取得数倍的广告收益，这一段时间内广告策划者应该扩大店面广告的规模，提高店面广告的艺术品位，要多投入；6至8月是销售淡季，再多的广告投入也难以改变商品销售不旺的规律，这一段时间内，广告策划者应理智地缩小广告规模，否则就是一种非理性的经营行为。

(2) 广告费用在一天内的时段性安排。在一天的时间内，大多数消费者都表现出一个明显的生活规律：白天工作，晚上休息。广告策划者在选用电视媒体进行广告宣传时，应该侧重于18：00—23：00这一时段，因为大多数媒体受众在入睡以前常常对电视流连忘返，这一时段的电视广告具有较高的收视率，因此广告主的广告费用安排也应侧重于这一时段。

2. 按地理区域分配

按地理区域分配是指广告策划者根据消费者的某一特征将目标市场分割成若干个地理区域，然后再将广告费用在各个区域市场上进行分配。广告策划者可以根据不同区域市场上的销售额指标，来制定有效的视听众暴露度，最终确定所要投入的广告费用额。假如N企业在全国销售某产品，根据产品销售情况可以将全国市场划分为A、B、C三个区域市场，N企业计划投入的电视广告费用为3500万元，N企业电视广告费用的区域分配情况如表8-2所示。

表8-2　N企业电视广告费用的区域分配情况

市场名称	占销售总额的比例/%	视听众暴露度/千次	每千人成本/元	广告费用/万元	费用比例/%
A区域	50	32 000	500	1600	45.7
B区域	30	28 000	500	1400	40
C区域	20	10 000	500	500	14.3
总计	100	70 000	500	3500	100

N企业根据产品在不同区域市场上的销售比例，制定了有效的视听众暴露次数标准，再据以分配不同数额的广告费用。A市场上，产品销售份额为50%，其广告投入为1600万元，占总投入的45.7%；B市场上，产品的销售份额为30%，计划投入广告费用为1400万元，占广告预算总额的40%；C市场上，产品的销售额占总销售额的比例最小，所以计划只投入500万元的资金进行广告宣传。

按地理区域分配看起来简单易行，但操作起来很难兼顾各个市场的实际情况，通常的做法是：广告主将几个区域市场的广告费用拨付给某个选定的广告代理商，再由广告代理商根据各个市场的特点进行重新分配，以确保广告投资的效果。

3. 按产品(品牌)分配

按产品分配与按区域市场分配在本质上是相同的，是指广告策划者根据不同产品在企业经营中的地位，有所侧重地分配广告费用。这种分配策略使产品的广告费用与销售额密切联系在一起，贯彻了重点产品投入较多广告费用的经营方针。分配广告费用的依据可以是产品的销售比例、产品所处的生命周期的阶段、产品的潜在购买力等。

广告费的品牌分配法也属于产品分配法。广告策划者根据经营品牌的某些特征将广告费用进行具体分配。以美国宝洁公司为例，该公司的洗涤类产品有汰渍、快乐、Gain、Dash、Bold、象牙、Dreft、Oxydol、Exa、Solo等品牌，其中象牙品牌是一个成熟品牌，其广告投入可以相应少一点。Exa、Solo等品牌是新品牌，需要投入大量的广告费用进行推广，以提高品牌的知名度，其广告费用就需要多一些。一般来说，当产品或品牌处于成长期时，需要较多的广告投入。当产品或品牌处于成熟期和衰退期时，其广告费用应该少一些。如果企业使用的是统一品牌策略，如日本索尼电器公司，它的所有产品都只有索尼(SONY)一个品牌，公司在制定广告预算时，就应该采取产品分配法。

4. 按媒体分配

按媒体分配是指根据目标市场的媒体习惯，将广告预算有所侧重地分配在不同媒体上的一种分配方法。在运用这种方法时，首先要考虑产品品牌的特性，其次要考虑目标市场的媒体习惯，使所选用的媒体能够充分展现广告产品的个性，广告策划者要针对这种媒体进行较多的广告投入。

> 📖 **资料链接**

2017 年全国广播电视行业统计数据

2018 年 6 月 4 日,国家广播电视总局公布了《2017 年全国广播电视行业统计公报》。公报称,2017 年全国广播电视服务业总收入 6070.21 亿元,比 2016 年(5039.77 亿元)增加 1030.44 亿元,同比增长 20.45%。

2017 年,全国广播电视实际创收收入 4841.76 亿元,比 2016 年(4322.40 亿元)增加 519.36 亿元,同比增长 12.02%。

1. 广告收入

全国广告收入保持持续增长,收入构成持续调整,电视广告收入继续下降,广播广告收入增幅较大。2017 年,全国广告收入 1651.24 亿元,比 2016 年(1547.22 亿元)增加 104.02 亿元,同比增长 6.72%。其中,广播广告收入 155.56 亿元,比 2016 年(145.83 亿元)增加 9.73 亿元,同比增长 6.67%;电视广告收入 968.34 亿元,比 2016 年(1004.87 亿元)减少 36.53 亿元,同比下降 3.64%;网络媒体广告收入 306.71 亿元,占广告收入总额的 18.57%,网络等新媒体广告成为新的收入增长点。

2. 有线电视网络收入

受有线电视用户减少和外部竞争的影响,全国有线电视网络收入下滑。2017 年有线电视网络收入 834.43 亿元,比 2016 年(910.26 亿元)减少 75.83 亿元,同比下降 8.33%。其中,有线广播电视收视维护费收入 414.00 亿元,付费数字电视收入 65.56 亿元,三网融合业务收入 102.82 亿元。

3. 新媒体业务收入

2017 年新媒体业务收入 277.66 亿元,占实际创收收入的 5.73%,其中,交互式网络电视(IPTV)收入 67.61 亿元,互联网电视(OTT)收入 18.31 亿元,网络视听节目服务收入 142.98 亿元。

4. 广播电视节目销售收入

广播电视节目交易活动活跃,节目销售收入继续保持高速增长。2017 年,全国广播电视节目销售收入 523.54 亿元,比 2016 年(365.05 亿元)增加 158.49 亿元,同比增长 43.42%,占实际创收收入的 10.81%。

资料来源:《2017 年全国广播电视行业统计公报》

8.3.2 广告预算的管理

从某种意义上讲,广告预算实际上就是一个行动方案,这个行动方案一旦得以制定、确定,那么各个环节均应照此办理。在企业中,每一个管理层次都应在广告预算的有效期限之内严格按照广告预算的各个项目、数额进行具体实施。但是,由于各种不可预测性因素的制约,在将广告预算付诸实施的过程中会出现一些偏差,主要是因为在将广告预算方案付诸实施的过程中,难免会遇到各种不可预测性问题而使原定广告计划有所更改。

例如,目标市场出现了一些始料不及的变化、经济状况突然进入萧条期或繁荣期等不可预测性问题都会迫使广告主调整原来所制订的广告计划,而广告计划的调整又不可避免地会对广告预算产生影响。因此,在各种不可预测性因素的影响和制约下,就应允许在实施广告预算过程中出现一些偏差(这种偏差实际上也是对广告预算进行修正或调整),同时也要求在拟订广告预算时要留有一些伸缩性。

在正常情况下,各个环节应严格按照广告预算计划的内容开展工作,而且要经常性地对广告预算实施进行检查。有关部门在具体确定的时间段(无论是以周、月或其他形式出现的时间段)结束之后,要将广告预算实施情况进行整理并将各项实施情况与广告预算中各项具体要求加以对比。与广告预算的实施相类似,各个时间段的具体实施情况也允许出现一些差异,那么,多大的差异在允许范围之内呢?一般来说,差异幅度在5%之内即属正常,但这要视具体情况而定。

广告预算发挥起草计划与管理的宏观作用。为了使广告活动能取得预定的成效,广告预算就要充分发挥其应有的计划管理作用,许多广告主(特别是小企业)在拟订广告预算之后便以为万事大吉,缺乏为保证广告预算顺利实施而进行的必要跟踪和调查。实际上,这样的广告预算就没有能够发挥出其管理的作用,如此一来,对广告活动进行科学化管理就会成为一纸空谈。广告预算的管理作用不仅仅是要在本广告预算有效期限内对广告活动的开展提供必要的资助和管理,还可以通过循环往复的评估,使广告主不断丰富经验并在此基础上日臻完善广告预算的内容,但不管什么样的广告预算,都必须充分发挥出其计划与管理的作用。

本章思考题

1. 请以实例说明,广告预算的过程中还存在哪些不可预知的因素?为什么?
2. 如何有效规避广告预算风险?

案例分析与讨论

法国夺冠!华帝退款7900万,背后是一笔你不知道的账

"法国队夺冠,华帝退全款"!世界杯期间,厨电品牌华帝凭借该营销方案屡屡刷屏,一时成为网络热点。

2018年5月30日,华帝股份发布公告称,如果法国队在2018年的俄罗斯世界杯中夺冠,华帝将对在2018年6月1日0时—2018年6月30日22时期间购买了"夺冠套餐"的消费者进行退全款的活动,如图8-3所示。

"夺冠套餐"包括一款4599元的产品,一款2699元的产品以及两款4399元的产品。若法国队夺冠,退款方式并非直接予以现金退款,而是按照顾客发票金额返还顾客等额的天猫超市购物卡,可以使用该卡在天猫超市进行购物。

6月30日,法国队以4∶3送走阿根廷队,法国队挺进八强。华帝表示为庆祝法国队进入八强,该活动将顺延三天至7月3日。

7月16日庆祝法国队夺冠,华帝退全款启动,华帝董事长签署的文件如图8-4所示。

图 8-3 华帝活动广告　　　　图 8-4 华帝董事长签署的文件

16 日凌晨，华帝公司发布了具体的退款流程。

7900 万元"豪赌"背后的经济账

首先来看看，华帝此次活动到底要退多少钱？

7 月 4 日，在营销活动截止后，华帝发布了一则公告，根据华帝初步统计，活动期间"夺冠套餐"产品的线下渠道销售额约为 5000 万元，线上约为 2900 万元。按照营销方案，华帝总部只承担线上自营免单退款，而线下售出产品免单退款则由经销商负责。

因此，此次活动销售总额约为 7900 万元，华帝总部及各级经销商需要承担的是生产成本、进货成本和部分促销费用，实际支出金额应该低于 7900 万元。对华帝来说，活动期间所带来的销售增长是他们最为关注的。

据统计，活动期间，华帝线下渠道总零售额预计约 7 亿元以上，同比增长 20%，其中"夺冠套餐"零售额占总零售额的 7%；线上渠道总零售额预计约为 3 亿元以上，同比增长 30%，其中"夺冠套餐"零售额占总零售额的 9.67%。

简单算一笔账，2017 年华帝烟机、灶具、热水器等产品的毛利率均在 43%以上，以此作为参考。

活动期间，华帝总销售额＝线上+线下＝7亿元+3亿元＝10亿元；2017年全年销售额营业利润≈10亿元×43%＝4.3亿元；销售额同比增长额＝7亿元×20%+3亿元×30%＝2.3亿元；增长部分所产生的营业利润≈2.3亿元×43%＝0.99亿元；活动的营销成本＝线上+线下＝0.5亿元+0.29亿元＝0.79亿元。

以此计算，6月1日—7月3日，华帝的营业利润约为4.3亿元，通过营销所带来的营业利润增长约为0.99亿元，足以覆盖此次营销活动的支出，并有结余，还多赚了2000多万元。

公告称，活动产生的费用在公司年度预算内，属于公司可控费用，不会对经销体系和公司业绩产生重大影响。

7900万元对华帝来说真的很多吗？数据显示，需要退款的7900万元其成本仅占华帝股份2017年16亿元销售费用的约1.8%。

2017年华帝的销售额近60个亿，此次的赔付金额加上此前的媒体投放费用在总营销费用中的占比并不大。

华帝的营销极其成功

2018年世界杯期间，各国企业投入的广告费用总计达24亿美元(约合154亿元人民币)，其中中国企业在本届世界杯期间的广告支出最多，达到8.35亿美元(约合53.5亿元人民币)，是美国(4亿美元)的两倍，更远高于东道主俄罗斯的6400万美元。

此前海信作为2018年FIFA世界杯官方赞助商，花费约为10亿元人民币，而优酷、咪咕等与世界杯相关的企业，花费也大都在10亿元人民币以上。

综合来看，华帝这次营销活动实际上非常"廉价"。

以蒙牛为例，此前，蒙牛总裁卢敏放直接表示，世界杯期间将投入20亿元进行立体式营销，2018年2月，阿根廷球星梅西成为蒙牛代言人。

然而花了7900万元的华帝达到的效果远超投入了20亿元的蒙牛。这波营销，华帝的活动肯定稳赚不亏。

资料来源：中国经济网(ID: ourcecn)、券商中国(ID: quanshangcn)、每日经济新闻、东方网、中国会计视野论坛、华帝官方网站、新浪微博、金融深度(ID: tmtreport)、陆家嘴金融俱乐部。

讨论：
1. 结合案例分析制定广告预算时应考虑的因素有哪些？
2. 结合案例分析华帝这次广告活动的预算是否在可控范围内？
3. 从预算角度结合案例分析华帝这次广告活动是否成功。

课堂实训

各小组针对实训题目制定广告预算方案。

实训要求：请各小组根据大学生广告艺术大赛2018年的选题，为vivo手机广告活动制定广告预算方案，要求结合具体活动制定详细的预算，方案应有较强的执行性。

第9章

广 告 创 作

俗话说："酒香不怕巷子深"，其实，酒香也怕巷子深，再优秀的产品也需要做广告。广告与现代社会的全部经济活动不可分离。广告被人们称为人类文明中的第八艺术，优秀的广告创意绝不会忽视文案策划。广告文案是一种特殊的艺术形式，具有深刻的文化内涵和审美属性，在市场经济社会，无论从事什么职业都应该了解一些广告知识，学习写作广告文案。

【本章要点】
1. 掌握广告创作的基本要求。
2. 掌握广告文案的创作基本知识和技巧。
3. 学会一般广告策划和广告文案写作。
4. 了解平面广告的相关知识。

📖 导入案例

耐克新广告，疯了疯了疯了都疯了

在 2019 年妇女节到来之际，耐克推出一个短片广告，好久没有看到这样令人内心澎湃的广告了。前些天奥斯卡颁奖典礼上，耐克插播了一则全新广告片"Dream Crazier"，借奥斯卡，也趁妇女节来临之际，致敬那些敢于挑战自我、为梦想拼搏的女性，广告由"网坛女王"小威廉姆斯配音，广告素材也都来自相关运动员的真实新闻素材。

文案部分如下：

如果我们流露情感

就会被说"戏太多"

如果我们想和男性同场竞技

我们就是疯了

如果我们梦想有平等的机会

就是痴心妄想

如果我们站出来表达什么立场

就是精神失常

如果我们太优秀

就一定是出了什么问题
如果我们愤怒
就是歇斯底里，不理智或者疯了
但一个女人跑马拉松是疯了
女性打拳击，疯了
扣篮的女人，疯了
执教 NBA 球队的女人，疯了
戴着头巾比赛的女人，疯了
转行另一项运动的女人
完成空中斜向转体 1080 度的女人
或者获得 23 项大满贯
生孩子然后回来继续前进的女人
疯子，疯子，疯子，疯子，还是疯子
所以，如果有人想说你疯了
好啊，让他们看看疯子可以做些什么
It's crazy until you do it!
Just do it!

　　这支广告片引起了很多的讨论，大家纷纷开始谈论，而耐克并没有告诉大家女性应该是什么样子的，而是向观众展示这些"女疯子"是怎么做的。配合 BGM，看得真的很热血沸腾。

　　除此之外，耐克中国也推出"管什么分寸"的主题海报。找到 5 位女性运动员一起推出全新的女子精选系列产品，表达耐克一贯的正能量态度。"管什么分寸"广告图片如图 9-1 所示。

图 9-1　"管什么分寸"广告图片

其中一则广告文案如下。
管什么分寸
五星拳王，太不淑女？
请来当面指教——
蔡宗菊
耐克的广告和海报文案一如既往让人内心澎湃，而且都只是客观地展现事实，没有直接给出评论。

资料来源：(根据网络资料整理)

9.1 广告创作的基本要求

广告创作要求广告创作者要懂得广告具有的为商品或服务寻找消费者、为消费者寻找商品或服务的功能。广告业是为生产者与消费者双向服务的重要产业，要求包括广告制作者在内的广告从业者必须具有敬业精神和为生产者与消费者服务的能力，因而要求广告创作者创作出生产者与消费者双方满意的真实性、科学性、思想性、艺术性俱佳的上乘广告。

广告创作要求广告创作者有较高的思想素质、专业知识与能力素质，但是现代化广告作品从创意、设计到制作涉及多个行业的多种专业知识，如撰稿、拍摄、冲印、编辑、配音、合成、装潢、包装等，个别人难以胜任，因此广告公司或有条件的大型企业应成立广告创作部，招聘与广告创意、设计、制作相关的各种专业人才，组成以分工协作为基础并具有团队精神的广告创作集体。

9.1.1 真实性

真实性是广告创作应该遵循的最基本原则。真实性指广告文案的信息内容要真实、准确，不得有虚假、夸大之处，或者含糊其辞。无论国内还是国外，在要求广告内容的真实性上都是一致的。《中华人民共和国广告法》第四条规定，广告应当真实。美国联邦最高法院规定，作为广告，它不仅每段叙述文字都应当是真实的，而且作为一个整体，广告也不应给人以误解的印象。广告不得模糊或掩盖事实真相。广告不得巧妙地设法使读者对词语的真实含义和对一项保证的实际内容发生忽视和误解。广告不得施展圈套或伎俩，而应通过保证真实性的直接、公开描述来博取人们的购买行动。

要做到具有真实性，广告创作过程中，首先必须实事求是地反映商品的特性、功能、价值，不能言过其实；其次要做到具有真实性，还必须要求措辞准确贴切、清楚明确，不能含糊不清。真实性除了指其内容应实事求是，还指其制作的严肃性。

例如，两则丰田汽车广告曾掀起不小的波澜。其一为刊登在《汽车之友》第12期杂志上的丰田霸道广告：一辆霸道汽车停在两只石狮子之前，一只石狮子抬起右爪做敬礼状，另一只石狮子向下俯首，配图广告语为"霸道，你不得不尊敬"。其二为丰田陆地巡洋舰广告：汽车在雪山高原上以钢索拖拉一辆绿色国产大卡车。事后，日本丰田汽车公司向中国消费者道歉。

9.1.2 科学性

广告大师大卫·奥格威曾把广告市场调研比作整体广告策划的支柱，他强调广告创意的内容，那么内容从何而来？只能从市场调查研究的结论中产生。奥格威自认为是以一个调查研究者的角度来制作与研究广告的："我的好的文案的构想，几乎全部都从调查研究中得来，而非个人的主观构想。过去许多年来，我都努力和最新的调查研究保持同步，因为它时常对各种事物有新的发现。"对于自己所创立的那些法则和戒律，奥格威明确宣称都是来自调查研究："我有一个理论，就是最好的广告是从亲身经验得来的。有些我所做的好的广告，的确是从我自己真实的生活经验中得来。不知它怎样发生的，而它却是真实、有根据的，并有说服力""我得到了一个相当好而清楚的创作哲学，它大部分是得自调查研究。"事实证明，有效的广告必须经过完备的市场调研，而市场调研的本身就需要运用科学方法，以严谨的科学态度来客观对待调查内容。问卷或访谈内容的设计依据心理学来测定消费者的真实意图，最后得出结论时也需要利用交互分析来确定各项因素对广告反应的影响。

9.1.3 思想性

广告创作的思想性旨在通过各种艺术手段塑造简洁、鲜明、生动、具体的商品形象与企业形象来影响消费者的思想、感情、兴趣和行为，改变消费者的生活习惯，丰富消费者的文化生活，表现了广告主及其代表的社会集团的利益和愿望，反映了一定的社会意识形态。摒弃迷信、暴力、恐怖、丑恶、腐朽、反动、格调低下的内容，提倡健康、高雅、积极的内容。

> **📖 案例链接**
>
> **愉景湾广告文案**
>
> 愉景湾是我国香港大屿山的一个楼盘，销售对象是香港地区三口之家的中上层家庭，环境非常好，空气新鲜，有海滩，有大量的绿化带，自成一景，像个世外桃源，因此吸引了很多人入住。
>
> 对于大部分重视投资的香港人来说，这个地方位置很偏，升值潜力不大。1997年经济危机之后，香港地区的经济直线下滑，导致了房地产交易量大幅度下降，人们对于前景很悲观，对楼市也有恐惧感，消费者在等，等经济好到让他们安心。
>
> 逆向思考，什么他们等不了呢？小孩。孩子的童年只有几年，过得快乐还是艰难，对一生都有很大影响。父母亲心里都知道，而且这是父母可控的。父母和小孩最亲密的时间段也只有童年。到了中学叛逆期，孩子可能会和父母疏离，之后会独立，开始自己的生活。
>
> 所以营销的诉求点成了："童年是短暂的，现在就要给孩子最好的"。广告文案一出，愉景湾的楼盘一下就卖光了。
>
> 资料来源：(根据网络资料整理)

9.1.4 艺术性

艺术性是指为了加强广告的感染力,激发人们的审美情趣,从而引发人们的兴趣和欲求,在广告创作中进行必要的艺术夸张,以增强消费者的印象。美国当代广告大师李奥·贝纳说:"广告文案一定要非常简明,而且也要把各事实传达到。我从报纸上学得了很多东西,像怎样传播,怎样使广告文案多彩多姿且让人产生兴趣,但是,怎样找出关于商品能够使人产生兴趣的魔力,以引起他们的兴趣,并能极为迅速地导引他们得出应该买那种东西的结论,实在是另外一种艺术。"

京东在2018年电器卖货节做的一个名为《为什么中国人爱买奇怪的东西》的广告中,商品都配了一句意味深长的广告文案,起到了很好的传播效果。例如,多功能养生壶的广告文案"无人与我立黄昏,有人问我粥可温"(见图9-2),很好地体现了广告文案的艺术性。

图9-2 京东电器广告文案图

9.2 广告文案的创作

9.2.1 广告文案的定义

"广告文案"一词译自英文advertising copy"。在中国,"广告文案"这一概念出现之前,用于指称该事物的概念名称几经演变,由20世纪80年代初的"广告稿"(1981年,在唐忠朴、贾斌先生所著的《实用广告学》中提出)到20世纪80年代中期的"广告文",再到将advertising copy直译为"广告拷贝"(1985年,在傅汉章、邝铁军先生所著的《广告学》中提出),一直没有形成一个统一的叫法。

1991年,中国友谊出版公司出版了唐忠朴先生主编的《现代广告学名著丛书》,这套丛书收编了美国广告名著六种,日本和我国台湾的广告学名著各一种。美国的六种广告专著皆由我国台湾辅仁大学专任教授刘毅志先生编译,由于这些译本多处使用"广告文案"一词,这一概念也逐渐被人们所接受。

虽然"广告文案"一词已被我国的广告学者和广告实务界人士所认同、采纳,但是,人们对其含义的理解却不尽相同,对这一概念的界定出现了描述性和本质性两种定义方式。

1. 广告文案的描述性定义

用描述性定义的方式界定广告文案得出的代表性观点主要有以下三种:

(1) 把广告文案等同于广告活动中产生的所有文字方案;

(2) 把广告文案等同于广告作品的全部;

(3) 认为广告文案仅指广告作品中的语言、文字部分。

2. 广告文案的本质性定义

所谓本质性定义,就是透过事物的外在现象,从揭示事物的本质入手去界定事物的内涵。用本质性定义的方式定义广告文案,有以下几种的代表性观点:

(1) 广告文案是广告策略与广告创意的文字表达;

(2) 所谓广告文案,是以语言文字为物质媒介符号,传达出创作主体某种特定的广告构想和诉求的篇章;

(3) 广告文案就是运用书面语言表达创意,突出主题,展现广告,传递信息,即把广而告之的内容制作成文本;

(4) 现代广告文案是指现代广告活动中,广告文案人员依据广告客户的意图,对广告产品信息进行策划、创意和组织的文本。

基于以上的认识,在充分借鉴前辈研究者认识成果的基础上,本书从本质入手,对广告文案的界定如下:广告文案是向诉求对象传达广告信息、表达广告创意的文本。

美国广告人士H. 史戴平斯曾直截了当地说:"文案是广告的核心。"曾任美国广告协会主席的保罗·B. 威斯特也认为,广告的生命在于广告文。调查表明,广告效果的50%～75%来自文案,这一结果有力地印证了广告文案的重要性。

📖 知识链接

迄今发现的世界上最早的手写广告文案是公元前3000年由一名织布匠散发的悬赏缉拿逃奴的广告。

这则广告写在一张长20厘米,宽25厘米的芦苇类植物加工品上。它是英国军队在埃及古都底比斯发现的,现藏于伦敦大英博物馆。

18世纪,考古学家开始发掘公元前79年毁于火山爆发的罗马古城庞贝,在他们发现的史料中有两则写在白墙上的广告文案:

"一队造营官的武士,在5月31日进行比武,同时也斗野兽,有遮阳光的篷子。"

"在阿里安的玻璃住宅区,格纳维斯的不动产从7月15日开始出租。房子是带有住宅的店铺和供骑士们居住的房间。如要租用时,向格纳维斯的奴隶办理。"

这两则广告文案对商业服务的内容、时间,甚至联系的办法都做了简明交待。

9.2.2 广告文案的组成

广告文案是指广告作品中用于表达广告主题和创意的全部语言文字。没有良好的创意就不会产生出优秀的广告。广告文案的语言和文字的组织、撰写都是重中之重。广告文案写作一般包括标题、口号、正文、随文4部分。

1. 广告标题

广告标题是广告文案的精髓,被称作广告的灵魂。广告标题是标明广告主旨和区分不同内容的标志,反映广告的精神和主题。出色的标题不仅能帮助消费者了解广告客体的主旨、内容及独特的个性,还能在瞬间激发消费者的兴趣。

广告标题分为直接标题、间接标题和复合标题三种。

(1) 直接标题,以简明的文字表明广告的内容,使人们一看就知道广告的信息内涵,如"农夫山泉有点儿甜"。

(2) 间接标题,往往不直接说明产品和产品有关情况,而是先用富有趣味性和戏剧性的语言抓住人们的好奇心和注意力,使人们非弄明白不可,直到读了广告正文才恍然大悟,如"隐形的手套"(护手霜广告标题)。

(3) 复合标题,把直接标题和间接标题复合起来,一则广告有两个或三个标题,形成复合标题。例如,标题为"改变对世界的看法,就在这一线之间",副标题为"逐行扫描,让线条表现力进入新境界!长虹'精显'系列上市"。

2. 广告口号

为了加强公众印象,在广告中长期、反复使用的一种简明扼要的口号性语句就是广告标语,有人称其为广告的"商标",可以出现在正文的任何部分。一般情况下,广告口号独立于正文之外,作为广告相对独立的一部分。广告口号突出重点,高度概括,语言凝练,构思巧妙,具有很强的号召力、感染力。广告口号的特点是简洁、整齐、易记。

例如,耐克的经典广告口号"Just do it"几乎无人不知,该广告语在1988年耐克的跑步宣传片中首次亮相,当时在运动品牌和广告营销领域产生极大反响,被称为"20世纪最优秀的广告语之一"。在这句响亮广告口号的帮助下,耐克的运动鞋市场份额持续回升,1990年超越锐步重回"全美第一"的宝座。在随后的10年,耐克全球销售额从8.77亿美元提升到92亿美元。2018年是"Just do it"口号诞生30周年,耐克选择了一个近两年从言论到行动都和这句口号非常符合的人作为纪念活动的主题人物——前NFL旧金山49人球队的四分卫科林·卡佩尼克,如图9-3所示。9月3日,卡佩尼克在自己的推特上发布了一张自己面部的特写照片,照片上有一句话"Believe in something. Even if it means sacrificing everything.",耐克的官方账号也转发了这则推文。

图9-3 "Just do it"耐克广告口号30周年广告图片

案例链接

广告口号妙语精粹

自然之美,美的自然。(旅游广告)

静静地洗,洗得净净。(全自动洗衣机)

穿上双星鞋,潇洒走世界。(青岛双星鞋)

拿得起,放不下。(鱼肠广告)

让世界了解中国,让中国了解世界!(中国日报)

这里不创造产品,但创造产品的灵魂!(马丁·艾曼广告公司)

一处令人神往的净土,一尊世界最大的木佛。(承德普宁寺)

3. 广告正文

正文是广告文案中除标题、口号、商标品牌、企业名称、联系方法等以外的说明文字,是广告文案的重要组成部分。广告主要凭借正文来体现广告的目的和内容,包括三方面内容:首先,对标题提出的商品或其他方面加以说明或解释;其次,具体说明提供商品或其他方面的细节,让人消除疑虑,这是正文的中心段;最后,结尾用热情诚恳的语言诱导消费者去购买。

例如,我国台湾地区的电影《妈妈,再爱我一次》的广告词如下:

悲情故事,震撼男女老幼;一曲赞美崇高母亲的颂歌,一首提示纯洁童心的诗篇。这部影片将使那看惯了精彩与无奈的世界,对一切都无所谓的人们如醉如痴,而有所谓起来。该片将使每一位女性涕泪俱下,也将使任何铁石心肠的男子汉热泪横流。自信的男士女士不妨到影院一试自己的坚强。注意勿忘带手绢。

广告正文写作时要注意简明扼要，重点突出，实事求是，通俗易懂，生动形象，富有鼓动性，令人信服。

> **知识链接**
>
> 迄今为止发现的世界上最早的印刷广告文案见于我国唐代印本《陀罗尼经》，印有"成都府成都县口龙池坊下家纸马铺发售"字样。如果说这则仅仅标明发行单位、地址和店名的广告文案在结构和内容上还不够完备，那么现存上海博物馆的北宋"济南刘家功夫针铺"广告钢版模则表明我国当时的印刷广告已能做到图文并茂，并且其文案部分的结构基本完整，对商品及其销售办法的介绍也很翔实。这块钢版模四寸见方，用它印刷出来的广告，上方横排标题是店铺字号"济南刘家功夫针铺"；标题下方、中间偏上位置是商标——白兔抱杵捣药图；图案两侧竖排为"认门前白兔儿为记"共 8 个字；图案下方数列竖排文字为商品说明和经销办法："收买上等钢条，造功夫细针，不误宅院使用；客转为贩，别有加饶，请记白。"

4. 广告随文

随文是广告的必要附加说明，一般放在广告文案的最后。随文的作用是告诉顾客怎样购买，包括广告单位名称、地址、邮编、电话号码、银行账号、负责人或业务联系人姓名等内容。富有创意的随文能使广告文案再一次出现闪光点。

9.2.3 广告文案的写作特征

1. 广告文案的文体特性

广告文案具有独特的文体特性，它的写作有自身的规律，与文学写作、新闻写作、公文写作都有很大的差别。

概括来说，广告文案是一种以传达广告信息为目的的特殊的商用文体，具有独特的、完整的结构，运用一切可以运用的表现手法，融合叙事、论述、说明、抒情等一般文体，使用风格多样的语言文字。

1) 具备完善的表现结构但不拘泥于结构的完整

广告文案包括标题、广告语、正文、随文4个部分，分别承担不同的职能。同时，广告文案的结构并不拘泥于结构和形式的完整，而是从广告的传播目的或销售目的出发，以发展创意、表现创意为根本，有机地处理结构的安排和内容的取舍。

案例链接

图 9-4 所示是一则结构完整的广告文案。

图9-4　结构完整的广告文案

资料来源：图片来自《中国广告》杂志

2）运用并借助各种表现手法达成广告目的

广告文案的表现方式、手法多种多样，文案撰稿人的任务就是以一种最吸引人的表现手法将信息传达出去。各种手法的创造、选择和运用目的只是达成广告的有效传播。

3）传达信息但更注重针对受众的说服和劝诱

广告文案的写作是为了传达信息，但其根本任务是如何在传达的同时说服和劝诱目标受众。

图9-5所示是白茶的广告文案，深褐色的寿眉叶片上，用白色字体打着醒目的产品介绍。广告文案短短四行，却简短、直白，迅速俘获人心，完美地诠释了这一款白茶的所有特性，传达了荒野茶、纯日晒、产量低及采摘日期等重要信息。

图9-5　白茶广告文案图

2. 广告文案写作与其他文体写作的对比

1) 广告文案写作与新闻写作的对比

(1) 广告写作允许虚构而新闻写作要求严格实录。广告可以借用新闻严格实录的手法，甚至在被允许的前提下，可以借用新闻人物，但是广告写作并不仅仅局限于实录。ThinkPad笔记本电脑的广告文案。

标题：美国著名作家John Grisham的笔记本。

正文：无论是在密西西比家中的后阳台上饮冰茶，还是在车库上面幽静的写字间奋笔疾书，甚至在球场上执教爱子的小小棒球队时，畅销小说*The Firm*的作者John Grisham都不会忘记带上他心爱的新型IBM ThinkPad 300系列笔记本电脑，只要构思成熟，他就可以立即投入他的新小说的创作。

(2) 新闻写作旨在唤起尽可能多的受众的关注，广告写作则需要时刻考虑受众的特性和需求，以加强诉求的针对性，引起目标受众的兴趣。

(3) 新闻写作中需要把握倾向性原则，广告写作中则要注重劝服性原则，即通过有倾向性的诉求，暗中"强迫"受众认同广告诉求。

2) 广告文案写作与文学写作的对比

广告文案写作与文学写作在目的、要求等方面存在差异，如表9-1所示。

表9-1 广告文案写作与文学写作的对比

广告文案写作	文学写作
功利性	非功利性
按要求	无要求
劝服受众	感染受众
传达信息	表达感受
审美价值居次要地位	审美价值居主要地位

3) 广告文案写作与公文写作的对比

(1) 广告文案写作与公文写作都是信息传播方式，都是具有信息传播功能的写作形式。

(2) 广告文案写作运用公文写作的形式达到目的。公文写作的特点是规范化、程序化，具有独特的形式说服力，具有法规效力。这种形式若被运用并体现在广告文案文本之中，可更进一步达到广告目的。

(3) 公文写作格式要求非常严格，对语言也有特殊的要求，须庄重、典雅，用词准确无歧义，形式规范化。广告文案写作对形式、语言的要求和规范不多，只要有助于广告信息的有效传达，任何合法的形式或语言都是可以选用的。

9.3 平面广告创作

平面广告设计主要是相对于影视广告、广播广告、三维动画广告设计而言，是根据广告主的要求，在二维空间里把商品、劳务、讯息等信息以图片、文字等形式，按照形式美的法则进行创意组合并赋予一定的想象和色彩，形成形象化、直观化、秩序化的广告视觉载体形式。

9.3.1 平面广告的构成要素

平面设计除了在视觉上给人一种美的享受外，更重要的是向广大的消费者传达一种信息，一种理念，因此在平面设计中，不能仅注重表面视觉上的美观，而应该重点考虑信息的传达效果。平面广告主要包括标题、正文、广告语、插图、商标、公司名称、轮廓、色彩等要素。不管是现在的报刊广告、邮寄广告，还是我们经常看到的广告招贴等，都是由这些要素通过巧妙安排、配置、组合而成的。

1. 标题

标题主要是表达广告主题的短文，一般在平面广告设计中起画龙点睛的作用，获取瞬间打动的效果，经常运用文学的手法，以生动精彩的短句和一些形象夸张的手法来唤起消费者的购买欲望。标题不仅要争取到消费者的注意，还要争取到消费者的购买心理。

标题应该选择简洁明了、易记、概括力强的短语，不一定是一个完整的句子，也可以用只有一两个字的短语，但它是广告文字最重要的部分。

标题在设计上一般采用基本字体或者略加变化，不宜太花哨，要力求醒目、易读，符合广告的表现意图，标题文字的形式要有一定的象征意义。例如，黑体粗壮有力，适用于电器和轻工商品；圆头黑体带有曲线，适用于妇女和儿童商品；端庄大气的宋体，适用于传统商品；典雅秀丽的新宋体，适用于服装、化妆品；斜体字可以给画面带来动感。

标题在整个版面上应该处于最醒目的位置，应注意配合插图造型的需要，运用视觉引导，使读者的视线从标题自然地向插图、正文转移。

例如刘翔为耐克做广告，标题与照片融为一体，以"伟大无须给别人答案"的感叹语句形象地传递了耐克的精神，如图9-6所示。

图9-6 耐克平面广告图片

2. 正文

正文一般是说明文，说明广告内容，即结合标题来具体阐述、介绍商品。正文要通俗易懂、内容真实、文笔流畅，概括性强，常常利用专家的证明、名人的推荐、名店的选择来抬高档次，以及依靠销售成绩和获奖情况来树立企业的信誉度。正文一般采用较小的字号，常使用宋体、单线体、楷书等字体，一般都安排在插图的左右或下方，以便阅读。

3. 广告语

广告语是配合广告标题、正面加强商品形象而运用的短句，应顺口易读、富有韵味、具有想象力、指向明确、有一定的口号性和警告性。

4. 插图

插图是用视觉的艺术手段来传达商品或劳务信息，增强记忆效果，让消费者能够以更快、更直观的方式来接受信息，同时给消费者留下更深刻的印象，插图内容要突出商品或服务的个性，通俗易懂、简洁明快，有强烈的视觉效果。一般插图是围绕标题和正文来展开的，对标题起衬托作用。插图的表现手法一般有以下几种。

摄影：在产品广告中经常用摄影的形式来体现，以加强广告的真实感。

绘画：大部分以抽象的形式给人一种悬念或是一种意念，来创造一种理想的气氛。

卡通漫画：通常卡通漫画可分为幽默性和滑稽性两种。幽默性漫画可逗人一笑，滑稽性漫画可使人难以忘怀，都能发挥很好的宣传效果。

图9-7所示是降噪耳机的平面广告图片，该广告用直观的方式形象地说明了产品的效果。

图9-7　降噪耳机平面广告图片

5. 商标

商标是消费者借以识别商品的主要标志，是商品质量和企业信誉的象征。名优商品提高了商标的信誉，而卓有信誉的商标又促进了商品的销售。

在平面广告设计中，商标不是广告版面的装饰物，而是重要的构成要素。在整个版面设计中，商标造型最单纯、最简洁，视觉效果最强烈，能够在一瞬间被识别，并能给消费者留下深刻的印象。

商标在设计上要求造型简洁、立意准确、具有个性，同时要易记、易识别，例如中国农业银行行徽以麦穗图形为主，直截了当地表达出其"农业"的特征。麦穗中部横与竖的十字处理恰成一个"田"字，从而加强了"农业"的寓意。上端麦芒与圆形的断开处理，完善了整体的内外关系，强化了标志的个性特色。

6. 公司名称

公司名称也是整个广告中不可或缺的部分，一般放置在整个版面下方较次要的位置，也可以和商标放置在一起。公司电话号码等信息可安排在名称的下方或左右，采用较小的字号，常使用宋体、单线体、黑体等。

7. 轮廓

轮廓一般是指装饰在版面边缘的线条和纹样，这样能使整个版面更集中，不会显得那么凌乱，还能增加广告的美感。轮廓使广告版面有一个范围，以控制读者的视线。重复使用统一造型的轮廓，可以加深读者对广告的印象。广告轮廓有单纯和复杂两种。由直线、斜线、曲线等构成的属于单纯轮廓。由图案纹样组成的则属于复杂轮廓。现在比较常用的是单纯轮廓。

8. 色彩

色彩是吸引人的视觉第一关键所在，也是广告表现形式的重点所在，有个性的色彩往往更能抓住消费者的视线。色彩通过结合具体的形象，运用不同的色调，让观众产生不同的生理反应和心理联想，树立牢固的商品形象，产生悦目的亲切感，吸引与促进消费者的购买欲望。

色彩不是孤立存在的，它必须既体现商品的质感、特色，又能美化装饰广告版面，同时要与环境、气候、欣赏习惯等方面相适应，还要考虑远、近、大、小的视觉变化规律，使广告更富于美感。

一般所说的平面设计色彩主要是以企业标准色、商品形象色，以及季节的象征色、流行色等作为主色调，采用对比强的明度、纯度和色相，突出画面形象和底色的关系，突出广告画面和周围环境的对比，增强广告的视觉效果。

同时在运用色彩时必须考虑它的象征意义，这样才能更贴切主题。比如，红色是强烈的色彩，体现了兴奋、热烈、冲动；绿色具有中性特点，是和平色，体现了自然美、宁静、生机勃勃，可衬托多种颜色而达到和谐。充分考虑这些色彩的象征意义可增加广告的内涵。

上述这些构成要素是每个广告都应基本具备的。对于新开发产品的广告，也就是处于投入期和成长期的商品广告来说，消费者对广告所宣传的新开发产品并不了解，而市场上又有众多竞争对手的同类商品，则必须具备以上全部广告要素，以便让消费者清楚地认识该产品，而不至于与其他的产品混淆起来。对处于成熟期的商品，由于已占据了一定的市场，消费者逐渐认识了商品并乐于使用，这个时期的广告属于提示性的。广告要素的运用可侧重于插图,有针对性、鼓动性的广告用语及醒目的商标,其他要素可以从简或删除,加大品牌的宣传,其目的在于给消费者造成一种更集中、更强烈、更单纯的印象,以加深消费者对商品的认识程度。

案例链接

在瞄准少女心这条路上,肯德基推出了新作——粉色百事可乐。2017年5月8日,肯德基官方微博宣布,粉色百事可乐已在中国境内发售,这款粉色可乐的名字叫作pink power,并推出了一则名为《粉色原力》的宣传片。动感的音乐配上满屏的粉色诱惑,很燃也很酷。其广告图片如图9-8所示。

图9-8 《粉色原力》广告图片

肯德基以粉酷为主题开展了一系列的营销宣传活动,例如赞助了上海的"粉酷"草莓音乐节,如图9-9所示。

图9-9 肯德基赞助"粉酷"草莓音乐节图片

还有不久之前联合玛丽黛佳推出肯德基合作款礼盒，以及在上海开粉酷主题餐厅等，这些营销活动在广告宣传时都运用了粉色元素，激发年轻消费者的好奇心理，吸引消费者眼球，达到了很好的传播效果。

资料来源：市场营销智库《营销情报》(经编辑)

9.3.2 平面广告的设计过程

平面广告的设计是有计划、有步骤的渐进且不断完善的过程，设计的成功与否在很大程度上取决于理念是否准确，考虑是否完善。设计之美永无止境，完善取决于态度。

1. 设计准备阶段

平面设计首先要对广告的整体进行策划，然后明确设计的目标，准确把握设计的主题，通过调查收集设计所需要的各种资料。

2. 设计创意阶段

综合收集和准备所有资料，采取多画设计草图和设计小组反复讨论的方法，不断地对设计创意进行深化和挖掘，最终找到一个新颖独特的创意方案。

3. 设计表现阶段

设计表现是将创意设计视觉化不可缺少的第一步，设计表现如何决定着设计创意是否能得到完美的体现。

在这个阶段，可根据不同的设计主题采用不同的表现形式，插图可采用绘画或摄影照片，一般由抽象的或半抽象的图形构成，具体确定标题设计采用的字体，整体画面采用的具有象征性的色彩表现，选取最佳的方案。

4. 设计编排阶段

版面的编排要应用视觉流程的原理，使各构成要素都能统一在一个有机的整体中，充分发挥各自的使命和作用。同时，编排时要考虑版面的视觉美感，使其具有美的韵味以及视觉号召力，给人以赏心悦目的视觉效果。设计师应创造视觉兴奋点来升华本身的作品。

5. 审查定稿阶段

设计稿完成后应交由客户主管人员进行审定，并在此基础上提出修改意见，设计师应充分听取客户的合理意见和建议，修改后即可正式交稿。

9.3.3 平面广告的编排布局

版面排版是图形、标志、文字、色彩在平面媒介上的布局，体现为各种元素的有序铺陈，应该说是一种有生命、有性格的语言形式，相同的元素通过不同的排版，能表现丰富多样的性格特点。

1. 版面编排的基本类型

1) 骨格型

骨格型是以垂直线和水平线将版面分割成几何形构图，形成区域划分的骨格，图形和文字则严格地遵照骨格的分配规则进行编排与配置。这种形式的版面条理性极强，显出端庄而严谨的理性之美。

2) 分割型

分割型是利用图形、文字、色彩对版面进行不同方向、比例和形态的分割，使形成的区域产生明暗、疏密、动静的对比关系。常见的有上下、左右、斜向、曲线等分割类型。

3) 对称型

对称型一般可分为水平对称、垂直对称和轴线对称，给人以安定、稳重的视觉感受，但绝对的对称会显得呆板，缺乏生气，通常在局部进行小面积的变化以求生动。

4) 重复型

重复型是将单一或近似的元素按一定的规律重复排列，形成节奏感和秩序感。

5) 满版型

满版型即出血型，是将图形填满整个画面的排版方式，文字被安排在图形中的某个位置，适用于以图片为表现重点的广告，视觉效果强烈。

6) 重心型

重心型是直接将产品图形置于版面中心，或通过向心性、离心性图形来制造画面的视觉中心的一种编排类型。这种类型的编排方式使画面具有很强的视觉吸引力和冲击力。

7) 边框型

边框在画面中可视为范围的约束，范围之内是各表现要素的"活动区域"。边框给人的感觉是相对稳定、安静，但稍显刻板，因此，设计时常以小面积的图形对边框形成突破，以打破这种拘谨的印象。

2. 版面编排设计的形式语言

1) 比例

比例是一种量的关系，在广告版面中表现为图形、标题、正文、色彩之间，以及它们与整个版面之间的大小、位置关系，各元素之间良好的比例关系是形成视觉美感的重要条件。

2) 节奏

节奏是指单一元素有规律的重复，这种元素可以是声音、动作，也可以是视觉形象。节奏在平面广告中表现为图形、文字等有秩序的重复排列，因视觉上的紧凑或稀疏造成心理上的快慢感。

3) 对比

单一体谈不上对比，一模一样的事物之间也不存在对比关系，只有存在差异时对比才会产生，这种差异表现为大小、高低、曲直或远近、轻重、动静、虚实等关系。在平面广告设计中，构成要素的对比关系能使广告形象极具个性，使版面效果生动活泼，进而提升广告的视觉表现力。

4) 均衡

均衡是不对称的平衡关系，是一种动态的平衡，富有活力，表现力极强，具有感性、幽默、情绪化的感情色彩。

5) 调和

调和体现为广告元素在色彩感受、造型特征、形象风格等方面的协调关系在人的心理上的反映。对比强烈的调和具有激烈、张扬、奔放的性格特点，对比较弱的调和则显得宁静、平和、温顺，设计时要根据不同的广告对象区别对待。

6) 秩序

画面构成元素以文案为主的广告画面配以适当的图形会达到丰富画面的效果，以图形为主的画面，文字则作为补充说明。秩序有利于消费者理解广告的主题和重点，提高广告的诉求效果。

7) 虚实

在版面编排设计中，虚实主要指图形、文字与空白的关系。

3. 版面设计中对图片的编排处理

1) 规则型

规则型指图片整体外形呈现规则的几何形状，根据广告主题的要求可圆可方，或方中带圆，或圆中带方，视具体内容与表现需要而定。

2) 出血型

出血型图片在编排上打破了版心的束缚，显得自由奔放，不拘一格。

3) 退底型

退底型图片排除了背景干扰，使得广告主体形象非常醒目突出，与正文的编排组合常表现为文本绕图，轻松活泼，引人注目。

4. 视觉流程

1) 目光引导

目光引导指通过画面中的人物、动物或卡通形象的视线方向引导读者的目光自然地跟随移至下一单元的内容。

2) 指向性图形引导

指向性图形引导是指带有方向性暗示的图形对读者注意力的引导。

3) 色彩的引导

通常彩色、暗色的图形比黑白、亮色的图形更容易引起读者的注意，视觉上一般习惯由彩色移向黑白，由暗色转向亮色。

4) 面积大小的引导

占有广告画面较大面积的图形或文字自然要比小的图形或文字容易引起读者的注意，因此读者的阅读顺序是由大到小的，这也是为什么重要的、主体的文字或形象通常要大一些，以此来体现主次关系。

9.3.4 平面广告设计的注意事项

从整体上看,广告可以分为媒体广告和非媒体广告。其中平面广告在非媒体广告中占有重要的位置,可以说它已经渗透到我们生活的方方面面。平面广告主要是以视觉冲击的方式来表现某种商品,传达某种含义,从而实现商业追求,但是否能实现预估效果,就要取决于设计作品是否能够吸引人们的眼球并且起到广泛宣传的作用。

1. 平面广告设计应确保清晰与肯定性

用点、线、面交织绘制各种商品的墨稿,制版印刷的效果较一般黑白照片要清晰、明确。

2. 平面广告设计应具有趣味性

平面广告设计可以运用夸张、变形的漫画、卡通,有故事性的连环组画形式,表现科学幻想世界、太空景观、童话与神话故事等,将这些所谓"超现实"的理想境界描绘得逼真迷人,容易引起男女老幼共有的阅读兴趣。图9-10所示为意大利面的平面广告图片,形象有趣,很容易就能够吸引消费者的注意力。

图9-10 意大利面创意平面广告图片

3. 平面广告设计应重视资料性与透视表现

虽然照片也可表现某些商品(如水果、蔬菜)的透视效果,但毕竟没有插画表现得自如和深刻。各种商品如生活用品,生产资料等,均可以用插画形式表现其切面(纵断面与横断面和肉眼看不到的内部组织结构)。

平面设计艺术只能在有限的篇幅内与读者接触,这就要求版面表现必须单纯、简洁。对过去那种填鸭式的、含义复杂的版面形式,人们早已不屑一顾了。实际上,强调单纯、简洁并不是强调单调、简单,而是指信息的浓缩处理和内容的精炼表达,它建立在新颖独特的艺术构思基础上。因此,版面的单纯化,既包括诉求内容的规划与提炼,又涉及版面形式的构成技巧。

📖 案例链接

透视眼下汽车的露骨之美

20世纪,在电脑绘图还没有普及之前,汽车手绘插画流行了很长时间,在这期间,有不少大师凭借自己的风格让人们铭记,或精细如实,或潇洒感性,在如今已经满眼都是数字制图时代,他们的作品或许已经不再只是停留在厂家宣传手册中的信息,更可以被看作一件件艺术品,铭刻着那个时代、那些经典产品的信息。

Peter Hutton 是其中较少的艺术系科班出身代表,早年在英国特威克纳姆艺术学校的背景为其打下了深厚的基础,并且也影响了其插画作品的艺术风格。

Peter Hutton 曾经为阿斯顿·马丁、沃克斯豪尔、本田和欧洲福特工作,并且为杂志和出版物绘制了大量封面。Peter Hutton 的插画风格在严谨与感性之间,以至于很多厂商都愿意采用 Peter Hutton 的手绘插画作为广告图片。到如今,Peter Hutton 仍在延续着他将写意与工程产品相结合的艺术,而他当年的作品大多被看成艺术品,被很多人所追逐和收藏。

图 9-11 所示是其关于汽车引擎美学的作品之一,作品从透视的角度体现了汽车的美。

图 9-11 汽车引擎透视广告图片

资料来源:中国汽车画报

4. 平面广告设计应具备艺术性与装饰性

为了使排版设计更好地为版面内容服务，寻求合乎情理的版面视觉语言则显得非常重要。构思立意是设计的第一步，也是设计作品过程中所进行的思维活动。主题明确后，版面构图布局和表现形式等则成为版面设计艺术的核心，也是一个艰难的创作过程。怎样才能达到意新、形美、变化而又统一，并具有审美情趣，这就要取决于设计者文化的涵养。所以，排版设计是对设计者的思想境界、艺术修养、技术知识的全面检验。

5. 趣味性与独创性

排版设计中的趣味性主要是指形式的情趣，这是一种活泼性的版面视觉语言。如果版面本没有多少精彩的内容，就要靠制造趣味取胜，这也是在构思中调动艺术手段所起的作用。版面充满趣味性，使传媒信息如虎添翼，起到了画龙点睛的传神功力，从而更吸引人、打动人。趣味性可采用寓意、幽默和抒情等表现手法来获得。

本章思考题

1. 广告标题主要有哪些类型？
2. 广告文案的含义包括哪几个部分？
3. 广告正文主要有哪几种类型？
4. 简述平面广告的构成要素。

📖 **案例分析与讨论**

大卫·奥格威为劳斯莱斯汽车所写的广告文案

大卫·奥格威曾经为劳斯莱斯汽车制作了一篇长广告文案，在广告文案上，奥格威洋洋洒洒地陈述了有关劳斯莱斯汽车的细节，如图 9-12 所示。该文案取得了很好的效果，同时也成为大卫·奥格威的经典作品。

标题：这辆新型劳斯莱斯在时速60英里时，最大的闹声来自电钟

小标题：什么原因使劳斯莱斯成为世界上最好的车子？一位知名的劳斯莱斯工程师说："说穿了，根本没有什么真正的戏法——这只不过是耐心地注意到细节。"

图 9-12 劳斯莱斯汽车广告

1. 行车技术主编报告:"在时速 60 英里时,最大的闹声来自电钟。引擎是出奇的安静。3 个消音装置把声音屏蔽掉。"

2. 每个引擎都在安装前以最大的气门开足 7 小时,每辆车子都在各种不同的路面上试车数百英里。

3. 劳斯莱斯是为车主自己驾驶而设计的,比国内制造的最大型车小 18 英寸。

4. 有机动方向盘、机动刹车及自动排档,极易驾驶与停车。

5. 除速度仪外,车身与底盘之间无金属衔接,整个车身都加以封闭绝缘。

6. 汽车完成后要进行最后测试，必定经过一个星期的精密调整。
7. 劳斯莱斯汽车保用 3 年。从东岸到西岸的经销网零件站，使服务不再有任何麻烦。
8. 著名的劳斯莱斯引擎冷却器除了 1933 年亨利·莱斯去世时把红色姓名的第一个字母 RR 改为黑色外，从来没更改过别的地方。
9. 汽车车身设计制造，在全部 14 层油漆完成之前，先涂 5 层底漆，然后每次都用人工磨光。
10. 移动方向盘柱上的开关，就能够调整减震器以适应路面状况。
11. 后车窗有除霜开关，控制着 1360 条看不见的玻璃中的热线网。备有两套通风系统，可以在车内随意关闭全部车窗而调节空气以求舒适。
12. 座位垫面由 8 张英国牛皮制成。
13. 镶贴胡桃木的野餐桌可从仪器板下拉出，有两个座位可以从前座扣后拖转出来。
14. 可以有以下选择：做浓咖啡的装置、电话自动记录器、床等。
15. 通过驾驶座下的橡木板，可以给整个车盘加上润滑油，并可指示出曲轴箱中机油的存量。
16. 汽油耗油低。
17. 有两种不同的传统机动刹车：水力制动器与机械制动器，非常安全灵活。
18. 劳斯莱斯的工程师们定期访问车主并检修车主的汽车，提供服务。
19. 班特利由劳斯莱斯所造，除引擎冷却器外完全一样。因班特利的引擎冷却器制造较为简单，所以便宜 300 美元。对驾驶劳斯莱斯感觉没有信心的人士可买一辆班特利。

价格：在主要港口岸边交货——13 550 美元。

假如你想得到驾驶劳斯莱斯或班特利的愉快经验，请与我们的经销商联系。他的联系方式写于本页底端。

劳斯莱斯公司纽约洛克菲勒广场 10 号。

资料来源：David Ogilvy. 奥格威谈广告[M]. 洪良浩, 宫如玉, 译. 台北：哈佛企业管理顾问公司，1984.

讨论：
1. 什么是广告标题，写好广告标题应该注意哪些问题？
2. 什么是广告正文，写好广告正文应该注意哪些问题？
3. 如何理解大卫·奥格威所说的："你告诉消费者的越多，你就销售得越多。"

课堂实训

实训内容：结合全国大学生广告艺术大赛，根据小组选题及创意方向，创作一则广告文案，具体要求参阅大赛网站及策划品牌的具体要求。

实训要求：运用本章所讲的文案写作方法进行广告文案撰写，要求定位准确，阐明创意诉求点、广告定位及广告对象。

第10章

广告媒体及选择

广告活动与传播密切相关,而传播活动是通过媒体来实现的,所以广告要达到预期的效果,就要通过媒体传送信息来实现。而这种向消费者传达广告主的有关经营(产品、劳务、观念等)信息的中介物质,就是广告媒体。广告活动的一个重要方面就是要运用广告媒体战略,充分发挥各种广告媒体的传播优势,及时、准确、巧妙地把有关信息传递给目标消费者。

广告媒体是指实现广告与广告对象之间联系的物质或工具。广告活动的大部分经费是花在媒体上的,广告信息能否传递给消费者的关键也在于媒体。可见,准确把握媒体的特点,科学选择媒体及采取正确的媒体策略对企业和广告公司而言至关重要。

【本章要点】
1. 了解广告媒体的含义。
2. 掌握广告媒体的分类与不同类别的特点。
3. 掌握广告媒体组合策略。

导入案例

福特野马汽车的媒体策略

1964年,福特汽车公司生产了一种名为"野马"的轿车。新车一推出,一年内就销售了36万辆,创下了美国市场汽车销售的历史纪录。在不到一年的时间里,野马汽车风行整个美国,各地还纷纷成立了野马车会,甚至连墨镜、钥匙扣、帽子、玩具都贴上了野马的标志。野马汽车的成功必须归功于它的营销策划者——美国最著名的实业界巨子、"野马汽车之父"、福特汽车公司分部总经理艾克卡的出色策划。

1962年,艾克卡担任福特汽车公司分部总经理之后,便策划生产一种受顾客喜欢的新型汽车。这个念头是他对市场进行了充分调研之后产生的。他带领策划人员对新型产品进行最后定位,设计图样,制作泥塑模型,还从沃尔特·汤姆森广告公司代理人约翰·康利提供的上千个新型车的名字中挑选出 6 个车名:西部野马、美洲狮、猎豹、小马、野马、美洲豹。经过反复审议评估,最后艾克卡决定将新型车的名字定为"野马"。

在新型车问世之前，艾克卡还邀请了底特律地区 54 对夫妇来厂做客，并请他们对新型车发表评议。从他们的意见中，艾克卡摸透了消费者的心理，最后将野马汽车的售价定为 2368 美元。第一代野马汽车如图 10-1 所示。

图 10-1　第一代野马汽车

企业营销目标确定之后，就必须着手开展广告宣传活动。艾克卡是一个非常重视广告策划、宣传的企业家，为推出这款新产品，他委托沃尔特·汤姆森广告公司为野马汽车的广告宣传工作进行一系列策划，其广告计划的实施步骤大致如下。

第一步，请各大报社的编辑到迪尔伯恩，并借给每个人一辆野马汽车，组织他们参加从迪尔伯恩到纽约的野马汽车大赛，同时还邀请了 100 名记者亲临现场采访。表面上看这是一次赛车活动，实际上是一次告知性的广告宣传活动。事后，数百家报纸、杂志报道了野马汽车大赛的盛况。

第二步，在野马汽车上市的前一天，根据广告宣传计划，2600 家报社用正版篇幅刊登了野马汽车广告。广告的画面是一辆白色的野马汽车在奔驰。大标题是：真想不到。副标题是：售价2368美元。这一广告宣传以提高产品的知名度为主，进而为提高市场占有率打基础。

第三步，从野马汽车上市开始，让各大电视台每天不断播放野马汽车广告，广告由沃尔特·汤姆森广告公司制作。广告内容是一个渴望成为赛车手或喷气式飞机驾驶员的年轻人，驾驶着漂亮的野马汽车在奔驰。之所以选择电视媒体做宣传，其目的是扩大宣传的覆盖面，提高产品的知名度，促使其家喻户晓。

第四步，选择最显眼的停车场，竖起巨型广告牌，以引起消费者的注意。

第五步，竭尽全力在美国各地最繁忙的 15 个飞机场和 200 家假日饭店展览野马汽车，以实物广告的形式激发人们的购买欲。

第六步，向全国各地数百万小汽车车主寄送广告宣传品。此举的目的是直接促销，同时也表明公司忠诚地为顾客服务的态度和决心。

野马汽车的广告活动可以称得上是铺天盖地。仅在一周之内，野马汽车便轰动整个美国，风行一时。野马汽车上市的第一天，就有400万人涌到福特代理店购买。原计划销售指标是年销售量7500辆，后来增加到20万辆。野马汽车推出一年之内，销售36万辆。这一显赫的战绩，使艾克卡被誉为"野马车之父"。艾克卡由于策划有方，业绩骄人，被破格提升为福特集团总经理，很多美国人将他看成传奇式的英雄人物。

资料来源：郭庆然，吴磊. 广告理论与实务[M]. 北京：对外经济贸易大学出版社，2008.

10.1 广告媒体概述

10.1.1 广告媒体的含义

媒体也称媒介，是大众传播媒体和广告媒体的统称。媒体本质上就是能把信息传输给社会大众的一种工具。在广告学里，凡能在广告主与广告对象之间起传递作用的物质都可以称作广告媒体。例如，大众传播媒体(包括电视、广播、报纸、杂志)、路牌、交通工具、互联网、霓虹灯、商品陈列、橱窗、包装物及产品说明书、企业名录等。

广告与媒体之间有着密切的关系。首先，广告与广告媒体是互相依存的关系。广告必须借助广告媒体来传递广告信息，而如果广告媒体不进行广告信息的传播也就不能称其为广告媒体了。其次，广告媒体与广告之间是表现与被表现的关系。广告媒体表现广告的内容，是表现者；广告只有在一定的媒体上被表现出来，广告信息才能被消费者注意，才能发挥促销的作用，所以，广告是被表现者。

现代广告离不开媒体，同样，由于发布广告获取的费用是媒体重要的收入来源，因此，媒体单位也都非常重视开拓广告业务，利用自己拥有的媒体创造良好的经济收益。随着很多新媒体的出现，广告信息的表现形式也越来越丰富。

例如2017年2月3日，美国总统特朗普先生在当地时间2月2日更新了这样一条推特，如图10-2所示，"谢谢你三星！我们非常愿意接纳你！"，瞬间引起轰动。特朗普是在为三星打广告吗？这个广告价值多少钱？根据路透社的消息，因为特朗普推动美国制造的缘故，三星的家电部门正在草拟在北美建厂的计划。虽然三星官方没有透露任何投资细节，根据初步推算，三星这条广告的价格应该达到了百亿美元。

图 10-2 推特图片

10.1.2 广告媒体的分类

现代广告媒体可以依照许多不同的标准来进行分类，具体情况如下。

1. 按照表现形式分类

广告媒体按表现形式可分为印刷媒体、电子媒体等。印刷媒体包括报纸、杂志、说明书、日历等。电子媒体包括电视、广播、电动广告牌、电话等。

2. 按视听功能分类

广告媒体按其功能可分为视觉媒体、听觉媒体和视听两用媒体。视觉媒体包括报纸、杂志、海报、传单、招贴、日历、户外广告、橱窗布置、实物和交通工具等媒体形式。听觉媒体包括无线电广播、有线广播、宣传车、录音和电话等媒体形式。视听两用媒体主要包括电视、电影、戏剧、小品及其他媒体形式。

3. 按影响范围分类

广告媒体按影响范围的大小可分为国际性媒体、全国性媒体和地方性媒体。国际性媒体包括卫星网络传播、面向全球的刊物等。全国性媒体包括国家电视台、全国性报刊等。地方性媒体包括省、市电视台、报刊，少数民族语言、文字的电台、电视台、报刊等。

4. 按接收类型分类

广告媒体按所接触的视、听读者的不同，可分为大众化媒体和专业性媒体。大众化媒体包括报纸、杂志、广播、电视。专业性媒体包括专业报刊、专业性说明书等。

5. 按时间长短分类

广告媒体按媒体传播信息时间的长短可分为瞬时性媒体、短期性媒体和长期性媒体。瞬时性媒体包括广播、电视、幻灯片、电影等。短期性媒体包括海报、橱窗、广告牌、报纸等。长期性媒体包括产品说明书、产品包装、厂牌、商标、日历等。

6. 按统计程度分类

广告媒体按对广告发布数量和广告收费标准的统计程度来划分，可分为计量媒体和非计量媒体。计量媒体包括报纸、杂志、广播、电视等。非计量媒体包括路牌、橱窗等。

7. 按传播内容分类

广告媒体按其传播内容可分为综合性媒体和单一性媒体。综合性媒体指能够同时传播多种广告信息内容的媒体，如报纸、杂志、广播、电视等。单一性媒体指只能传播某一种或某一方面广告信息内容的媒体，如包装、橱窗、霓虹灯等。

8. 按主体关系分类

广告媒体按其与广告主的关系可分为间接媒体和专用媒体。间接媒体(或租用媒体)是指广告主通过租赁、购买等方式间接利用的媒体，如报纸、杂志、广播、电视、公共设施等。专用媒体(或自用媒体)是指归广告主所有并能为广告主直接使用的媒体，如产品包装、邮寄、传单、橱窗、霓虹灯、挂历、展销会、宣传车等。

案例链接

为什么自媒体 KOL 会异军突起

自媒体广告的出现给广告行业的发展注入了一股新的活力，随着不断发展，自媒体越来越受广告主的欢迎。与其他媒体相比，自媒体 KOL(key opinion leader，关键意见领袖)具有海量的垂直领域/垂直兴趣的粉丝和巨大的流量，很多广告主正是看中了这一点，投放自媒体 KOL 广告不仅能够提高产品的曝光度，更重要的是能够提升产品的销量。能够让众多广告主都对其"钟情"，说明投放自媒体广告本身就具有相当大的优势。

为用户和品牌之间营造对话场景

自媒体 KOL 能够让粉丝在评论区与 KOL 讨论品牌和产品相关的内容，使原本毫无"人情味"的产品顿时变得鲜活起来，所以从这些地方不难看出，自媒体 KOL 能够为用户和品牌营造对话和沟通场景，使用户与品牌之间的关系更加和谐。

产生信任的场景

自媒体 KOL 的人格背书和其所营造的信任感场景是其中的核心所在，海量流量和精准的目标用户所带来的好处只是一个表象。就拿文怡家常菜卖 1500 元的砧板的例子来说，当文怡这样的美食家大 V 都为这款砧板做背书时，自然而然地就为粉丝营造一种值得信赖的场景，受到这种场景的感染，消费者会产生较大程度的信任，从而引导其购买和消费。

> **营造名人同款的心理场景**
> 除了 KOL 人格背书以外，KOL 还在某种程度上为用户营造"普通人也能用名人同款"的心理场景，利用名人效应，当需要品牌的宣传和推广时，自然会引发用户"效仿"从而促进购买。
> 资料来源：(根据网络资料整理)

10.1.3 广告媒体的功能

广告和媒体相互依存，在大众传媒经营活动中，大众传媒提供各种信息服务，需要一定的资金支持，而广告收入则是其主要的收入来源。作为一种信息服务，广告传播需要依存于节目、版面中，凭借公众对大众传媒的信任和好感而达到一定的效果。这种相互依存的关系促进双方的共同发展。

具体而言，广告媒体在广告活动中具有以下基本功能。

1. 传递功能

美国著名传播学家施拉姆在《传播学概论》中写道："媒体就是在传播过程中，用于扩大并延伸信息的传播工具。"可见，广告媒体具有筛选、加工、扩散信息的功能。由于广告媒体不受时空的限制，它所传播的范围和对象具有广泛性和渗透性，不论受众在什么地方，广告媒体都会发生作用。

由于广告媒体具有传播信息的功能，本身具有实用性，可以为广告主或媒体受众带来一定的经济效益和社会效益，因此，无论对广告主还是对广大受众，广告媒体都具有一定的吸引力。

2. 服务功能

广告媒体可以根据自身的特点，为广告主、广告经营机构、媒体受众提供有用、真实的信息，满足不同层次的需要。对广告主来说，可以将企业的经营特色、产品等方面的供给信息提供给目标市场；广告经营机构可以通过广告媒体发布供求双方的信息；媒体受众可以通过广告媒体了解各种品牌产品方面的信息，为他们的购买决策提供依据。

图10-3所示是Aquafresh Flexigel牙刷广告，通过该平面广告巧妙地把Aquafresh Flexigel最新的牙刷的特点——可以进行转弯，可以清理口腔最里面的污渍，表达得淋漓尽致，同时给消费者留下深刻印象，便于消费者购买牙刷时做决策。

广告媒体具有的上述功能使其成为现代企业开展市场营销活动的重要手段或工具。广告策划者应当根据广告主的实际需求及各种广告媒体特点，选择适当的媒体形式发布广告信息，取得理想的广告效果。

图 10-3　Aquafresh Flexigel 牙刷广告

10.2　主要广告媒体的特点

广告媒体可以分成很多类。根据受众规模的不同，把传统媒体分为大众传播媒体和小众传播媒体两大类。大众传播媒体主要是指报纸、杂志、广播、电视、网络等媒体。特别是前4种，是广告传播活动中经常运用的媒体，通常被称为四大广告媒体，但近年来网络媒体异军突起，大有后来居上之势。

10.2.1　报纸广告媒体

报纸是传统的四大传播媒体之一。报纸运用文字、图像等印刷符号，定期、连续地向公众传递新闻、时事评论等信息，同时传播知识、提供娱乐或生活服务。报纸一般以散页的形式发行，版数具有一定的伸缩性，刊载信息容量较大。报纸是较早面向公众(消费者)传播广告信息的载体，现在依然是最重要的广告媒体之一。随着其他广告媒体的兴起，报纸广告越来越注重创意。

众所周知，瑞士是全世界最爱读报纸的国家。前不久，三星为了向瑞士的年轻人介绍S8的独特设计理念，非常"土豪"地承包了瑞士最有影响力的报纸 *20 Minuten*(20分钟)。*20 Minuten* 是一份专门针对都市白领的免费德语日报，在年轻群体中的地位极高。

清晨，当瑞士的白领们跟往常一样打算一边吃早餐一边看报纸，结果翻开 *20 Minuten* 那一刻，他们无一例外地被噎到了，因为他们每天必看的 *20 Minuten* 被人涂成了图10-4所示的样子。

图 10-4 三星报纸创意广告

颜色鲜艳的涂鸦式线条、醒目的透明色块，几乎每一页都有，严重影响了阅读，经过一番调查，读者恍然大悟，原来这些涂鸦都是广告，广告主正是财大气粗的三星。虽然有人明确投出了反对票，但也有不少人认为三星这条广告非常酷。所以，不管是否影响阅读体验，三星都达到了预期的广告效果，在瑞士收获了很高的曝光度和讨论度。

报纸广告具有以下优缺点。

1. 报纸广告的优点

(1) 覆盖面广，发行量大。除一些专业性很强的报纸以外，一般公开发行的报纸都可以不同程度地渗透到社会各个领域。尤其是全国发行的报纸，可以覆盖全国的各个层次、各个地方。例如《人民日报》《参考消息》《中国电视报》等，2010年发行量均超过200万份。广告主可以通过报纸以较低的成本向目标市场发布产品及服务信息。

(2) 广告信息传播迅速。报纸大多是当日发行，出版频率高，读者通常当天就可以阅读到，对于时效性要求高的产品宣传，不会发生延误的情况。

(3) 选择性强，读者阅读时比较主动。广告主可以根据各种报纸的覆盖范围、发行量、知名度、读者群等情况，灵活地选择某种或某几种报纸进行广告宣传。由于报纸的可读性强，读者阅读时可以自由地选择喜爱的栏目。许多报纸拥有自己特定的读者群，如《中国经营报》的读者主要是企业界人士和学者，《中国青年报》的读者主要是年轻人，《光明日报》的读者主要是知识分子等。

(4) 读者广泛而稳定。报纸能满足各阶层媒体受众的共同需要，因此它有极广泛的读者群。不同的读者群，其兴趣、偏好各不相同，而且在一定时期内兴趣、偏好是不易改变的，这就使报纸的目标市场具有相对的稳定性。

(5) 表现方式灵活多样。报纸传播信息的方式多种多样，或图文并茂，或单纯文字，或诉诸理性，或诉诸情感。广告主既可以发布单则广告，也可以发布系列广告；既可以发专版，也可以发专栏；版面可大可小，内容可简可繁。

(6) 信息易于保存，便于查找。报纸媒体不同于电视和广播媒体，读者不受时间限制，可随时阅读或重复阅读。时间长了，读者还可以查找所需要的信息资料。

(7) 可以凭借报纸的信誉加深广告效果。由于报纸是以报道新闻为主的，所传递的信息容易使读者产生信赖和关心，并影响对报纸所刊载广告的感觉。

(8) 广告费用相对较低。这是报纸媒体与电视媒体的主要区别之一。对大多数中小型广告主来说，报纸广告的费用是有能力承担的，并且广告投资风险也相对较小。

2. 报纸广告的缺点

(1) 有效时间短。报纸出版频率高，每天一份，绝大多数媒体受众只读当天的报纸，很少有人读隔日的报纸，因此报纸的有效期较短。它的有效期也只是报纸出版后读者阅读的那一段时间。对于广告策划者来说，必须特别重视广告定位及广告诉求点的准确把握，即精心思考"说什么"与"怎么说"，尽可能在有限的时间内给媒体受众明确清楚和印象深刻的重点信息。

(2) 广告注目率低。通常报纸广告不会占据最优版面，读者阅读报纸时往往倾向于新闻报道和感兴趣的栏目，如无预定目标，或者广告本身表现形式不佳，读者往往会忽略广告，即便看了几眼，也会视而不见。

(3) 印刷不够精美。由于纸张材料和技术的局限，更重要的是发行者出于对报纸成本的控制，不少报纸广告的印刷常常显得粗制滥造。特别是摄影图片，其粗糙和模糊的印刷使媒体受众在潜意识中产生一种不信任感，往往产生副作用。因此，对图片的印制要尽可能精致。

(4) 报纸广告表现形式单一，无听觉与动态视觉刺激，广告吸引力不强。

(5) 广告相互干扰，降低受众对单个广告的关注度。报纸的售价一般很低，大多依靠广告收入来维持运营，所以很多报纸以多条信息在同一版面并置的形式排列广告版面。如果管理不当、专业不精，就会显得杂乱不堪，使过量的信息削弱了单个广告的作用。

10.2.2 杂志广告媒体

杂志是一种具有一定间隔周期、定期发行的具有小册子形式的出版物，属于印刷的平面媒体。杂志一般分为周刊、半月刊、月刊、双月刊和季刊等。杂志与报纸相比具有更强的专业性，往往针对特定的受众群体。在大众化的广告媒体中，杂志媒体不同于报纸、电视和广播那样具有很强的新闻性。杂志媒体具有延伸性、持续性和知晓性等特点。

与其他媒体的广告相比，杂志广告具有以下优缺点。

1. 杂志广告的优点

(1) 针对性强，目标受众明确，具有明显的读者选择性。与报纸的地区选择性不同，杂志的读者有很强的选择性。杂志媒体的这一特点可以通过读者的类型、年龄、收入情况表现出来，这有助于广告策划者根据广告主的自身情况和产品的特点，选择最适合刊载的广告信息、最能将广告信息传递给目标受众的杂志类型。

(2) 信息的生命周期较长，传阅率高。杂志装订成册，便于携带和收藏。杂志的读者多为固定订户，阅读时比较专心，实际阅读率高。由于杂志被保存的时间长，反复阅读率高，而且传阅性好，所以能扩大和延续广告的传播效果。杂志是所有广告媒体中生命周期最长的媒体。

(3) 印刷质量较高，广告表现力较强。杂志的纸张质量较好，印刷设备性能优良，因而广告制作与印刷质量远远高于报纸，其中最具优势的是彩色广告。印刷精美的杂志广告能够产生较强的视觉刺激，使媒体受众感到真实，并留下深刻的印象。图10-5所示的杂志广告主题："绿色和平：树"，广告印刷精美，并且采用了不同页面错层的设计，体现"在你翻页的时候，滥砍滥伐在继续着"，十分有创意，给翻阅杂志的读者留下深刻的印象，达到很好的传播效果。

图10-5　杂志广告图片

(4) 编排整洁，灵活性强。杂志媒体版面小，每页编排较为整洁，不像报纸那样内容繁杂。因此，每则广告都显得醒目，同时，杂志广告可承载的信息较多，可以比较自由地运用文字、图片、色彩等手段表现广告内容。杂志还可以做连页或折页来延展版面空间，运用一些特殊形式来表现广告商品，造成画面的震撼效果。如图10-6所示，利用杂志连页和中间透明夹页的方式，体现DHL国际快递速度快的特点。

图 10-6　DHL 国际快递杂志广告图片

(5) 面向特定的人群，杂志广告的效果较一般媒体容易测定。

2. 杂志广告的缺点

(1) 时效性差。由于杂志出版周期长，出版频率低，因而不像报纸媒体那样能够迅速、及时地反映市场变化，不适用于对时间要求紧迫的产品广告，也不适用于声势较大的大规模营销活动。杂志广告的功效是延缓且非及时的，不易很快使媒体受众产生购买欲望。

(2) 影响面窄。由于杂志媒体的读者相对少，专业性强，因而接触对象不广泛，影响面相对比较狭小。

(3) 广告费用较高。杂志上刊登广告需要较多的广告制作费和刊物费用，加之杂志的专业性强，影响面窄，一般广告主会认为付出大量的广告费用而得不偿失。

📖 案例链接

宜家杂志广告不一般：在纸上尿尿就可以获得折扣？

宜家这次的广告不走寻常路，研发了杂志内页验孕纸。只要是孕妈妈，拿着这张确认怀孕的广告，去宜家店内购买婴儿床时就可以获得近一半的折扣，但这种方式让很多人感到不适却新奇，反正话题性是十足了。

"尿在这张广告上能改变你的生活。"这句让人满脑问号的广告语来自宜家，而这句广告语也的确是真的。宜家在瑞典女性杂志 Amelia 投放的广告，看起来只是普通的婴儿床促销广告——其实它是一整张验孕试纸。

这张验孕试纸与常规验孕棒操作也不一样：当女性用尿液浸透纸张，若是怀孕，广告上的婴儿床原价下方会浮现出一个红字显示的新价格。拿着这张确认怀孕的广告去宜家店内购买婴儿床时就可以获得近一半的婴儿床折扣。杂志广告如图 10-7 所示。

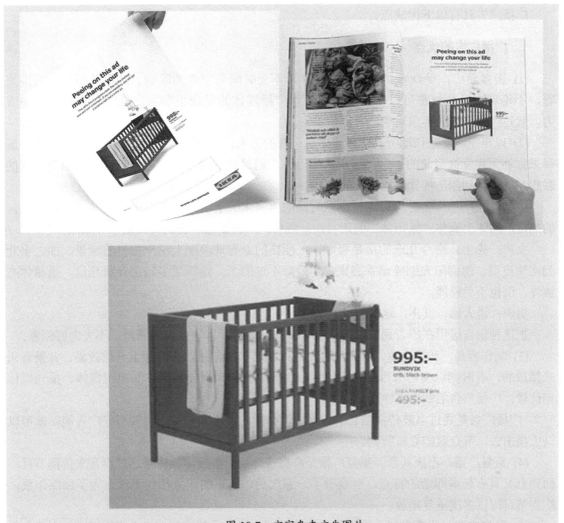

图 10-7 宜家杂志广告图片

尽管看起来很像恶搞，宜家创意代理方 Akestam Holst 却严肃表示：为了这款全新的杂志内页验孕纸，他们花了不少时间做科研开发。这款基于验孕棒技术、看起来与普通纸张无异的验孕纸，是宜家与瑞典科研开发公司 Mercene Labs 专门合作生产的。

人们对此也褒贬不一。有网友表示带着浸过尿液的广告纸去店里的操作实在很辣眼睛，更多人觉得宜家的广告幽默又让人眼前一亮。不过光是在纸上尿尿这件事就足够有噱头了。

资料来源：(根据网络资料整理)

10.2.3 广播广告媒体

广播媒体包括有线电台和无线广播网。广播广告是指通过运用语言、音像、音乐来表达广告产品或企业的信息。广播媒体的特点可以概括为采用音频技术，按时传播声音节目，专门服务于媒体受众的听觉。

广播广告具有以下优缺点。

1. 广播广告的优点

(1) 覆盖面广,受众多。目前,广播基本不受时间和空间的限制。从电波所及的范围来看,不论城市、乡村都可以听到广播节目。广播媒体的受众也非常广泛,只要有一定的听力,就是广播广告的诉求对象。

(2) 以声带响,亲切动听。广播媒体是声音的艺术。广播广告最突出的特点就是用语言解释来弥补无视觉性形象的不足。运用人的语言,通过绘声绘色的描述,可以造成由听到视的联想,从而达到创造视觉形象的目的。

例如,在广播广告时可以通过幽默时尚的语言来吸引听众。随着电视剧《后宫甄嬛传》的热播,网络上疯传"甄嬛体"的语言,一则房产广告策划广告词时就用了"甄嬛体"。

女声:先生,您今儿选的房是极好的,便捷的上等地段配上湖岸相衬的绿景,加之坐北朝南的户型,忽而阳光细碎幽香袭来,是最好不过的了。嬛嬛愿多陪您择居几日,虽易体态憔悴,倒也不负恩泽。

男声:说人话。女声:这房挺好,买吧。

把这种语言运用在广告词中,听众觉得新鲜又幽默,客户也极为满意,不失为好创意。

(3) 制作容易,传播迅速。广播广告是通过播音员的叙述,有时加上音像效果、背景音乐来播放的,有时则以文艺节目的形式出现,因此制作起来简便灵活。与电视媒体、报刊媒体相比较,广播广告的制作工序比较简单。

广播广告是通过电波传播信息的,而电波传播的速度非常快。只要写好广告词,就可以马上播出去,听众就能立即听到。

(4) 重复广播,不厌其烦。重复广播是广播媒体的一条规律。广播通过声音来传播节目,而声音又具有转瞬即逝的特点,听众听了一遍之后,留下的印象往往不深。为了加深印象,广告节目可以多次重复播放。

(5) 经济实惠,收听方便。广播媒体与其他媒体相比,节目制作成本费用低廉,广播广告的费用一般广告主都能承担。

> **案例链接**
>
> **Dunkin' Donuts 咖啡创意广播广告**
>
> 沉闷无聊的公交车途中,人们困顿不已,此时突然闻到一股浓郁的咖啡香,精神为之一振之余感到讶异不已,街头飘着咖啡香不奇怪,可是公交车里哪里来的咖啡香?莫非是哪位乘客带了咖啡上车?环顾左右,才发现公交车的角落里不知何时装上一个带有 Dunkin' Donuts 品牌 Logo 的小装置,正在喷出雾气。联想起此时广播里正在播放的咖啡广告,这才恍然大悟:哦,原来是广播广告。播放场景如图 10-8 所示。

图 10-8　Dunkin' Donuts 咖啡广播广告播放场景

大家正在议论纷纷,新鲜劲尚未褪去时,公交车到站了,车门打开后最先看到的又是一则 Dunkin' Donuts 的平面广告(见图10-9)。才迈出几步,不远处的一家 Dunkin' Donuts 连锁店顿时映入眼帘。还有什么可犹豫的,立马就去买杯尝尝。

图 10-9　Dunkin' Donuts 咖啡广告场景图

Dunkin' Donuts 是一家美国连锁咖啡馆品牌,在韩国却以甜甜圈闻名。为了摆脱这一尴尬局面,Dunkin' Donuts 利用声音识别技术在韩国首尔推出一支特别的广播广告。每当广播中广告音乐响起,安装在公交车上的声音识别装置会分辨出其广告中独特的叮当声,自动散发出咖啡的香味,来"唤醒"乘客。让广播里也能飘出咖啡香,充满新意。

我们简单分析下这则广告的妙用之处。首先,首尔身为韩国第一大都市,人口密度很高,首尔民众上下班最常使用的工具就是公交车及地铁,而广播则是这类交通工具中的一大信息传播方式。其次,试想,若单是公交车上闻见咖啡香而没有广播,受众便不知道这是咖啡广告;如果没有了公交车站平面广告,人们下了车估计就要忘记。而这则广播广告在公交车里用咖啡香勾起人们的欲望,然后用公交站台的平面广告加强已有的印象,接下来更是将一家门店推到你的眼前,一环套一环,叫人怎能抗拒。

资料来源:广视通广告

2. 广播广告的缺点

(1) 缺乏视觉感受。与其他媒体相比,广播广告缺少形象支持,有声无形,只能用声音诉诸听众,缺少视觉形象,看不到商品的外观,受众印象比较浅薄。一些必须展示和观赏的产品不适合做广播广告。

(2) 时效短，易被疏忽。广播广告是听觉媒体，听觉信息转瞬而逝，无法存查。广播广告的信息传递具有不可重复性，时效较短，广告的遗忘度大，难以吸引听众，更难以给广告受众留下深刻的印象。

(3) 受新兴媒体的冲击，广播媒体的影响力在逐渐下降，广播广告的受众越来越少，并且收听效果难以准确把握和测定。

(4) 听众被动接受，选择性不强。广播广告很少被听众主动接受，听众一听到广告往往很快换台，转而收听其他节目。

10.2.4 电视广告媒体

电视是运用电波同时传送和接收声音、图像(包括文字和符号)的视、听结合的先进的传播工具，是一种具有多种功能的大众传播媒体。自20世纪30年代问世以来，电视不断以新的面貌面向广大观众，已经深入千家万户，在传播领域产生了越来越大的影响，也是传播广告信息的主要媒体之一。

电视广告不仅可以向媒体受众介绍广告产品的性能和特征，而且可以形象、直观地将广告产品的款式、色泽、包装等特点展现在媒体受众面前，从而最大限度地诱使媒体受众产生购买欲望。

图10-10所示为彩虹糖电视广告画面，彩虹糖的广告一向天马行空，尤其是电视上播放的这则带有长颈鹿画面的广告，给消费者留下深刻印象。

图 10-10　彩虹糖电视广告截图

与其他媒体广告相比，电视广告具有以下优缺点。

1．电视广告的优点

(1) 直观性强，具有综合的视听效果。电视节目既能看，又能听，可以让媒体受众看到表情的动作变化，生动活泼，因而对观众有广泛的吸引力。特别是电视可以突出广告产品的品牌个性，如外观、工艺水平、文化附加值等。电视集声音、图像、色彩、活动4种功能于一体，可以直观、真实、生动地反映商品的特性，不必更多说明也能使消费者了解商品，能使观众留下深刻的印象。

(2) 传播范围广,信息传播迅速。电视具有极高的普及率,收视对象层次广泛,能在节目覆盖的地域范围内迅速传递信息,易于配合广告商家新产品上市、销售等促销活动。

(3) 有较强的冲击力和感染力。电视是唯一能够进行动态演示的感性媒体,因此电视广告的冲击力、感染力特别强。因为电视媒介是用忠实的、记录的手段再现讯息的形态,即用声波和光波信号直接刺激人们的感官和心理,以取得受众感知经验上的认同,使受众感觉特别真实,因此电视广告对受众的冲击力和感染力很强,容易引起受众的关注。

例如三星的一则gear vr创意励志广告:鸵鸟也飞翔!如图10-11所示,一只鸵鸟偷吃桌子上的食物,误打误撞戴上了三星gear vr,它看到了从未见过的景色——鸟儿飞翔时才能看到的广阔无垠的天空!鸵鸟虽是鸟,却因为身躯笨重不能飞翔。自从看过自己从未见过的景色,鸵鸟开始学习如何飞翔。无论白天黑夜,无论摔倒多少次,这只鸵鸟都会坚持站起来。最后这只鸵鸟真的飞了起来,众多鸵鸟都跟随着飞翔的它跑啊跑。这则电视广告富有创意,给观众留下深刻印象,同时也让观众记住了三星gear vr。

图 10-11 三星 gear vr 电视广告截图

(4) 利于说服广告受众,增加消费者购买的信心和决心。由于电视广告形象逼真,就像一位上门的推销员一样,把商品展示在每个家庭成员面前,使人们耳闻目睹,容易对广告的商品产生好感,引发购买兴趣和欲望。同时,观众在欣赏电视广告中,会有意或无意地对广告商品进行比较和评论,从而引起注意,激发兴趣,统一购买思想,这就有利于增强购买信心，做出购买决定。特别是选择性强的日用消费品、流行的生活用品、新投入市场的商品，运用电视广告，容易使受众注目并激发对商品的购买兴趣与欲望。

(5) 注意率高，影响面广。在日常生活中，多数人在看电视的时候相对比较专心，所以电视广告的关注率较高。对多数人来说，电视是一种娱乐形式、教育途径，是重要的信息来源，是生活中的重要组成部分。

2. 电视广告的缺点

(1) 针对性不强、诉求对象不准确。电视媒体传播信息的广泛性是相对的。从世界范围来看，电视传播所到之处就是广告所到之处，但就某一个具体的电视台或某一则具体的电视广告而言，其传播范围又是相对狭窄的。电视媒体传播信息范围的广泛性同时也衍生出传播受众构成的复杂性。不论受众的年龄、性别、职业、民族、受教育程度等，只要看电视就成为电视媒体的诉求对象，这些诉求对象不可能全部成为广告产品的购买者。因此，电视媒体具有针对性不强、诉求对象不准确的缺点。

(2) 受众被动接受，缺乏选择性。绝大多数观众看电视节目的目的是娱乐、接受教育和获取新闻资讯，而不是接受电视广告传播的信息。受众在看电视时往往会被动地接受广告信息，缺乏选择性，不像报纸、杂志那样有较大的选择性。

(3) 一次性传播，无法保存。电视媒体在传播信息时，一次传播，过而不返，不论看清、听清与否，在单位时间内都无法让其重返。因此，电视媒体的广告宣传具有一次性、稍纵即逝、不可逆转的特点。大多数电视广告都是重复播出的，以弥补一次性展示导致不易记忆的不足，起到加强印象的作用。

(4) 费用高昂，一般企业无法承受。电视广告的设计涉及面甚广，模特、道具、场景安排等都需要较大的投资，摄制费用也不低，尤其是媒体的投放费用更是高昂。因此，大多数中小型企业无力负担。

(5) 受时间所限，不利于深入传递广告信息。电视广告制作费用高昂，黄金播放时间收费最贵。电视广告时间长度多在5~45秒。要在很短的时间内连续播出各种画面，闪动很快，不能做过多的解说，以免影响人们对广告商品的深入理解。

(6) 电视台播放广告过多，观众容易产生抗拒情绪。为了追求更多的经济利益，大多数电视台极尽所能来插播广告，正常的电视节目因此常常被广告所打断，容易引起观众的不满和抵触。

📖 案例链接

2017年智能电视广告七大趋势

一直以来，手机、PC、电视这三块屏都在抢夺用户的眼球。然而，随着不同行业的企业纷纷在智能电视(CTV)领域跑马圈地，智能电视相关基础设备已经成熟，语音识别等智能技术也已发展壮大。正如几年前智能手机的崛起，CTV取代传统电视已经呈现出全面爆发之势。

智能电视的普及让"客厅经济"迎来了二次崛起，坐在客厅享受智能电视带来的各种互动体验，这样的场景未来将会像使用智能手机一样普及。市场热度的不断提升也吸引了越来越多的广告主抢滩登陆"大屏营销"的蓝海。据相关数据显示，针对智能电视平台的广告投放正在快速增加，2017年第二季度，CTV广告曝光量同比增长639%，投放CTV广告的广告主数量同比增长97%、CTV广告项目数量同比增长356%。

面对智能电视广告投放，广告主在实践中普遍的疑惑是：如何衡量跨屏效果？如何提升TA浓度及Reach？流量是否真实、质量如何？从2017年至今，智能电视广告有哪些趋势值得关注？

◀ 趋势一：CTV广告曝光在不同终端中的占比持续提升。
◀ 趋势二：视频广告(79.7%)成为智能电视端广告的主要形态，贴片广告(78.5%)取代开机广告成为最主流的CTV广告形式。
◀ 趋势三：快消取代汽车成为CTV广告投放最大的行业。
◀ 趋势四：CTV受众是社会的中坚力量。
◀ 趋势五：从屏到人，智能电视广告实现以"人"为本的精准评估标准，如图10-12所示。
◀ 趋势六：统一体系完整评估"多屏投放"。
◀ 趋势七：智能电视广告反作弊技术持续进化，全维度、一站式排除异常数据问题。

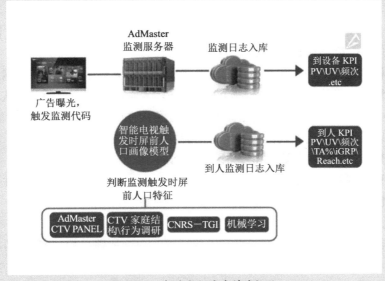

图10-12 智能电视广告精准评估

资料来源：探索文化传媒和AdMaster广告监测

10.2.5 互联网广告媒体

互联网的兴起与迅猛发展为广告业提供了一种全新的媒介和一次全新的机遇。它所创造的信息平台为广告市场提供了一个巨大的潜在传播渠道，它的发展带来了传媒生态的新变化。互联网通过一系列互相连接的计算机在全球范围内实现信息交换和传播，不仅具有广播、电视、报纸、杂志等传统媒体的一般功能，而且具有传统媒体无可比拟的独特优势。

随着智能手机的普及、移动互联网用户量的快速增长以及移动社交媒体的迅速发展,消费者的上网行为正从传统PC端向移动端进行迁移,推动了移动互联网广告市场持续、快速增长。根据工信部公布的数据,2016年我国移动电话用户总数达到13.20亿户,移动电话用户普及率达96.20部/百人。2016年,全年月户均移动互联网接入流量达到772M,同比增长98.3%。

根据艾瑞咨询的统计数据,我国移动互联网广告的市场规模已由2012年的42.50亿元迅速增长至2015年的901.30亿元,年复合增长率达到176.80%。移动互联网广告的增速仍远远高于整个互联网广告的增速,预计到2018年,中国移动互联网广告市场的规模将突破3000亿元,整个网络广告市场的渗透率将达到80%。

当然,正在发展中的网络媒体也有不尽完善的地方,对于网络广告的评价也是众说纷纭。

1. 网络广告的优点

关于网络广告的优点,主要有非强迫性、实时性与交互性、广泛性、易统计性、经济性等。

1) 非强迫性

网络广告具有类似报纸分类广告的性质,可以让受众自由查询,受众既可以只看一部分,也可以从头浏览到尾;既可以粗略浏览,也可以详细查看,这样消费者可以根据自己的意愿来浏览广告信息,大大提高了广告信息的有效性,节省了消费者的时间。

2) 实时性与交互性

网络广告不受地域和时间等的限制,信息覆盖面广、受众选择性大,信息交流是开放的。更重要的是,网络传播采用的是一对一模式,即广告信息一次只面向一个广告对象。广告受众可以根据自身的需要和兴趣,主动选择和访问相关的站点,这就是网络传播所具有的独特的交互性。一旦消费者做出选择点击广告条,表示其心理上已经首先认同,在随后的广告双向交流中,广告信息可以毫无阻碍地进入消费者的心理,实现对消费者的100%的劝导。网络广告可以实现即时的双向沟通。广告主能及时把握接受者的需求变化,广告不再是劝服式的,而是交谈式的,沟通效率和效果因此得到提高。

例如,有的网站提供虚拟试衣,这对消费者来说无疑是一种贴心的个性化服务。企业在发布广告时也可以设置讨论区,加强口碑效应,增强广告效果。

3) 广泛性

网络媒体通过Internet可以把网络广告传播到Internet所覆盖的150多个国家的用户中,并且这个用户群还在不断地发展壮大。网络广告的表现形式包括动态影像、文字、声音、图像、表格、动画、三维空间、虚拟现实等,它们可以根据广告创意的需要进行任意组合,从而有助于最大限度地调动各种艺术表现手段,制作出形式多样、生动活泼,能够激发消费者购买欲望的广告。例如,网络广告常用的形式有横幅广告、按钮广告、大屏幕广告、通栏广告、文字链接、弹窗广告及对联广告等多种形式。图10-13所示是腾讯网络广告的迷你弹窗广告。

图 10-13　腾讯迷你弹窗广告截图

受众可以在任何地点的互联网网站上，在他们方便的任何时间内随意浏览广告，无时间地域限制。

4) 易统计性

网络广告反馈迅速、直接而且比较准确，可以通过不同的统计方式，如得到点击(hit)、点通(click)(点击广告图像进入相关链接的统计)、页面访问数(page-view)、页面下载数(page-download)等数字资料，使广告公司和广告客户及时地了解、掌握广告发布后的受众接触情况，如统计出每条广告被多少用户看过，以及这些用户浏览这些广告的时间分布、地理分布等，从而有助于广告主和广告商测定并把握广告的传播效果，进而根据获取的有关广告效果测评信息进行相应的调整和改进。

5) 经济性

一般来说，网络广告可按每千人成本(CPM)、每千人点击成本(CPC)、点击次数等模式收费，如果有数千到一万元的预算，就可以利用某个(些)网站做广告，而且能够得到较为理想的暴露次数。例如在新浪网上做广告，以每千人成本(CPM)250元为报价，一万元的广告预算就可以得到4万次的广告暴露次数。因此，网络广告对于缺少资金又想做广告的中小企业来说是个不错的选择。

案例链接

2017 年网络广告投放 TOP100 榜单揭晓

2017 年中国网络广告仍旧保持较高的增长速度，根据艾瑞数据显示，2017 年中国网络广告市场规模达到 3828.7 亿元，同比增速超过 30%。

总结 2017 年的营销市场，原生化和智能化成为主要的关键词。首先，在广告形式和内容上，信息的价值凸显，广告创意更多地向提供高效高质量信息服务的角度转变，广告与内容/服务的边界越来越模糊。原生营销延伸出多种新的载体和营销手段，也让营销变得更落地、更贴近用户需求。其次，随着广告技术的不断成熟，广告生产环节、投放环节和效果监测环节都得到了进一步的优化，智能化不断渗入产业链的各方面，广告技术和广告内容成为推动网络营销发展同样重要的推动因素。

此外，除了广告与内容的"去边界化"，传统线下营销与网络营销的边界也在不断模糊。2018 年，结合了全场景、通过技术不断优化精准度的原生内容营销将为营销市场带来新的亮点。

根据艾瑞 2017 年度广告主榜单数据显示，京东商城和宝洁以全年超过 10 亿元的网络广告年度投放费用位居广告主前两位，阿里巴巴、联合利华、一汽大众分列 3～5 位，共有 14 位广告主年度投放费用超过 5 亿元。

在 TOP100 榜单中，交通类广告主仍占据最大份额，占比 23%；其次为食品与饮料类广告主，占比 16%；网络服务类广告主近年来投放的广告不断增加，2017 年投放费用占比 16%，与食品饮料类型广告主并列成为 TOP100 中投放费用最多的第二大广告主类型。2017年网络广告投放艾瑞数据前十如图 10-14 所示。

图 10-14　2017 年网络广告投放艾瑞数据前十

资料来源：艾瑞咨询

2. 网络广告的缺点

(1) 网络广告受关注率低。随着网络广告的激增，广告吸引受众注意力的优势在明显下降。大多数网络用户上网的目的是浏览信息以获取资讯或是交友、娱乐以放松身心，只有极小部分的用户点击网络广告。

(2) 网络尚未广泛普及，网络广告传递有大量盲区。尽管近几年网络空前发展，但由于受经济、技术条件的制约,网络用户主要集中在发达地区,偏远地区的广大消费者短期内还难以接触网络媒体。一些针对农村消费者的产品还不适合在网上发布广告。

(3) 网络广告信誉度低,消费者不易接受。时下,虚假违法广告充斥网络媒体,网上购物欺诈现象时有发生。基于此,消费者普遍对网络广告持怀疑态度,这直接影响了网络广告的发布效果。

10.2.6 其他广告媒体

1. 电影广告媒体

电影虽然属于大众传播媒体之一,但相对其他媒体而言,其影响力要小得多。但电影广告有自己的优势,主要表现在:电影银幕面积大,声音效果好,真实感强,不受时间限制,诉诸观众的信息密集,诉求重点明确。电影广告一般在正片之前放映,观众接受广告信息时环境较舒适,心情较放松,对广告较少有排斥心理,注意力较集中,因而能收到比较好的广告效果。随着我国广告业的发展,电影广告逐渐受到重视,已被不断开发和利用。

近年来,随着电影(电视)植入广告的不断兴起,越来越多的商家开始关注于此。图10-15所示为电影广告画面的截图。

图10-15 电影《变形金刚4》中的伊利舒化奶广告

电影广告的缺点也很突出,表现在电影广告受放映时间和场地的限制,传播范围有限,且电影广告片拍摄费用也比较高,因而广告界对电影广告的重视程度不及其他媒体高。

2. 小众传播媒体

相对于大众传播媒体而言,还有很多用来传播广告信息的媒体,传播范围较小,受众群体有限,故称为小众传播媒体。这些媒体往往可以直接影响消费者的购买行为,促进销售,是对大众媒体广告有益的补充。小众传播媒体有时也被称为促销媒体。

小众传播媒体广告主要有以下几种形式。

1) 销售点广告

销售点广告(point purchase advertising，POP广告)意为布置在销售点或购物场所的广告。POP广告以销售点现场内外的各种设施为媒体，有明确的诱导动机，旨在吸引消费者，唤起消费者的购买欲，具有无声却又十分直观的推销效力。它可直接影响销售业绩，是完成购买阶段任务的主要推销工具。

图10-16所示是青衣城悬挂式POP广告，是我国香港地区购物中心用量较大、使用效率最高的一种广告。从展示的方式来看，其除能对顶部及上部空间直接利用外，还可以向下部空间进行适当延伸利用。

图 10-16　青衣城悬挂 POP 广告

2) 邮政广告

邮政广告(direct mail advertising，DM广告)也称函件广告，即通过邮寄、赠送等形式，将宣传品送到消费者手中、家里或公司所在地。美国广告函件协会对邮政广告的定义是：对广告主所选定的对象，将印就的印刷品，用邮寄的方法传达广告主所要传达的信息的一种手段。而我国国家工商行政管理总局1995年出版的全国广告专业技术岗位资格培训教材《广告专业基础知识》，把邮政广告硬性定义为直销广告(Direct Market AD)。本书，我们还是遵照第一种定义来进行理解。

DM广告在西方发达国家被广泛应用，许多企业将此作为重要的促销手段。在我国，由于消费者对此种广告形式的信任度普遍较低，目前还不是主流的广告形式。图10-17所示是某化妆品的DM广告单页。

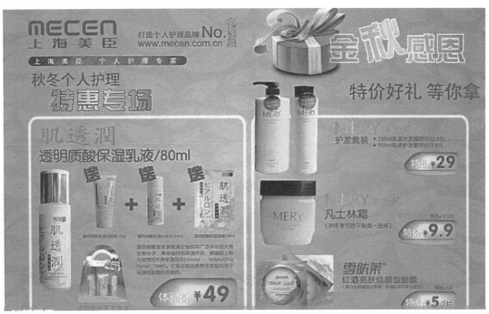

图 10-17　某化妆品 DM 广告

3) 户外广告

户外广告(outdoor advertising，OD 广告)是指设置在室外的广告，如霓虹灯广告、路牌广告、灯箱广告、LED 看板等。户外广告的种类繁多，特点各异。总体上来看，户外广告一般传播主旨比较鲜明，形象突出，主题集中，引人注目，但也具有受时空地点所限、传播范围小、广告信息量小、消费者接触时间短暂等缺点。

图 10-18 所示为 Koleston Naturals 户外广告，充分利用了阳光的颜色来演示头发的颜色变化，是很有创意的户外广告。

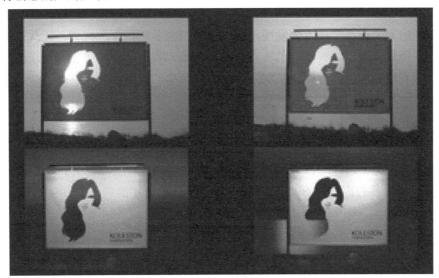

图 10-18　Koleston Naturals 户外广告

4）交通广告

交通广告是指利用公交车、地铁、航空、船舶等交通工具及其周围的场所等媒体做广告。交通广告消费者接触率较高，而且广告信息展示时间长，区域广告效果好，又因其价格比较低廉，所以对企业来说有很大的吸引力。

图10-19所示是维他柠檬茶地铁广告。

图10-19　维他柠檬茶地铁广告

10.3　媒体选择策略

随着市场的繁荣和科学技术的发展，市场出现了很多新兴广告媒体，现代广告媒体越来越丰富，而各种广告媒体具有不同的特点和优势，如何找出适合广告目标要求的媒体，从而使广告信息顺利地到达目标顾客，是制定广告媒体策略的首要任务，媒体选择的正确与否，关系到广告活动的成败。

10.3.1　广告媒体选择影响因素

企业或广告公司在选择广告媒体时，除了考虑各种媒体评价指标外，还应考虑媒体自身以及与媒体有关的各种因素，在此基础上，经过严格论证才能决定选用哪种媒体。一般来说，选择广告媒体时需要考虑的因素主要有以下几种。

1. 媒体的性质

不同的媒体有不同的特点，它们在传播范围、传播对象、传播人数、社会声望、生命周期、传播速度等方面都有一定的差异；不同媒体在各类信息的传播效果上也存在差别。所以，选择广告媒体时首先要分析媒体的性质，考察其传播效果。例如，考虑媒体传播范围大小，发行数额多寡，是否会影响视听人数；媒体的社会文化地位，是否与广告的读者层或视听层相适应等。表10-1所示是不同媒体特点的比较。

表10-1 不同媒体特点的比较

媒体种类	宣传范围	选择性	传播速度	寿命	保存性	灵活性	宣传内容	制作费用	印象效果
报纸	广泛	差	快	短	较好	好	全面	较低	一般
杂志	较窄	强	慢	长	好	差	全面	彩色高黑白低	较好
广播	广泛	差	快	很短	差	很好	较全	低廉	较好
电视	广泛	差	较快	很短	差	很好	较全	很高	深刻
网络	广泛	强	快	长	好	好	全面	较低	较好
邮政	很窄	很强	快	长	好	一般	详尽	很高	完整
橱窗	很窄	差	较快	长	好	好	全面	不定	一般

2. 商品的特性

考虑商品的特性主要包括商品自身的特点、使用价值、所处生命周期、质量、价格、产品包装等，不同商品有不同的性质和使用范围，媒体选择者必须将这些情况搞清楚，对不同商品选择不同媒体。具有不同特性的商品，消费对象不同，媒体的适应性也不同。例如，儿童用品广告可选用电视媒体，因为电视广告深入各个家庭，儿童和家长的收视率高。文娱广告则可使用报纸、电视、广播、招贴等媒体，因这些媒体接触面广，时效性强。

3. 受众的习惯和文化程度

受众的生活习惯、职业、年龄、文化程度、收入水平、宗教信仰等都存在一定的差异，习惯不同，文化程度不同，其接触媒体的习惯也不一样，因此，选择媒体时必须分析目标受众的习惯和文化程度等各种情况。例如年轻人很少看报纸，而会经常上网，刷微信，刷微博等，因此对于受众是年轻人的产品，在选择媒体进行广告宣传时，应当注重选择与网络相关的媒体。

> 📖 **案例链接**
>
> ### 2017年《龙之谷》手游推广媒体策略
>
> 随着手游市场的发展成熟，特别是精品时代的来临，玩家们对手游产品的要求越来越高。与之对应的是手游推广的难度在不断增大，流量的覆盖与转化已成为一门专业的学问。如何有效地甄选渠道并达成效果转化，是手游发行商们存在的痛点。
>
> 《龙之谷》是一款原汁原味移植自同名端游的3D格斗动作手游，拥有良好的青少年玩家基础。手游的画面剧情及操作玩法都遵循原作，充满韩式Q版画风，是一款有着极致动作体验、华丽打击特效和精美游戏画面的ARPG游戏，如图10-20所示。

图 10-20 《龙之谷》手游截图

《龙之谷》手游的受众拥有明显的玩家群体特征,热衷流行文化,爱好明快风格的战斗游戏,喜欢 Q 版产品,年龄层以青少年为主。因此,手游类、社交类、影音类、资讯类 App 媒体是非常合适的流量来源,拥有着庞大的可挖掘的用户资源池。通过有米 ADN+DSP 平台,《龙之谷》在众多优质手游媒介中进行直接的 In-Apps 视频广告触达,同时,通过信息流广告投放陌陌、微博、爱奇艺、优酷、今日头条等头部媒体,进行综合性的推广。

基于产品目标人群主要聚集于一二线城市,且拥有较高的学生群体和青年人群占比,因此,在地域定向上,运营团队将产品定投于北上广深、省会和较大规模的城市。在人群选择上,以 18~30 岁的年龄层为主流,针对青年人群的画像特征做分组的精细定投,如格斗游戏爱好者、日韩动漫爱好者、上班族、大学生等。上线初期,半个月内获得了超 10 万用户激活。稳定投放期内,平均每日导入用户保持在 3000~3500 个,整体 ROI 获得了出色的水平。

资料来源:互联网周刊

4. 市场现状

任何广告活动都有具体的目标,都是在特定时期,在特定市场上对特定消费者进行的广告宣传。因此,无论是广告主还是广告公司,在选择广告媒体时必须认真研究当时的市场现状、产品的竞争状况、消费状况及消费发展趋势,这些情况都在某种程度上影响着广告媒体的选择。

例如,1980年在莫斯科举行的第二十二届奥运会上,百事可乐与可口可乐就进行了激烈的竞争。由于百事可乐早在奥运会开幕前两个月便在各比赛场地竖起大面积广告宣传牌,并在各处地方设点推销,在运动会期间向各国运动员和大会工作人员散发赠饮券,给获奖运动员赠送纪念品,又多次举行酒会招待各国运动员及名流贵宾,结果深入人心,名声大振。在这次广告竞争中,百事可乐的盈利超过可口可乐约1/3。

5. 广告成本

不同媒体的广告制作程序和复杂程度不同，发布速度不同，费用也不同。企业发布广告时应依据自身的财力来合理地选择广告媒体。广告费用包括媒体价格和广告作品设计制作费。同一类型的广告媒体也因广告的时间和位置不同有不同的收费标准，企业要根据自己的实际情况来选择合适的媒体。

例如，央视的广告资源一直是企业比较重视的广告媒体，其广告成本费用昂贵，从1994年第一届央视黄金时段招标5.6亿元的招标额，到2012年央视黄金资源招标158.8亿元，央视招标也总以"中国经济晴雨表""中国经济风向标"自居，成为传媒行业和经济领域的一件大事。从2014年开始央视招标逐渐低调，到2017年基本退出历史舞台，这一段时间也反映了电视媒体的辉煌时代。

6. 国家法令的规定

根据国家制定的广告法规，有的广告媒体不准发布某些商品的广告或加以限制。例如我国《广告法》规定，"禁止利用广播、电影、电视、报纸、期刊发布烟草广告""禁止在各类等候室、影剧院、会议厅堂、体育比赛场馆等公共场所设置烟草广告""烟草广告中必须标明'吸烟危害健康'"。

10.3.2　广告媒体评价指标

广告媒体评价是广告媒体选择的依据。广告主对广告媒体选择之前，需要对媒体有一个大致的了解，同时对广告公司提交的媒体计划方案能做出科学的评价和选择；广告公司对媒体评价目的是为选择媒体提供依据，以便收取合理的费用，取得良好的发布效果；媒介单位通过媒体评价，既可了解本媒体的优势和劣势，又可将媒体的评价结果介绍给广告主和广告公司，吸引他们购买本媒体。

媒体评价的常用指标有以下几项。

1. 视听率

视听率是指在某一特定时间内，接收某一特定电视或广播节目的人数(或家庭数)占总视听人数的百分比。这个定义可应用于多种媒体，但通常只应用于电视和广播节目。视听率用来评估一个节目的受欢迎程度，以此为依据，决定在这个节目做广告的费用。

2. 毛评点

毛评点也叫毛感点、总视听率等，是各次广告传播之后，接触广告的人数与传播范围内人数比例之和，是一则广告在媒体推出数次之后所能达到的总的效果。如果用一种媒体做广告，毛评点所反映的就是这一媒体的总效果；如果是同时用几种媒体做广告，毛评点所反映的是这一组合媒体的总效果。

$$毛评点=广告发布的次数\times 视听率$$

表10-2中，广告插播次数为12次，通过4个节目来插播广告的具体情况，根据以上公式可

得毛评点为200。

表10-2 毛评点数据统计表

节目	视听率	广告插播次数	毛评点
A	20	2	40
B	15	4	60
C	30	2	60
D	10	4	40
合计	75	12	200

3. 视听暴露度

视听暴露度是指某一特定时期内收听、收看某一媒体或某一媒体的特定节目的人数(或家庭数)总和。实际上是毛评点的绝对值。

$$视听暴露度 = 视听总人数 \times 毛评点$$

4. 到达率

到达率又称接触率、触及率，是指广告在某媒体输出后，一段时间内接触到这则广告的人数占媒体总传播范围内总人数的比率，即看到或听到某一广告的人数的百分比。

$$到达率 = \frac{接触广告的总人数}{传递范围内的总人数} \times 100\%$$

例如，某企业通过电视媒体将产品信息在目标市场范围内，向1亿观众播放一个月，在广告播放一个月后，有5000万观众看了这则广告，那么媒体的到达率就是50%。

5. 暴露频次

暴露频次也称频次或频率，是指在一定时期内，每个人(或每户)接收到同一广告信息的平均次数。

$$暴露频次 = \frac{毛评点}{到达率}$$

例如，某媒体到达率为30%，多次推送广告信息后的毛评点率为120%，则暴露频次为4，即平均接受广告信息4次。

6. 每千人成本

每千人成本是指对指定人口或家庭送达1000个视听暴露度的成本。

$$每千人成本 = \frac{广告费用}{视听暴露度或人数(以千为单位)}$$

7. 有效到达率

有效到达率也称有效暴露频次，是指在一个特定广告暴露频次范围内，有多少媒体受众知道该广告信息并了解内容。用这个指标来解决"到底要做多少次广告才有效"的问题。广告在到达一定的暴露频次后，宣传效果递减，达到某一频次后，传播会变得毫无价值，甚至产生反作用。

10.3.3 广告媒体的确定

1. 确定媒体级别

媒体级别就是媒体的类别档次。由于各类媒体具有不同的传播特点，覆盖不同的区域，拥有不同的受众，所以可能会产生不同等级的广告效果，因此要确定选择哪一类媒体、媒体的级别是什么、各级媒体所占比例。

2. 确定具体媒体

在已经被选定的媒体级别的基础上，需要选择符合广告目标要求的具体媒体，确定媒体的具体名称。例如，如果已经确定采用报纸媒体作为广告媒体，则需要进一步确定选择专业性报纸还是一般性报纸，是选择全国性报纸还是地方性报纸，等等，还要考虑媒体的针对性、覆盖率以及可行性等问题。

3. 确定广告单位

在确定具体媒体后，还要进一步明确在媒体的何种位置上推出广告，也就是确定广告单位。广告单位不同，所产生的广告效果也不一样，当然广告价格也会相应地有高有低。

要根据广告战略的总体要求、广告信息量的大小来考虑实施广告单位的大小，还可参考同一类商品一般经常运用的广告单位。竞争对手使用的广告单位情况，也是需要参考的因素，如是否采取对抗性措施，抑或避虚就实，相应地确定适当的广告单。所确定的广告单位还应与媒体信息服务内容的相关性联系起来。例如在体育节目中选择插播文体用品广告，在娱乐新闻版面选择刊载影视、劳务信息方面的广告等。

10.4 广告媒体策略

广告主或广告策划人员在制定具体的广告媒体策略时，可以根据实际情况采用不同的策略，主要包括广告媒体组合策略、广告媒体时机策略、广告媒体区域策略和广告媒体频度策略。

10.4.1 广告媒体组合策略

广告策划人员在制定广告媒体策略时，往往需要根据市场状况、受众心理、媒体传播特点以及广告预算的情况，选择多种媒体并进行有机组合，在同一时期内发布内容基本一致的广告。运用媒体组合策略，不仅能最大限度地提高广告的触及率和重复率，扩大认知，增进理解，而且能在心理上给消费者造成声势，留下深刻印象，增强广告效益。

例如，一位消费者想要购买化妆品，其在电视、报纸和杂志三种媒体各接触一次，效果比只在其中一种媒体接触三次的广告效果要好。

1. 视觉媒体与听觉媒体的组合

视觉媒体指借助于视觉要素表现的媒体，如报纸、杂志、户外广告、招贴、公共汽车广告等。听觉媒体主要指借助于听觉要素表现的媒体，如广播、音响广告。电视可以说是听觉、视觉的完美结合。视觉媒体更直观，给人以一种真实感；听觉媒体更抽象，可以给人丰富的想象。

2. 瞬间媒体与长效媒体的组合

瞬间媒体指广告信息瞬时消失的媒体，如网络广告、广播电视等，由于广告一闪而过，信息不易保留，因而要与长期保留、可反复查阅的长效媒体配合使用。长效媒体一般是指那些可以长时间传播同一广告的印刷品、路牌、公共汽车等。两者相互组合可以取长补短。

3. 大众媒体与促销媒体的组合

大众媒体传播优势在于声势浩大，但是这些媒体与销售现场相脱离，只能起到间接接触。促销媒体主要指邮寄、招贴、展销、户外广告等传播面小、传播范围固定，具有直接促销作用的广告，它的优势在于点，若采用大众媒体的同时又配合使用促销媒体能够点面结合，起到直接促销的效果。

10.4.2 广告媒体时机策略

利用媒介发布广告还要善于利用和把握各种时机，抓住了时机，就能事半功倍。正确把握广告的时机是提高广告宣传的效果、促进企业产品销售的重要一环。

1. 节假日时机

节假日有政府法定的和民间风俗形成的等形式，由于人们闲暇时间增多，往往形成某种消费高潮。节日消费一般具有明显的特点，如集中在传统的春节、元宵、清明、中秋等，这类广告要求有自己的特色，以推动节日消费形成高潮。假日消费以日常生活用品和娱乐性消费为主。零售企业和服务行业一般在节假日数天前便开展广告宣传，让消费者有充裕的时间酝酿和形成消费动机。节假日过后，宣传便告一段落。

2. 季节时机

季节性商品一般有淡旺季之分，企业往往抓住旺季销售的大好时机，投入较多的广告费，加大广告推销力度。转入淡季后，广告宣传在数量和频度上都会适当减少。当然，目前少数商品也采用反季节广告宣传的方式。比如，广州格力空调在冬季也大做广告，以价格优势为主要诉求点，让用户从从容容地得到更多的实惠。

3. "黄金"时机

电视和广播均有广告发布的最佳"黄金"时机,在这些时段上发布广告接受率最高,广告传播效果最好。许多企业不惜重金,以竞争投标方式取得这些时段的广告权,如中央电视台黄金时段的广告竞拍引起广告界和企业界的高度重视。许多省(市)的电视节目也纷纷仿效中央电视台拍卖广告的黄金时段。

4. 重大活动时机

企业每年的几次重要节日,如企业的开张、庆典或获奖时机,以及某些重要文化或体育赛事等活动,都是推出广告的极好时机。这些广告由于注意融入节日或文化气氛,广告信息具有易被接受、传播面广及效果好的特点。

10.4.3 广告媒体区域策略

选择广告媒体区域的策略可以从两个角度去考察:一是广告的覆盖方式,二是广告的传播范围。

1. 按广告的覆盖方式选择广告媒体区域策略

1) 全面覆盖

全面覆盖指集中一段时间对某一目标市场进行突击的广告攻势,以迅雷不及掩耳之势全面覆盖目标市场。这种广告策略讲求神速和整体性,采取覆盖面大的媒体及媒体组合,对某一地区展开大规模的广告活动,像闪电一样在市场全面展开,多频率、多方位刺激视听,增强形象和品牌的知名度。

2) 重点覆盖

重点覆盖指选择销售潜力大的子市场作为重点区域,有目的、有重点、有选择地进行广告宣传活动,能起到节省广告费,提高效益的作用。

3) 渐次覆盖

渐次覆盖指对几个不同地区的广告宣传分阶段循序渐进,逐一覆盖。有的采用由近及远的市场策略,与此相适应的广告也逐一推进,慢慢渗透,而不必在目标市场范围内全面展开。

4) 特殊覆盖

特殊覆盖指在特定的环境条件下,对某一地区或某种特定的消费群体有针对性地进行覆盖。

5) 脉冲刺激

一件事物对人的感官刺激的次数越多,人们对它的记忆就越深。对同一地区采取脉冲式的广告形式频频刺激该地区的受众,将起到意想不到的效果。

2. 按广告传播的范围选择广告媒体区域策略

1) 地方性广告策略

地方性广告策略是当产品或观念仅在一个城市或乡镇、直接贸易区域、某一生活范围内传播时所采取的广告策略。企业一般较重视选择地方性的广告媒体，如户外广告媒体或地方性新闻媒体。另外，有些行业的新产品为了试探一下市场反应，有时需要在某个地方或商店开展试销，也可选择此策略，采用当地报纸、大众读物、售点广告、展销会广告等。

2) 地区性广告策略

地区性广告策略是在某种产品或消费观念适用于某个地区，具有共同特征的自然地理、风俗习惯、民族或语言等条件时所采取的广告宣传策略。与地方性广告策略相比，地区性广告策略的范围更大，可能包括几个省(市)或者一些毗邻的贸易区。地区性广告宣传可以选择地区性广告媒体，如全国性媒体的地区版或地区节目。

3) 全国性广告策略

有的商品或服务适合在全国性范围内传播，这时采取的广告宣传媒体应是针对全国范围的全国性报刊、广播电视，也可以选择户外、交通、电影等流动性范围大的媒体。

4) 世界性广告策略

世界性广告策略通常是指在主销市场或欲打入的市场，确定适当的媒体开展广告宣传，可以通过国际广告咨询机构或使馆商务部门等途径，来加以选择。

5) 选择性广告策略

有的产品或服务适应特殊的对象，而这些特殊对象可能存在于某个地方、地区，也可能存在于全国和全世界，此时可采用选择性广告策略。在选择广告媒体时，要注意其专有性，如某些专业性杂志。

10.4.4 广告媒体频度策略

广告频度是指广告信息发布的频率和进度，主要是根据人们的记忆曲线进行筹划。从总体来看，同样数量的广告，如以一年为期计划发稿，可有集中型和分散型两种思路。集中型是把全年需要发布的广告集中在几个月的时间内发出。分散型是把广告分散在全年逐次发出。具体来说，又可以分为固定频率和变动频率两种方式。

1. 固定频率

固定频率媒体策略是指在一段时间内，广告均衡推出，广告费支出呈水平状况，以求有计划地持续地取得广告效果。固定频率有两种类型。

(1) 均匀序列型，是指广告的频率按时限平均运用，如每旬10次，每天1次；或每旬10次，每隔一天2次。

(2) 延长序列型，是指广告频率固定，但间隔距离越来越长。如广告仍按总量10次、1天1次进度推出，但广告发布时间延长到20天，第一波每天1次间隔，持续4天；第二波每两天1次间隔，持续3次；第三波每三天1次间隔，持续3次。这是为了节约广告费，又按照人们的遗忘规律来设计的，使时距由密到疏，在广告费一定的情况下，延长了广告影响时间。

适合采用固定频率媒体策略的广告商品，大都属于人们经常要购买的生活必需品。另外还有一部分产品，如药品、电视机、洗衣机等，一般是根据消费者可能采取购买行为的时间和地点，选用与传播范围和地区相适应的媒体，适时发布广告信息。

2．变动频率

变动频率媒体策略是指在广告周期内发布广告的频率和进度是不等的。广告费的投入随着广告频度的不同，有时先多后少，有时呈滚雪球式渐进加强。变动频率有三种类型。

(1) 波浪型，是指在一个广告周期内广告频率由低到高，再由高到低变化的策略，频率曲线呈波浪形。如电视广告第一天发布1次，第二天发布2次，第三天发布3次……直至频率达到最高，以后频率逐次下降……第六天2次，第七天1次。这种方式适用于季节性、流行性强的商品。

(2) 渐进型，是指在一个广告周期内广告频率由低到高，至高峰时自然停止，节日性广告常用此法。如中秋节的月饼、元宵节的汤圆等商品，一般在节日期间消费，多采用此方式进行促销，临近节日前使广告达到高峰，会起到很好的促销作用，增强广告效果。

(3) 递减型，是指在一个广告周期内广告频率由高到低，直至停止。如开展文娱活动、新影片上映、企业新开张或大酬宾等，均可用此种方式。

本章思考题

1．互联网与大众媒体及其他电子媒体相比，有哪些不同的传播特征？
2．联系实际谈谈广告媒体选择的原则。
3．请说明广告媒体评价的主要指标。
4．请分析媒体选择的步骤。

案例分析与讨论

百威中国新春广告媒体策略

2018年的百威中国广告《马拉松》(见图10-21)讲述了一位热爱长跑的年轻女孩，放弃了春节回家团圆，为追寻梦想决定远赴撒哈拉跑马拉松。在和父母发生激烈争论后，她向父亲坦言了自己去跑马拉松的初衷，她怎么也没想到，家人最终以出乎意料的方式支持她去"做自己"。这次广告延续百威"谢谢你，支持我做自己"的新年广告主题，鼓励年轻人向父母打开心扉，通过积极沟通发现来自父母的支持，由此表达深藏内心的感谢。

图 10-21 百威中国广告《马拉松》

在微博上，这则广告的播放量已经突破 500 万。在当年品牌的贺岁广告中，是很不错的成绩。

在与中国消费者的沟通上，百威中国之所以选择春节这个档期，是因为春节对中国的消费者而言是一个很有意义的全家欢聚的时刻，同时对啤酒这个品类的产品来说也是销售增长的重要时间段。因此，与消费者直接深入沟通的新春广告战役对百威而言也尤为重要。

此外，百威这次广告战役的首要目标客户群的年龄在 18～35 周岁，喜欢用自己的方式追寻个人梦想与目标的人群，其次是这类人群身边的朋友和家庭成员。

除了基于国人春节的深刻洞察，在媒体投放上，百威新年整合广告战役也值得关注。此次广告覆盖了电视、户外、数字、社交媒体、包装营销和体验式营销媒体等各个渠道，将中国人的"新年第一杯"重新定义为"新年第一杯感谢"。百威这次的户外广告投放包括机场、交通枢纽、影院、美食街和地铁站。

百威此次广告没有选择传统媒体，而是选择在微信首发。微信不仅仅是中国最广泛应用的营销传播和社交媒体平台，也是百威得出洞察和发展创意理念的关键。百威发现，很多年轻人几乎很少与父母沟通，有些人朋友圈甚至屏蔽了父母，因为他们觉得父母不会理解他们的工作、生活和所处的环境。而事实上，很多年轻人也承认，最支持他们的人其实还是自己的父母。百威通过在微信首发，提高公众对年轻人与父母之间缺乏沟通的关注。

实际上，百威一直是互联网新媒体的重要投放品牌之一。根据艾瑞的数据，整个 2017 年，百威英博是啤酒行业在互联网广告上的最大客户，广告刊例费用是第二名的 4.6 倍。

资料来源：4A 广告周刊

讨论：

1. 请结合案例评价百威这次广告战役的媒体策略。
2. 请结合案例说明影响百威媒体选择的因素有哪些。
3. 你认为对于啤酒产品，可以选择的媒体策略有哪些。

课堂实训

各小组结合大学生广告艺术大赛，针对实训项目收集相关资料和数据，并讨论分析，制定相应的媒体策略方案。

实训要求：请各小组根据大学生广告艺术大赛选题，为vivo手机进行高校市场广告推广制定媒体策略。制定的媒体策略要以前期广告调查及消费者分析为基础，制定的方案要具体，并具有可行性。

第11章

广告效果评估

随着市场经济的发展，企业间的竞争更加激烈，为了赢得有利的市场地位，企业不惜投入巨额的广告费用。这些广告费用的投入能否为企业带来预期的收益，是广告主极为关心的事情。约翰·沃纳梅克曾说："我知道我的广告费有一半被浪费掉了，问题是我不知道哪一半被浪费了。"因此，测定广告效果已成为现代广告活动的重要组成部分。

【本章要点】
1. 了解广告效果的含义、分类和特性。
2. 掌握广告效果的内容。
3. 掌握广告效果的评估方法。

📖 导入案例

微信朋友圈广告效果怎样？

微信是国内知名的移动社交软件，其用户数超 10 亿，如此庞大的用户规模遥遥领先其他社交应用，以朋友圈广告为代表的微信广告最受广告主青睐，75%的广告主倾向投放朋友圈广告。朋友圈拥有强大的用户基础且用户黏度高，这为微信广告的发展奠定了良好的流量基础。从 2015 年 1 月的内测开始，微信朋友圈广告就不断推出新的功能和展现形式。而对于广告主来说，推广第一步就是要找到与自身产品特性匹配的广告展现形式。只有营销方向正确，营销效果才会可观。

在 2022 年第一季度，用户最喜爱的朋友圈广告中，涵盖多个行业和产品，包括馥蕾诗、阿玛尼等高端美妆护肤品牌；梵克雅宝、GUCCI 等奢侈品和珠宝品牌，以及更为亲民的农夫山泉、肯德基和蒙牛。如图 11-1 所示是农夫山泉朋友圈广告。

图 11-1 脑白金广告画面

农夫山泉朋友圈广告靠创意取胜。上榜的广告中,小老虎似乎打破了用户与屏幕的边界,裸眼 3D 的效果让老虎仿佛跃于屏幕上,别出心裁之余也颇为契合 2022 年生肖虎年的意象,取得了很好的广告效果。

资料来源:樊必成网络服务中心

11.1 广告效果概述

11.1.1 广告效果的含义

所谓广告效果,简言之,是广告信息通过广告媒体传播并被广告受众接触、感知之后,对其产生的各种各样直接或间接的影响,以及由此带来的受众心理或行为上的相应变化的总和。

总之,广告效果并非是单一的经济效果,它还包含其他方面的内容。传播广告信息会为企业带来某些经济利益,同时广告受众、社会环境、社会文化和社会道德也会受到一定的影响。广告的这种影响既可能产生经济效果,也可能产生心理和社会效果。广告效果可能是直接的,也可能是间接的。因此,我们对广告的效果必须有一个客观、全面的认识。

11.1.2 广告效果的分类与特性

1. 广告效果的分类

在广告活动中,人们对广告效果的理解并不完全一致,于是,按照不同的标准,通常将广告所产生的影响和变化效果分成不同的类型。

1) 根据广告内容和影响范围来划分

根据广告内容和影响范围划分,广告效果可分为经济效果、沟通效果(消费者心理效果)和社会效果。

(1) 广告的经济效果又称销售效果,是指广告活动促进产品的销售或提供服务的增加,是对企业利润增值的贡献程度。广告主通过付费的形式,利用各种传播媒介把产品、服务以及观念等信息向目标受众传递,其最终目的就是通过广告活动刺激消费者采取行动来购买广告产品或接受服务,以促进销售。广告的经济效果是企业广告活动最基本、最重要的效果,是广告效果的核心效益,也是广告效果测定的主要内容。

(2) 广告的沟通效果是指广告活动在消费者心理上的反应程度,表现为广告活动对消费者的认知和消费者心理方面的影响。广告活动能够激发消费者对广告产品的需求,唤起他们的购买欲望,使之产生购买动机,并培养其对广告产品的信任和偏好。广告的沟通效果与销售并无直接的关系,但它可以间接地促进销售。

(3) 广告的社会效果是指广告在社会伦理、道德、教育等精神文化方面的影响。广告的内容和表现手法都带有社会形态的烙印,因此,这种烙印必然会对广告受众产生影响。例如,广告所倡导的消费观念、道德规范、思想意识都会产生一定的社会影响。

案例链接

长虹携手阿里巴巴闲鱼温情营销

以用户为中心,洞察人群需求,构建情感连接

管理大师彼得·德鲁克认为,对于企业而言,洞察并满足客户的需求便是生存之本。如今,社会发展越来越快,城市里多了许多离开父母、独自在大城市奋斗生活的"空巢青年"。他们习惯了自己生活中的新旧交替,但他们却总是忽略爸妈生活中"新"的需求。基于对这一社会现象的洞察,长虹提前思考并抢先迈出第一步,发起了一场主题为#爸妈的新视界#的传播。从父母与孩子双视角出发,触达受众柔软内心并顺势推出长虹与阿里巴巴闲鱼合作"焕新2019"活动,邀请用户参与以旧换新,"0"元为爸妈换台新电视。

强强联手,长虹携手阿里巴巴闲鱼跨界出新意

以旧换新在家电行业并不是一个新鲜的命题,但这一次长虹联合阿里巴巴旗下交易平台闲鱼推出的"焕新 2019"活动,创新性地通过闲鱼的年轻用户反向推动满足中老年群体的家电换新这一需求,以喜欢革新的闲鱼年轻用户群体为切入点,联手打造一个全新的家电消费服务闭环,并且针对年轻受众制定了一套轻松"焕新"的福利政策。不论是"0"元为爸妈换台新电视还是旧电视折旧领取长虹"焕新"基金,再或者是成功"焕新"即可领取 9kg 蚂蚁森林能量,无一不体现了长虹与阿里巴巴闲鱼的品牌联动之力,这是一次跨界,也是一次对年轻化营销的绝佳诠释!

组合拳出击,口碑带动转化,深化实现品效合一

除了活动中对消费者真金白银的"焕新"优惠,在与消费者的情感沟通上,作为国民品牌的长虹更是洞察深刻,结合"焕新 2019"打出一套漂亮的组合拳。长虹深挖年轻人与父母生活差异的现状,打造了一部记录年轻人与爸妈生活的对比的温情短片——《爸妈的新视界》。短片截图如图 11-2 所示。

图 11-2 《爸妈的新视界》短片截图

《爸妈的新视界》通过讲述在都市中奋斗的年轻人共同的经历，展示了一个近乎真实的爸妈与年轻人的生活状态，唤起年轻人情感的共鸣。巧妙地传达了长虹的品牌主张，不仅为品牌赋予了温度，也为目标受众提供了情感表达的出口。这份共情为长虹带来大量自发式的传播与转载，一些微信大号发起了关于年轻人与父母生活差异的深度讨论，更多的年轻人选择了打开闲鱼，为爸妈送上新年第一份"焕新"礼物。

作为中国最新 AI 科技电视的代表，长虹始终秉持着对消费者与社会的责任感，多渠道同步出击的宣传，在线上线下都引起了极大的反响，形成了从传播发声到销量的导流。值得一提的是，本次活动被新华社、光明日报、环球时报等平台相继报道，各媒体纷纷为长虹的企业责任与品牌温度实力点赞，这场温暖行动为长虹带来的是口碑与转化的品效双赢。相关报道截图如图 11-3 所示。

图 11-3　长虹温情营销活动相关报道截图

纵观这次"焕新 2019"的营销活动，无论是多渠道推广、全平台覆盖，还是内容上的走心传播，都体现了长虹强大的营销资源整合能力。更重要的是，长虹成功达成了与消费者的有效沟通和口碑沉淀。同时，我们也期待 2019 年长虹将带给我们更多惊喜，传递有温度的品牌文化！

资料来源：凤凰网商业

2) 根据广告产生效果的时间来划分

根据广告活动产生效果的时间，广告效果可分为即时效果、近期效果和长期效果。

(1) 即时效果是指广告作品发布后立即就能产生的效果。例如，一家酒店门口的招聘广告能够吸引大量的求职人员前去应聘。

(2) 近期效果是指广告发布后在较短时间内产生的效果，时间通常是一个月、一个季度，最多不超过一年。在此期间，广告主的广告商品(服务)的销售额出现增长，品牌知名度、美誉度等会有一定程度的提高。大多数广告都追求近期的广告效果，它是衡量一则广告成功与否的重要标志。

(3) 长期效果是指广告在目标受众心目中产生的长期影响。一般情况下，消费者在接收到广告信息后，并不会立即采取购买行动，而是把这些信息保存、积累起来，只有在需要消费的时候这些广告信息才会被加以利用。因此，检验一则广告是否有效时，必须充分考虑广告产生效果的时间因素，不能仅仅凭借广告的即时效果和近期效果来评价广告的优劣。

3) 根据广告产品所处的不同生命周期阶段来划分

根据广告产品所处的不同生命周期阶段，广告效果可分为导入期效果、成长期效果、成熟期效果与衰退期效果。

4) 根据广告宣传活动的整体过程划分

根据广告宣传活动的整体过程，广告效果可分为事前测定效果、事中测定效果与事后测定效果。这是一种最常用的划分方式，其目的是随时了解广告的具体效果，并根据效果的不同不断调整和修改广告计划。

广告效果分类汇总如表11-1所示。

表11-1 广告效果分类汇总表

分类标准	分类
按广告内容和影响范围划分	经济效果、沟通效果、社会效果
按效果产生时间划分	即时效果、近期效果、长期效果
按对消费者影响程度和表现划分	到达效果、认知效果、心理变化效果、促进购买效果
按产品市场生命周期划分	导入期效果、成长期效果、成熟期效果、衰退期效果
按每次广告活动的总体流程划分	事前测定、事中测定、事后测定
按广告计划要求划分	目标效果、表现效果、媒体效果

2. 广告效果的特性

1) 广告效果具有时间推移性

广告对消费者的影响程度受社会、经济、文化、时空、地域等多种因素和条件的制约，消费者的反应程度是很不一致的，有的可能快一些，有的可能慢一些；有些可能是连贯的、即效的，有些可能是断续的、迟效的。实际上，广告大多是转瞬即逝的。虽然很多人看广告，但是马上购买广告商品的人并不多。即使消费者接触到某广告商品后，产生了购买欲望，也会由于种种原因，如正在使用某种品牌的商品、旧的还没有用完等，而不能立刻付诸行动，对广告商品的印象就逐渐淡漠了；或者经过较长时间后，购买条件具备了，才实施购买。这就是广告效果的时间推移性，时间推移性使广告效果表现得不明显。因此，必须准确地掌握广告效果的时间周期，准确地把握广告有效发生作用的时间期限，区别广告的即效性和迟效性，才能较为确切地测定广告的真正效果。

2) 广告效果具有效果累积性

广告作品的推出往往是反复进行的，大多数广告不能立竿见影地看到效果，其效果是通过逐次发布广告累积的。消费者尚未发生购买行动之前，是广告效果的累积时期。在这段时期，消费者的购买行为尚未发生，企业必须连续地做广告，强化广告影响，通过量的积累转化为质的飞跃，促成消费者购买。

3) 广告效果具有效果复合性

广告是一种综合的、复杂的信息传播活动，它既可以通过各种表现形式来体现，又可以通过多种媒体组合来传播，同时还受到企业其他营销活动，如人员推销、公共关系、营业推广、同业竞争广告和有关新闻宣传活动的影响。因此，广告效果呈现出复合性，必须从总体上把握影响广告活动的多种因素，才能测知广告的实际效果。

4) 广告效果具有效果间接性

消费者受到广告宣传活动的影响从而购买广告商品，使用一段时间后，觉得质量稳定、物美价廉，便向亲朋好友宣传、推荐该商品，从而激起他们的购买欲望。有的消费者受到广告的影响后，在自己不需要该商品的情况下，也会鼓动别人购买，这便是广告的间接效果。

5) 广告效果具有效果竞争性

广告是竞争的手段，广告的影响力和说服力大，企业和商品在消费者心目中的形象就会渐趋牢固，就能争取到更多的顾客，获得更大的市场份额。成功的广告不仅是将信息传达给消费者，更重要的是战胜对手，占领市场，树立形象。这就是广告效果的竞争性。

6) 广告效果具有效果两重性

广告的宣传效果既有促进商品销售量增加的一面，也有延缓商品销售量下降的一面，这就是两重性。当市场疲软或产品进入衰退期时，广告的作用十分明显，能有效减缓商品销售量的急速下降。在测定与评估广告效果的时候，只有充分分析市场的状况以及产品的生命周期，才能较为客观、全面地测定广告效果。

综上所述，理解广告效果的特点对于正确、有效地测定广告效果是十分必要的。广告效果测定的时间、对象、指标的选取以及对测定结果的评估，都应结合广告效果的特点进行综合考虑，使测定结论更符合客观实际。

11.1.3 广告效果评估的意义与复杂性

1. 广告效果评估的意义

前面所讲,广告效果实际上很难做出精确测定,那么为什么还要进行广告效果测定呢?其意义如下。

1) 有利于加强广告目标管理

企业投放广告的信心和动力来自具有吸引力的广告目标,要实现既定的广告目标,需要借助广告效果测定来进行科学有效的管理。企业经营者和广告人经过事前测定,可以了解广告目标的必要性、可能性和可行性;广告计划执行中,通过与分解目标比照,对广告活动每个环节、阶段所产生的效果进行跟进测定,从而衡量其实现程度,全面而准确地掌握广告活动现状,及时发现问题、总结经验,控制和调整广告活动发展方向,确保广告活动按照预期目标规划运行;广告活动阶段性完成后,通过对广告效果全面及时地测定,可以检视为广告活动所制定的全部目标是否完成以及完成得如何。尽管这些测定不可能完全精确地反映广告的贡献,但却可以知道广告活动是否按照既定计划进行了,这样就有利于对广告进行科学化的管理。

2) 有利于广告策划创新

广告效果测定是对广告活动的全面总结和系统评价,通过检验广告策划与企业长期发展战略、短期营销目标以及营销组合是否配合,广告目标制定、广告创意与表现、广告媒体选用是否得当等广告各要素的效果,可以知道在某种前提下哪个环节的强化、哪种技术的运用、哪些传播内容与艺术表现形式的结合,可能会对最终的结果产生影响、做出贡献,从而为未来的广告活动提供参考。其实,对未来运作的指南作用和参考价值是广告效果测定最重要的意义显现。

3) 有利于增强企业广告意识

广告效果测定能通过科学方式掌握广告成本,寻找广告活动投资与回报的相关性以及广告运作的规律性,为广告主提供证据以证明广告的价值和意义。通过一系列具体数据资料,使企业经营者切实感受到广告所带来的收益,从而增强企业广告投放的信心。另外,广告公司规范化的广告运作还能够帮助企业自身的广告活动也日趋规范化、严密化、精细化和科学化,推动企业与广告业的共同发展和整体进步。

2. 广告效果评估的复杂性

广告具有十分重要的意义,但要准确测定和评估广告的有效性却是极为困难的,这种困难源于广告运营的高度复杂性。广告效果评估的复杂性体现在以下几个方面。

(1) 消费者购买产品是出于多种原因,而不仅仅是广告的效果。
(2) 同一广告在不同媒体上出现的效果是不同的。
(3) 广告不仅具有瞬时效果,还具有延迟效果。

(4) 广告的效果会随着广告周期时段的不同而变化。

(5) 连续的广告存在重叠递增效果和重叠衰减效果(见图11-4)。

(6) 市场中的不同细分市场及个体对广告的反应不同。

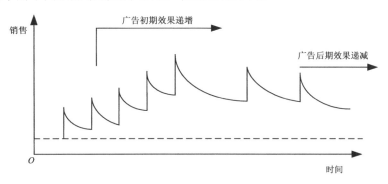

图 11-4 连续的广告存在重叠递增效果和重叠衰减效果

案例链接

一个企业投入大量的金钱做广告就一定能取得销量的增加吗？答案是未必。一个企业能否成功不是看它做了多少广告，而是看它的广告效果怎样，而广告效果的发挥还需要企业其他营销措施也能发挥良好的作用。美国的一位市场营销专家把影响商品销售的因素细化为 37 项，由此可见销售效果并不是单一、纯粹的广告行为的结果，而是各项营销策略和传播活动效果的集合体。广告在诸多因素中主要起着催化剂和加速器的作用，因此经常有人把广告效果称为锦上添花而不是雪中送炭，尤其是当前的整合营销传播时代，单纯靠广告来树立品牌的思想还在影响国内很多企业的营销理念，如果不迅速改变这种观念，企业品牌建设将会受到影响。

2014 年，三星这家市值已经达到 2270 亿美元的科技公司正在想尽办法证明自己的创新能力，除了抢在苹果前面首先推出智能手表 Galaxy Gear 以外，它还希望借助广告来向消费者投射三星创新的印象。根据 Thomson Reuters 的数据，三星将年收入的 5.4%用于广告和推广花费，这一花费比例超过了全球前二十的其他公司。作为对比，苹果的广告和推广花费占年收入的 0.6%，通用汽车占 3.5%。2013 年，三星在广告上投入了 43 亿美元，苹果为 10 亿美元。巨额的广告营销费用并没有为它带来相应的效果，作为证明三星创新能力的 Galaxy Gear 也没有得到较好的市场反响，这款智能手表自推出以来仅出货 80 万块。三星曾赞助拍摄了一个短片，在片花中植入了一系列广告，该短片在悉尼大剧院放映后评价惨淡。三星还在英国著名的 X-Factor 选秀节目中植入广告，反响也不好，有观众称没有人会想在观看歌唱比赛的同时看到三星的广告。

资料来源：宋若涛. 广告效果分析[M]. 郑州：郑州大学出版社，2008.

11.2 广告传播效果评估

广告效果测定包括经济效果、传播效果、心理效果,其中,经济效果是根本,心理效果是基础,传播效果是保障。

所谓广告传播效果测定,是指对广告自身到达目标消费者后所引起的变化和产生的影响以及这些变化、影响的程度(大小、强弱、快慢等)进行考察评估,它是衡量广告有效性的重要指标。广告传播效果的评估和测定能够科学、直接、客观地反映广告作品和广告媒体的传播效力,因而是测定广告目标实现程度的重要指标之一。

11.2.1 广告作品和媒体组合评估

1. 广告作品评估

广告作品评估就是对构成广告作品的各要素进行检验和评估。比如,广告定位是否准确,广告主题是否鲜明,广告创意是否引人入胜,广告完成稿是否体现创意等。通过评估,使广告作品更趋完善,更具有冲击力和艺术感染力。

广告作品评估具体包括以下三方面的内容。

1) 广告主题评估

广告主题是贯穿广告作品中的红线,要求鲜明、突出、诉求有力、针对性强。评估广告主题主要围绕广告主题是否明确、能否被认可,诉求重点是否突出,与目标消费者的关注点是否一致,能否引起注意,能否满足消费者的需求等问题进行。

2) 广告创意评估

广告创意评估主要是对表现广告主题的构思进行检测,看创意有无新意,能否准确、生动地表现、突出广告主题,是否引人入胜,感染力如何。不同类型的广告评估也不一样。例如,电视广告可对其创意进行评估,平面广告则可对其设计草图进行测试。对广告创意进行评估,便于充分了解目标受众的有关意见和建议,以便能随时调整、修正已有的创意,选择最佳的创意方案,减少广告创作过程中的风险和成本。

3) 广告完成稿评估

广告完成稿是指已经设计制作完成,但还未进入媒体投放阶段的广告样品,如电视广告样片、报纸杂志广告样稿等。测试广告完成稿是对广告主题、创意、制作、表现手法等的进一步检测,有利于最后的修补和完善,以保证广告作品能够在完美的状态下与目标消费者接触。

2. 广告媒体组合评估

在广告活动中,广告媒体是一个非常特殊的角色,它既是连接商品和消费者的桥梁,又是广告主和广告公司之间的纽带。一般来说,80%的广告费用都用在购买播放时间和刊登版面上。如果媒体选择不当或组合不合理,不仅会影响广告效果的实现,还会造成广告费用的极大浪费,所以对广告媒体组合的评估就显得极为重要。

广告媒体组合评估主要是根据广告媒体的运作程序和一般规律来评估广告媒体组合是否针对目标市场进行有效的劝说。主要评估内容如下。

(1) 广告媒体选择是否正确。
(2) 重点媒体和辅助媒体的确定是否合理。
(3) 媒体组合是否合理有效，成本费是否较低。
(4) 所选媒体的阅读率、视听率怎样，近期是否有所变化。
(5) 是否考虑到竞争对手的媒体组合情况，该媒体组合是否有竞争力。
(6) 所选媒体是否适合消费者的使用习惯，在其心目中的地位如何。
(7) 广告发布的时机、频率是否得当。广告发布的时机分为有利时机和不利时机两种，有利还是不利，与商品和服务的种类有关。广告发布频率也是重要因素，量少自不必说，量多同样会使边际效用下降。
(8) 广告节目的空间位置是否适宜。

11.2.2 广告传播效果评估方法

广告传播效果的评估方法主要有以下三种类型。

1. 事前评估

广告传播效果的事前评估方法是广告作品尚未正式刊播之前，邀请有关广告专家和消费者团体进行现场观摩，审查广告作品存在的问题，或进行各种实验(在实验室运用各种仪器来测定人们的各种心理活动效应)，以对广告作品可能获得的成效进行评价。根据评估的结果，及时调整广告促销策略，修正广告作品，突出广告的诉求点，提高广告的成功率。事前评估常用的具体方法如下。

1) 专家意见综合法

专家意见综合法是在广告文案设计完成之后，邀请有关广告专家、心理学家和营销专家进行评价，多方面、多层次地对广告文案及媒体组合方式将会产生的效果做出预测，然后综合所有专家的意见，作为预测广告效果的基础。运用此法事前要给专家提供一些必要的资料，包括设计的广告方案、广告产品的特点、广告主生产经营活动的现状及背景资料等。专家们通过独立思考，对广告设计方案提出自己的见解。

专家意见法比较简单，但要注意所邀请的专家要能代表不同的广告创意趋势，以确保所提供的意见的全面性和权威性。一般来说，聘请的专家人数以10～15人为好，少了不能全面反映问题，多了则会造成浪费。

2) 直接测试法

直接测试法是把供选择的广告展露给一组消费者，并请他们对这些广告进行评比打分，评估消费者对广告的注意力、认知、情绪和行动等方面的强度。虽然这种测定广告实际效果的方法还不够完善，但一则广告如果得分较高，也可说明该广告是可能有效的。

3) 组群测试法

组群测试法是让一组消费者观看或收听一组广告，对时间不加限制，然后要求他们回忆所看到(或听到)的全部广告以及内容，广告策划者可给予帮助或不给予帮助。他们的回忆水平表明广告的突出性以及信息被了解或记忆的程度。

4) 仪器测试法

科技进步使伴随着人类心理效应变化而产生的生理变化测试仪也在不断地创新与完善。

5) 视向测试法

人们的视线一般总停留在关心与感兴趣的地方，越关心、越感兴趣则视线驻留时间就越长。视向测验仪是记录媒体受众观看广告文案某个部分时的视线顺序以及驻留时间长短的一种仪器，由此可以预知广告文案字体的易读性、广告画面中最突出或者最吸引人的部分等。

6) 视觉反应时间测试法

视觉反应时间测试法是利用电源的不断刺激，在短时间内呈现并测定广告各要素的受注目程度。

7) 记忆鼓测试法

记忆鼓是心理实验中被广泛采用的仪器之一，它专门用来测验一定时间内人们对广告作品的记忆量。测试主持者用回想或再确认法，测验被调查者对文案的记忆，从而估计出品牌名称、公司名称、主要广告内容等易于记忆的程度。

8) 瞳孔计测试法

瞳孔受到明亮光线的刺激时会缩小，在黑暗中会变大。对感兴趣的事物长时间地凝视，瞳孔也会变大。瞳孔计测试法就是根据这个原理，用有关设备将瞳孔伸缩情况记录下来，以测定瞳孔伸缩与媒体受众的反应之间的关系。该方法多用于电视广告效果的测定。

9) 皮肤测试法

皮肤测试法主要用于对电视广告效果的测定，其次是对广播广告的测定。根据测试的结果，大体上可以确定最能激起媒体受众情感起伏的地方，以此检查此处"高潮"是否符合广告策划者的意图。皮肤测试法也有一定的缺点，每个人的内分泌情况各不相同，情绪反应也有快有慢，因此必须事先加以测定，再根据实际的反应情况进行修正，工作程序非常烦琐。每个人情绪的波动、内心的冲动情况又各不相同，引起内心冲动的因素有的来自音响，有的来自画面色彩或表演等。情绪的波动有的是积极的，有的则是消极的。因此，必须辅以其他的方法，进行全面的分析，才能得出正确的结果。

2. 事中评估

广告传播效果的事中评估是在广告已开始刊播后进行的。事中评估可以直接了解媒体受众在日常生活中对广告的反应，得出的结论也更加准确可靠。由于进行中的广告宣传的目标与策略一般很难进行修改，只能根据评估结果对具体方式、方法进行局部调整和修补。常用的广告效果事中评估方法有盖洛普-鲁滨逊测试方法。

盖洛普-鲁滨逊测试方法来源于美国的一家广告心理效果评估公司——盖洛普-鲁滨逊。其基本做法是：先把测试的广告稿刊登在杂志上；广告登出后，便把杂志分发给消费者中的调查对象；随后公司与这些被调查者接触，并就杂志及其广告问题与他们交流；对其回忆和认识的测试结果可以用来确定广告效果。这种方法采用三种阅读评分标准。

(1) 注意分，即声称以前在杂志上看过这则广告的人数在目标读者中所占的百分比。计算

公式为

$$\text{注意分} = \frac{\text{被调查者中看过某则广告的人数}}{\text{被调查者总人数}}$$

(2) 领悟和联想分，是指能正确地将广告作品与广告主对上号的人在读者中所占的比例。计算公式如下

$$\text{领悟和联想分} = \frac{\text{被调查者中能准确叙述广告内容的人数}}{\text{被调查者总人数}}$$

3) 大部分阅读分，计算公式为

$$\text{大部分阅读分} = \frac{\text{声称读过广告大部分内容的人数}}{\text{被调查者总人数}}$$

测试方法是测试人员不提前告诉媒体受众测试的内容，同时要求被调查者不要在访问的当天阅读有关杂志。电话访问时，首先询问被调查者在某一杂志的所有广告中，记得哪几则广告，以便确定这些广告的阅读率。媒体受众指出记得的广告后，可以问他们以下问题：

- 那则广告什么模样？内容是什么？
- 该广告的销售重点是什么？
- 你从该广告中获得了哪些信息？
- 当你读到该广告时，有何心理反应？
- 你看完该广告后，购买该产品的欲望是增加了还是减少了？
- 该广告中，什么因素影响你购买该品牌产品的欲望？
- 你最近购买此种产品的品牌是什么？

根据上述问题的答案，广告策划者可以评估出该则广告的以下效果。

(1) 品名认知效果(proved name registration，PNR)。
(2) 媒体受众对该广告的心理反应，或对广告销售重点的了解程度。
(3) 广告说服媒体受众购买该产品的能力，即媒体受众看了该广告后，购买该产品的欲望的受影响程度。

3. 事后评估

广告传播效果的事后评估建立在广告心理目标，即知名率、记忆率、理解率、好感率及购买意图率等目标的基础上，根据广告心理目标的不同要求，采用各种不同的测定方法。

1) 视听率测定法

视听率测定法主要用于测定广播和电视广告效果，具体做法是抽取若干样本家庭进行调查，统计出三方面的数据：A类，电视机或收音机的拥有户数；B类，广告节目的视听户数；C类，认知广告名称的人数。

$$\text{视听率} = \frac{\text{B类用户的数量}}{\text{A类用户的数量}}$$

$$\text{认知率} = \frac{\text{C类用户的数量}}{\text{B类用户的数量}}$$

由于电视或广播广告重复率高，所以应当在广告播放一定周期或若干次后做多次测定，

以得出较为准确的测定结果。

2) 回忆测定法

回忆测定法用来测定心理效果的记忆度和理解度，可分为纯粹回想法和辅助回想法两种。纯粹回想法就是由消费者独立地对已推出的广告进行回忆，调查人员只是如实地记录情况，不对消费者进行任何提示。辅助回想法则是由调查人员给消费者某种提示，如广告的商标、名称、标题和插图等，在一定的提示下，调查消费者能够回忆出广告多少内容，以及对广告的理解程度和联想能力。辅助回想法询问的项目或内容越具体，所获得的反馈信息越能测定广告理解程度的高低。

3) 态度测定法

态度测定法可采用的具体形式有问卷法、检查表测验、语义差别法、平等标尺法等，其中语义差别法是比较常用且简便易行的方法。

语义差别法是美国伊利诺伊大学奥斯古等人的研究成果，其原理是广告刺激与反应之间必然存在一种联想传达过程，通过对这种过程作用的测定，就可以知道消费者不同的言辞表达方式。

📖 案例链接

肯德基"借道"腾讯微博关系链引爆社会化广告效果

社交时代，品牌如何与消费者之间形成持续的互动与沟通，如何借助网民多维强弱关系链实现高效社会化营销，是每个企业经营者必须放在战略高度慎重思考的事务之一。

作为最早进入中国市场的美式全球连锁快餐企业，肯德基在产品、服务以及营销上的本地化创新，让"为中国而改变，全力打造'新快餐'"的经营理念得到了消费者的普遍认同。

在产品本地化方面，你肯定品尝过出自肯德基的老北京鸡肉卷、皮蛋瘦肉粥和油条，而在社会化媒体营销领域，肯德基也多次在腾讯微博、新浪微博、人人网、开心网、豆瓣等国内主流社会化平台进行创新"试水"。

2012年暑期，肯德基依托腾讯微博，以"微博连环画"的模式，成功开展了一场激发用户关系链高互动、自传播的社媒营销，尤其是"广告内容化"创新思路，打破了传统展示类广告的效果与困境，在与消费者实现互动沟通的同时，实现了广告信息植入式高频曝光，值得营销业界思考和借鉴。

创新硬广"软"着陆

肯德基此次在腾讯微博开展的社会化营销，实质是借助"微博连环画"的模式进行的一场社会化广告投放，与传统展示类广告只解决品牌曝光不同的是，此次"广告内容化"的创意及借助"微博连环画"这种新颖社会化广告位媒介进行的投放，在品牌曝光、用户互动以及销售转化三个广告主最关心的营销指标上均大有斩获。

"微博连环画"是指腾讯微博发布框下方三个话题共同组成的社会化媒体广告位组合。三个话题如连环画一样，一环扣一环，既有话题连贯性，同时也兼具独立性，既能让参与者有看连环画的乐趣，又能调动用户兴趣和激发用户关系链积极参与与品牌进行互动。

具体到肯德基案例中，在第一个话题中，用户可以选择自己喜欢的酷饮，选择后用户就可以跳至第二个话题中，与随机抽取的互听网友分享酷饮。在"立即分享"话题中，首次点击即可将活动信息进行微博分享。这三个话题共同将网民导入肯德基"有料同享"官方活动网站。漂亮的"爆料"界面、"有料"的内容，契合"分享"的品牌诉求，最终共同实现了"硬广"的内容化软性投放实效。据腾讯微博方面统计，在活动上线期间，"有料同享"话题下，共计有超过 125 万条微博。

其实，早在 2012 年六一儿童节期间，肯德基、卡夫奥利奥就曾与腾讯微博合作了"玩味儿童节"话题营销活动，为网民提供美国亲子游奖品。最终这个话题获得了 12 万余条原创微博广泛发布，吸引了超过 160 万人次参加，而在线下，与这档活动呼应的"六一亲子餐"更是创造了销量新高。可以说，腾讯微博在帮助企业进行社会化广告投放以及事件、话题营销方面已经积累了丰富的实战经验。

活动创新抓"关系"

除了"广告内容化"创意策略外，肯德基同时还创新了活动形式，借助"好友同享"这样的用户之间多维关系触点，通过驱动腾讯微博海量用户及其亿万用户关系链，将品牌信息自然嵌入人与人之间的互动沟通中。在"第二杯半价"活动中，通过调取好友关系，腾讯微博使用户可以在其微博主界面看到自己与好友分享的图片，活动促进了用户参与也直接带动了线下肯德基的产品销售，并给用户留下了深刻的品牌印象。

一位网民在微博上写道："今天去肯德基，看到饮料就想到我们在网上分享的内容，感觉很 nice。"而这样的网民并不鲜见，数据显示，43%的网民看到好友分享信息后参与活动，这已然形成了良好的"营销回路"。

根据 ESTEBANCONTRERAS 的分析报告显示，从全球来看，2011 年人们花在社交网络上的时间高速增长，其中中国市场增长 53%。作为国内最大的微博平台之一，腾讯微博在 2011 年第一季度末便拥有 4.25 亿注册用户，超过 6700 万人的活跃用户。腾讯沉淀多年的关系链在社交营销系统中占据很大的优势，除了基础的年龄、性别、地域、上网场景等多种定向优势外，腾讯积累多年的数据挖掘技术也在社会化广告营销活动中处处可见。

营销兼具广度与深度

依靠腾讯微博用户关系链的裂变式传播，肯德基开展的"微博连环画"营销活动最终实现了广度和深度双重效果的达成。在广度方面，日均广播数超过 8.5 万条，日均互动点击量超过 50 万，也就是说平均每条广播都有 4 条以上的转播扩散，实现分享比例高达 1∶4。而在深度方面，通过"第二杯半价"等趣味性广告的内容化植入，激发用户对肯德基产品产生了解并最终驱动购买，在实现品牌知名度提升的同时，最终对消费者心理认知以及行为产生深刻影响。

这表明以腾讯微博为代表的社会化媒体的崛起，正在改变传统数字营销产业链的集体思维与实践方法，未来社会化广告和营销将直接冲击或改变传统在线营销的市场格局与走向。肯德基在腾讯微博上的营销效果也将直接驱动更多的国外企业将更多的市场营销预算向社会化媒体进行倾斜。

据美国市场调研公司 eMarketer 预计，社交网络广告客户 2012 年将投入 77.2 亿美元，投放的广告包括社交网站广告、社交游戏和应用程序广告。而到 2014 年，全球社交网络广告总收入可达近 120 亿美元。

社交广告或社交营销本质上已不再是传统意义上的硬广而是故事，传统的硬广解决的是知名度问题，而社交网络上的广告或营销解决的是可信度以及可爱度等问题。在这里，如何实现广告内容化创意，如何有效驱动用户关系链，如何实现消费者和品牌之间的参与、互动沟通与分享就显得格外重要。

资料来源：李峰. 中国广告，2012(9).

11.3 广告心理效果评估

广告的心理效果即沟通效果，是指广告在消费者心理上引起反应的程度及其对促进购买的影响，包括知名、了解、信服，或知名、理解、喜爱、偏好、信服，或知名、了解、态度、认为合理，或注意、兴趣、欲望等。在广告心理效果中，接触广告的人们的心理变化基本上是按"认知—接受—行动"这种模式的发展，每一个层次的目的都可以作为广告沟通效果来测定。

11.3.1 广告心理变化效果评估

广告信息与目标消费者接触后，大多数并不能够立即直接导致购买行为的产生，但却能够使消费者心理发生某些变化，这些心理变化同样是广告效果的体现。因此，了解这些变化是测定广告效果的又一个重要指标。

广告的作用在于引起消费者注意，并引发其心理变化，进而激发购买欲望，直至采取购买行动。但有的时候，一则广告的目的并不一定就是直接获得销售效果，而是仅仅希望能够引发消费者的某些心理变化。比如，或者是为了增加消费者对品牌的认知度，或者是为了改变消费者对品牌的原有态度，或者是为了保持消费者对品牌的好感度，或者是为了建立和巩固品牌的忠诚度，从而保证购买行为的持续发生……从有关各种心理变化效果的指标(见表11-2)中可以发现，消费者都要经历一个从未知、知晓、理解、确信到最终产生购买行为的心理变化发展过程。也就是说，心理变化是从认识到行动的中间环节，接触广告后，最常产生的效果是引起心理变化，而心理变化的结果又将导致购买行为的发生。

表11-2 心理变化效果指标

美国全国产业协会	R.J 拉比基	R.H. 格利	AIDM公式
1. 认识商品 2. 形成接受商品的心理 3. 产生选择商品的愿望 4. 唤起购买商品的意图	1. 知名 2. 理解 3. 确信 ↓ 购买行动	1. 知名 2. 理解 3. 确信 ↓ 购买行动	A 注意广告 I 关心·广告 D 对商品产生需求 M 对商品有所记忆 ↓ 购买行动

正是出于上述原因,广告效果测定一向非常重视对处于心理变化不同阶段的消费者数量的统计分析,同样道理,对心理变化的各项要素指标以及这些指标的变化趋势也就格外予以关注。

大致来说,心理效果测定指标主要包括知名度(再现知名度/再认知名度)、理解度、好感度、忠诚度、购买欲望强度等。

11.3.2 广告心理效果评估的两种理论

1. 达格玛理论

1961年,英国学者罗赛尔·H. 格利(Russell H. Golley)在他发表的《根据广告目标测定广告效果》(Defining Adverting Goals for Measured Advertising Results)一文中指出,所谓的广告效果是在信息传播过程中发生的,应以信息传播影响消费者心理变化的传播为视点,来考察分析广告效果的发生过程,这种"为测定广告效果而需明确的广告目标"的目标管理理论简称DAGMAR理论。这一理论是结合经营过程中的目标管理和广告心理效果的阶段理论而形成的。该理论把广告目标限定在传播的范围内,设定广告传播目标为认知、理解、确信、行动4个阶段,如表11-3所示。

表11-3 达格玛理论描述的信息沟通过程

阶段	主要内容
认知	消费者知晓品牌名称
理解	了解、获悉该产品的功能、特色,予以理解
确信	建立选择这一品牌的信念
行动	希望得到产品说明书等有关资料、愿意参观本产品的展览会、采取到商品经销店考察等行动

在如何测定广告效果的问题上,传统观点看重的是结果,把广告效果等同于销售效果,由销售额的大小来判断广告效果的高低。达格玛理论则重视广告传播的过程,从信息传播效果中的心理变化过程来测评广告效果,这就将广告效果与营销目标区分开来。也就是说,广告效果不能只看销售额的高低,关键要看广告的诉求内容给传播对象带来了怎样和多大的影响。广告活动通过"认知—理解—确信—行动"4个阶段来实现最终的营销目的。考察广告效果,首先应该确定阶段目标,再以广告能否达到预定的阶段目标来测定广告效果。比如,在认知阶段,广告目标可定为"通过本期广告活动,在三个月内使某品牌的知名度由8%增加到16%";在理解阶段,广告目标可定为"通过本期广告活动,在两个月内使某品牌的理解度提高到4%"等。需要注意的是,在测定这些传播效果的过程中,要注意排除其他因素如人际介绍、促销活动、公关活动等的影响。

达格玛理论实际上体现了一种管理理念,是一种广告管理技术,而非新的调查技术。在广告效果的4个阶段中,除"行动"阶段比较直观外,其余三个阶段都属于消费者的心理意识层面,看不见摸不着,只能采用问卷调查或实验室调查方法来进行测定。

2. ARF理论

在达格玛理论的基础上，广告研究基金会又发展出了ARF(advertising research foundation)理论，提出"媒体普及—媒体接触—广告接触—广告认知—广告的信息交流—销售效果"的模式。

11.3.3 广告心理效果评估方法

在对消费者态度变化也就是心理变化进行评估时，主要采用以下两种方法。

1. 态度量表法

通过制定心理量表，可以了解消费者对广告的态度，还可以把广告可能产生的效果划分成若干等级和类别，用分数表示。采用问卷形式让消费者填写，评定消费者对广告的态度处于哪个等级，再经过心理统计分析结果得到广告效果的量化指标。较为常用的是瑟斯顿量表、李克特量表和语义差异量表。

1) 瑟斯顿量表

瑟斯顿量表(见表11-4)又称11点量表，是瑟斯顿于1929年制定的一种等距量表，其建立步骤为：首先拟订若干条关于态度对象的调查语句，通常在50条左右，如"××牌汽车外观时尚""××牌汽车动力强劲""××牌汽车低油耗"等，然后选取一个足够大的代表性样本(经常多达上百人)作为评定者，请他们按量表对每一道题目从最反对到最赞同之间划出11个等级，得分分别为1~11分，去客观、独立地评价每一道题目，从而确定每题得分(综合所有评定者此题得分，求得平均值即为此题分值)；再删除评定者认为意义模糊和评定者评分高度分散的题目，最后保留25题左右，构成瑟斯顿量表；最后用编制好的量表广泛实施测试。

此时的计分即直接用评定者所确定的分数，如"××牌汽车外观时尚"一题，如果评定者评定的平均分为8分，这便是此题的得分值。此时这一题目的答案分为"是"或"否"，答"是"得8分，答"否"记0分。最后的得分即把所有赞同语句的得分加以平均，比如，应答者赞同的语句为3句，每句得分分别为8.5、9、8，则得分为每句得分之和再除以3，即为8.5分。说明此评定者的态度在"较好"与"好"这两个等级之间。

表11-4 瑟斯顿量表

最好	很好	好	较好	还可以	一般	不怎么样	不太好	不好	很不好	最差
11	10	9	8	7	6	5	4	3	2	1

瑟斯顿量表的优点是每道题都有明确的态度强度分值，符合统计学原理，易于被试回答，便于统计计分，然而其缺点也十分明显，编制过程复杂，11点量表也较难使评定人区分。因此，现在许多态度量表都已改为5点量表了。

2) 李克特量表

李克特量表(见表11-5)又称5点量表，由李克特于1932年提出，因其避免了编制过程的烦琐复杂，现被广泛运用。其具体步骤为：先通过广泛调查拟订一系列题目，再抽取调查对象中的代表性样本试施测，按5点量表评分。之后按照与总得分的相关度来筛选题目，相关评分高的题目保留下来,构成量表。通常正式量表的题目有20个左右。

表11-5 李克特量表

非常赞同	赞同	无所谓	不赞同	非常不赞同
5	4	3	2	1

3) 语义差异量表

语义差异量表(见表11-6)又称语义分化量表,在广告活动中较为常用,是由心理学家奥斯古德等人在1957年发展起来的。这是了解消费者对产品包装、广告宣传的看法和对产品的实际感受等方面的主要方法。语义差异法是依据人的联觉和联想建立起来的。其步骤是用成对的两极性的形容词评价研究对象(如某产品名称),通常确定3个评价维度,即性质(好坏、重要不重要)、力量(强弱、硬软、浓淡)和活动(快慢);再选择具体评价的子项目与数量,其比例视所评价的事物和概念而定,每个维度通常在3个以上。依据被测对象在每题的平均分画出图,从中可找出消费者对此产品的感受和看法。

表11-6 语义差异量表

	7	6	5	4	3	2	1	
低油耗								高油耗
亲近		●			●			厌恶
便宜			●					昂贵
漂亮			●		●			丑陋
动力强				●				动力弱
…								…

语义差异法的优点是适用于有一定文化和经验的人群,实施与计分均便捷,可在较短的时间内对众多被测者施测,省时、省力、省钱,结果也可做统计处理,进行深入的数据分析。该方法较客观地反映被测者的主观态度,其局限在于设计时要求设计者要全面考虑,否则容易造成一定偏差。另外,此量表要求每一道题目的两端形容词在意义上相互对立,因而在选词时会有一定难度。

2. 投射法

态度量表法针对某一事物,用5个或7个量度测量人们的态度,然而,常常会遇到这样的难题——消费者态度并不明朗,或者没有条理,其感受和看法在很短的时间内难以用准确的语言表达出来。针对这种情况,在广告心理效果测定时,就可以使用投射法,即在被测者不经意的情况下,用间接的方法了解其态度。

投射法是心理学中一种内心研究方法,用来探讨消费者潜在的动机和情感。其心理学基础是,人们接受一个可以用多种方式加以解释的模糊刺激,在其反应时通常会本能地产生把自己隐藏起来的需要、期望以及担忧情绪等,而这些情绪将投射到对这些客观刺激的解释上。投射法就是要求调查者通过对被测者反应的间接推测,洞察其内心的深层想法。

具体方法主要有以下几个。

1) 语言联想法

语言联想法(word association test，WAT)是指根据调查需要，向调查对象提示几个词语(或词组)，请被测者按顺序回答他们所能联想到的情形。在广告活动中，产品种类、品牌以及广告所用演员等往往会引发丰富的联想，调查者通过分析人们经词组刺激所产生的联想，可推测其态度。所以，这种方法多用于商品、企业名称、广告语等的态度调查。这种方法可以不限制消费者，让其自由联想；也可给出一定的范围，让其在这个范围内进行选择。

2) 语句完成法

语句完成法(sentence completion test，SCT)是指根据调查主题设计一段未完成的文章或若干不完整的语句，请被调查者把答案填充完成。在具体操作中，句子主语可以是第一人称，也可以是第二或第三人称，根据投射原理，调查对象往往用第二人称表达自己的态度，因此，应该尽量避免使用第一、第二人称，以免被调查者担忧和产生自我防卫，从而导致回答失实。

3) 绘画测定法

绘画测定法(picture frustration method，PFM)是指根据调查需要预先画好某种情景中的若干人物，让其中一个人物的会话部分空着，让调查对象来填充；或者依据此画编一个故事，以此推知其动机。用这种方法往往能反映出一些仅用语言难以表达的内容。

4) 主题统觉测定法

主题统觉测定法(thematic apperception test，TAT)是指向被调查者展示一幅消费者正在进行某种消费活动的图片，请他们将画中的情境以及购买人的想法说出来。被测者的故事叙述至少应该包含三个基本维度：图片描述了一个怎样的情境；图片的情境是怎样发生的；结局会怎样。由于画面上没有任何提示信息，因此，被测者说出的情形实际上就是自己本人的想法。日本舆论科学协会曾用这个方法做过钢笔、钟表、照相机等购买动机的调查，收到了很好的效果。

11.4 广告经济效果评估

广告的经济效果是广告活动最佳效果的体现，它集中反映了企业在广告促销活动中的营销业绩。广告经济效果评估是衡量广告最终效果的关键环节。

广告的经济效果评估的重点是，在投入一定广告费用及广告刊播之后，广告活动所引起的产品销售额与利润的变化情况。广告经济效果是广告主最为关心的问题，但由于广告效果的复杂性，从事经济效果评估必须注意以下几个问题。

(1) 一个品牌销售量的增减是由多方面因素综合决定的，广告只是其中一个因素。因此，评估广告销售效果时，必须从企业环境和市场环境全局出发，系统考虑，全面、科学地分析广告的影响。

(2) 广告的效力有短期和长期两种表现，不应只是追求即时效应。

(3) 广告的效力包括促销和延缓衰退等多方面的作用，在分析时要具体对待。

(4) 要根据评估目标，选择恰当的评估方法。

具体来说，广告经济效果的评估方法和指标如下。

1. 店头调查法

1) 店头调查法的含义

店头调查法是指以零售商店为对象，对特定期间的广告商品的销售量、商品陈列状况、价格、POP广告以及推销的实际情况进行调查。

2) 店头调查法的做法

店头调查法主要依靠实地观察，因此对调查人员的专业性要求较高，具体操作方式也比较灵活。比如，利用推销员或导购员在商店里或走街串巷开展商品宣传活动、散发商品说明书、免费赠送小包装样品等，这些方式往往会直接导致商品销售量的变化，而商品销售量的变化程度也反映出广告的质量高低。还有，在店内将同类商品的包装和商标除掉，在每一种商品中放置一则广告和宣传卡片，观察每种商品的销售情况，哪种商品销售量明显增加，则说明这则广告有较好的传播效果和经济效果。把录制好的广告片通过电视在典型的购物环境中播放，观察其所产生的销售量变化，也能衡量广告的传播效果和经济效果。

店头调查法简单易行且成本较低，而且还可能会有意外收获。例如，通过观察进而分析消费者购买行为，或者通过随机访谈掌握更多有效消息，从而深入了解和把握消费者相关情况和消费心理等。但是，这种评估方法的缺陷在于难以大范围、成规模地开展，不能为系统的定性研究提供数据资料支持。因此，在实行店头调查法的同时，往往伴随进行销售地域测定法，从而更准确地把握广告效果。

2. 销售地域测定法

1) 销售地域测定法的含义

销售地域测定法是指选择两个类似条件的地区来测定广告效果。一个地区进行有关的广告活动，称为测验区；另一个则不进行广告活动，称为比较区。测验结束后，将两个地区的销售变化情况进行比较，从中检验出广告的销售效果。

2) 销售地域测定法的做法

首先选择情况大体相同的两个地区(规模、人口因素、商品分配情况、竞争关系、广告媒体等不能有太大差异)作为销售测验区和比较区，在新的广告活动发动的一个月或一个半月前，在测验区进行广告推广，而在比较区则对经济波动、重大事件影响等因素实施有效控制，以保持与测验区大体相同的环境条件，且不发布新的广告。最后将测验区与比较区两者在广告活动前后的销售量加以统计比较，便可测定新的广告的相对效果。

这种评估方法还可以用来比较不同的广告所引起的消费者心理、行为的变化情况。比如，在情况大体相同的三个地区投放A、B、C三种类型的广告，通过对三个地区广告效果的测定，可以了解不同类型的广告或广告活动的效果差异。此外，这种方法也可应用于对选样家庭的比较分析。

3. 比率计算法

广告主之所以做广告主要是希望通过广告使商品销售额和利润额获得增长，因此，运用有关统计原理和运算方法,推算出广告费投入与商品销售额变化以及利润额增长三者之间的比率关系,以便更直观、有效地考察广告费投入与所产生的经济效果的关联度。这种方法是目前我国最为通用的评估方法。常用指标主要有以下几种。

1) 广告费用指标

广告费用指标表明广告费与销售额或利润额之间的对比关系,主要包括销售费用率、利润费用率以及单位费用销售率、单位费用利润率。

(1) 广告销售(利润)费用比率。广告销售(利润)费用比率主要用来测定计划期内广告费用对产品销售(利润)额的影响。因为在广告经济效果的各项指标中,销售(利润)额效果最为直观,因此广告费用与广告后销售(利润)总额变化之间的比率,也就理所当然成为最基本的测定指标。

$$广告销售(利润)费用比率 = \frac{广告费用}{广告后销售(利润)总额} \times 100\%$$

广告销售费用比率、利润费用比率主要反映获得单位销售额或单位利润额所要支出的广告费用。销售费用比率或利润费用比率越低,说明广告销售效果越好;反之,则广告销售效果越差。

(2) 广告销售(利润)效果比率。广告销售(利润)效果比率又称单位费用销售(利润)率,主要用来测定计划期内广告费用增减对广告商品销售(利润)额的影响,也就是推算商品销售额(利润额)增长与广告费增长之间比率关系的测定指标。

$$广告销售(利润)效果比率 = \frac{销售(利润)额增加率}{广告费增加率} \times 100\%$$

单位费用销售率、单位费用利润率分别是销售费用率、利润费用率的倒数,表明每支付单位价值的广告费用所能获得的销售额或利润额的数量,单位费用销售率或单位费用利润率越高,说明广告销售效果就越好;反之,则越差。

2) 广告效益指标

广告效益指标是指广告计划期内每1元广告费用所产生的效益有多少,即广告费用与广告后销售增加额或利润增加额的对比关系,包括广告销售效益(单位费用销售增加额)和广告利润效益(单位费用利润增加额)。其计算公式为

$$R = \frac{(S_2 - S_1)}{P}$$

式中:R——每1元广告效益;S_2——本期广告后的平均销售(利润)额;S_1——本期广告前的平均销售(利润)额;P——广告费用。

广告效益指标表明本期每支付单位价值的广告费用能够使销售额或利润额增加的数量,每1元广告效益指标越大,说明广告效果越好;反之,则效果越差。

不难发现,上述三个公式都是通过广告费与销售(利润)额的比率关系来反映广告效果的,简单明了,易于掌握。但是,需要指出的是,在实际营销活动中,销售(利润)额的变化往往受制于多种因素的综合影响,广告效果只是其中一种。所以,想要更为客观、准确地测定广告销售效果,还要尽量排除其他影响因素。为此,广告效果指数测定法便应运而生了。

3) 广告效果指数

要排除广告以外的影响因素，单纯测定广告销售效果，较为严谨的方法是采用广告效果指数(advertising effectiveness index，AEI)测定法，即把同性质的被检测者分为两组，其中一组看过广告，另一组未看广告，然后比较两组的购买效果，最后将检测的数字结果利用频数分配技术进行计算，从而得出广告效果指数，并由此反映出真正因为广告宣传而产生的购买人数与调查对象总人数之间的比值。

调查结果如表11-7所示。

表11-7 广告效果指数调查对象统计表

		广告认知		合计人数
		看过广告的人数	没看过广告的人数	
广告商品购买情况	购买	a	b	$a+c$
	未购买	c	d	$b+d$
合计人数		$a+c$	$b+d$	N

根据表11-7的统计数据，广告效果指数的计算公式如下：

$$\mathrm{AEI}=\frac{1}{N}\left\{a-(a+c)\times\frac{b}{b+d}\right\}\times 100\%$$

式中：AEI——广告效果指数；a——看过广告并购买了商品的人数；b——没看广告但购买了商品的人数；c——看过广告但未购买商品的人数；d——没看广告也未购买商品的人数；N——样本总人数。

广告效果指数实际上反映的是因为广告而产生购买行为的人数占总人数的百分比，也就是通过广告而增加的购买百分数。因此，广告效果指数越大，表明该种或该期的广告效果越好；反之，则越差。应该说明的是，这一指标只适用于同一地区、同一媒体的不同广告或不同期的广告效果的比较，其他情况不能简单搬用。

另外，借助上面的调查统计数据，还有一些基本的广告效果指数也可以计算，其计算公式见表11-8。

表11-8 广告效果指数计算公式

指数名称	指数含义	计算公式
UP (usage pull)	广告吸引力指数	$\mathrm{UP}=\dfrac{a}{a+c}\cdot\dfrac{b}{b+d}$
PFA (plus for ad)	广告附加效果	$\mathrm{PFA}=\dfrac{d-b}{b+d}$
NAPP (net ad produced purchases)	广告净销售效果	$\mathrm{NAPP}=\dfrac{a-(a+c)\dfrac{b}{b+d}}{a+b}$

4) 广告相关系数指标

使用广告效果指数调查统计数据还可以测定广告相关系数指标。所谓广告相关系数，是指两个或者两个以上的经济变量之间相互关系的程度。两个经济变量之间的相互关系有正相关、负相关和不相关。正相关是指两个经济变量同时按相同方向变动，即它们同时增加或者同时减少；负相关是指两个经济变量同时按相反方向变动，即其中一个变量增加，另一个变量减少，反之亦然；不相关(也称0相关)是指两个经济变量彼此没有联系，一个变量变动对另一个变量不产生任何影响。

$$广告相关系数 = \frac{ad-bc}{(a+b)(c+d)(a+c)(b+d)} \times 100\%$$

广告效果相关系数值在+1与-1之间。此系数若为正值，则为正相关，表示广告成功；此系数若为负值，则为负相关，表示广告失败；此系数若为0，则为不相关，表示广告效果等于0。在正相关情况下，若相关系数为0~0.2，称为低效果；相关系数为0.2~0.4，称为中等效果；相关系数为0.4~0.7，称为较高效果；相关系数为0.7~1，称为高效果。广告相关系数如图11-5所示。

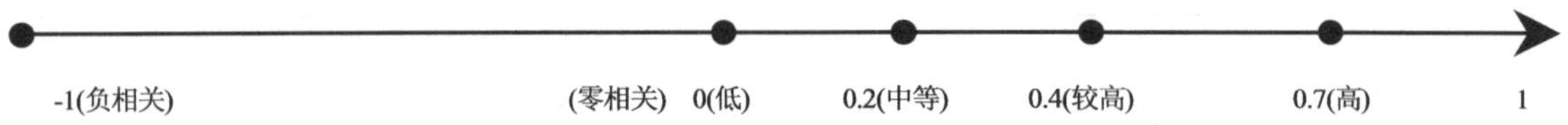

图 11-5　广告相关系数

除上述常用指标外，还有一些评估方法也可帮助广告主确认广告的经济效果。比如，市场占有率(竞争力)指标就是其中一个较为常用的指标。市场占有率是指在一定时期内企业某种产品销售量所占市场同类产品销售总量的比率。企业市场占有率提高意味着产品销售量增加和企业竞争能力增强，因此可以用市场占有率的提高率来评价广告的经济效果。该指标一般通过广告前市场占有率和广告后市场占有率的变化，来反映单位广告费用增加的销售额与行业同类产品销售总额的比率关系，其计算公式为

$$市场占有率指标 = \frac{本期广告后销售额增加量 / 本期投入的广告费用}{本期行业同类产品销售总量} \times 100\%$$

$$= \frac{广告效益指标}{本期行业同类产品销售总量} \times 100\%$$

市场占有率指标是一个相对评价指标，它表示广告投放带动的市场占有率的提高比率，其指数越大，说明广告市场拓展能力越强；反之，则越弱。

此外，还有诸如广告长期经济效果，品牌(企业)知名度、美誉度提高率等指标也逐渐被人们所接受和使用，从而使人们更加全面、深入地了解广告可能产生的经济效果。

本章思考题

1．什么是广告效果评估？分为哪几种类型，特点是什么？
2．广告效果评估的内容有哪些？
3．广告效果评估的方法有哪些？

4. 广告效果的事中评估有哪些内容？
5. 一项具体的广告效果评估应遵循何种程序？

案例分析与讨论

1. 确定实验人群、产品

首先确定实验人群，通过淘宝网上支付宝的购买记录和商家店铺的购买记录等，对平时经常购买 MANUKA 蜂蜜的人群进行统计。通过网络访问相关养生论坛、养生 QQ 群找到用户，最后建一个 50 人的群，以腾讯微博作为平台来进行实验。我们把群里的人主要分为以下几种。

(1) 经常购买 MANUKA 蜂蜜的人，可以通过淘宝、易趣等购物网站中销售 MANUKA 蜂蜜的店铺的销售记录，和购买该类型产品的用户的支付宝支付记录，选取 10 人左右。

(2) 经常购买其他品牌蜂蜜的人，可以通过淘宝、易趣等购物网站中销售其他品牌的蜂蜜的店铺或购买过上述产品的用户的支付宝记录，譬如海南岛干蜂蜜、庄原生态巢蜜、老衣蜂蜜、野花蜜、龙眼蜜等店铺中的销售记录，选取非 MANUKA 蜂蜜的用户 10～20 人。

(3) 在养生论坛中，针对喜欢并购买蜂王浆、蜂王花粉、姜汁茶核桃粉、珍珠粉、脑白金等相关保健品的用户，选取 15 人左右。

(4) 在对养生感兴趣，但还没有养成定期并习惯性购买过一些保健养生品的人群中选取 10 人左右。

通过以上取样组成 50 人的 QQ 群和微博群组，同时在微博群组中定期发放 MANUKA 蜂蜜广告，广告中应有图片、文字、视频，以及淘宝、易趣 MANUKA 蜂蜜销售店铺的网址链接。广告可以突出介绍 MANUKA 蜂蜜为新西兰原装进口，针对已购买的人谈及喝过 MANUKA 蜂蜜的感受进行宣传。图片的色彩可以做得丰富些，这样可以更好地达到吸引客户眼球的效果。可以采用 MANUKA 蜂蜜的主要原料茶树作为背景(见图 11-6)，突出 MANUKA 蜂蜜的纯天然性，接着主要介绍 MANUKA 蜂蜜的主要成分及特殊功效，突出此款进口蜂蜜的优势。

图 11-6 MANUKA 蜂蜜产品

2. 对实验人群、产品的调查结果进行统计、分析

(1) 3 个月的广告投放实验期内，统计了所有购买过 MANUKA 蜂蜜的人有 9 人。

(2) 在上述统计的人群中，将相关人电脑的上网历史记录调出分析，通过回访、面谈核实是否在微博中看过 MANUKA 广告，3 个月内登录过 MANUKA 广告网址的可以记录在案。如果登录了微博链接的 MANUKA 淘宝店铺地址并在点击不久后即购买，电脑中广告网址登录时间和其支付宝支付时间前后相差无几，则几乎可以认定是属于看了广告而购买。另外有些用户虽然不是马上就购买，但过几天有支付记录，在回访中也承认受广告影响的，也可以确定上述人属于看了广告而购买的，此部分人数为 A。

(3) 未看过此次微博广告而购买的人数 B，是在总的购买人数下去掉看了广告而购买的人数，有以下 4 种情况。

①支付宝上有支付记录，无电脑登录本次微博广告相关网址记录，回访后是以前定期购买人群。

②支付宝上有支付记录，无电脑登录本次微博广告相关网址记录，回访后是听别人介绍购买的人群。

③支付宝上有支付记录，无电脑登录本次微博广告相关网址记录，回访后是看了别的网站的 MANUKA 蜂蜜广告而购买的人群，应该属于看了广告而购买的人，属 A 类人。

④支付宝上有支付记录，无电脑登录本次微博广告相关网址记录，回访后是自己随机上网购买的 MANUKA 蜂蜜。

上述①、②、④类人统计的总和为 B。

(4) 如何确定未购买的人数是否看过了微博广告。

将 3 个月实验期中所有未购买过 MANUKA 蜂蜜的人群做统计，将未购买的人分为以下两种：一种是看了广告未购买的人 C，另一种是未看广告亦未购买的人 D。

①电脑记录中有登录本次微博广告相关网址记录，支付宝上没有支付记录，回访后是确实没有购买这一品牌的人群。

②电脑记录中有登录本次微博广告相关网址记录，支付宝上没有支付记录，回访后是听别人介绍而了解 MANUKA 蜂蜜的人群。

③电脑记录中有登录本次微博广告相关网址记录，支付宝上没有支付记录，回访后是随机点开链接，从不购买的人群。

④没有电脑登录本次微博广告相关网址记录，支付宝上没有支付记录，回访后是看了别的网站的 MANUKA 蜂蜜广告，这类人群应算在看了广告而未购买的人数中。

⑤没有电脑登录本次微博广告相关网址记录，支付宝上没有支付记录，回访后是从未看过 MANUKA 蜂蜜广告的人群。

上述①、②、③、④类人统计的总和即为看了广告而未购买的人数 C，将未购买的人数总数去掉看了广告未购买的人数，即为未看广告也没有购买的人数 D。

根据上述的统计方法，在这 3 个月中，有 9 人购买了 MANUKA 蜂蜜，其中有 4 人是看了 MANUKA 蜂蜜广告而购买的，其余 5 人未看过 MANUKA 蜂蜜广告而购买；有 41 人未购买，其中 16 人看了广告未购买，其余的 25 人为未看广告也未购买。统计结果见表 11-9。

表 11-9　MANUKA 蜂蜜调查表

		微博广告认知 MANUKA 蜂蜜的人数		合计人数
		有	无	
购买 MANUKA 蜂蜜的人数	有	14	5	9
	无	16	25	41
合计人数		20	30	50

通过养生保健的 QQ 群对 MANUKA 蜂蜜第一季度进行调研的结果进行分析，5÷30=16.7%表示未看过 MANUKA 蜂蜜微博广告而购买的人数占所有未看蜂蜜微博广告的人数的百分比；20×5÷30=3.3 表示这些看过 MANUKA 蜂蜜微博广告的人如果没有看到 MANUKA 蜂蜜微博广告会有多少人购买 MANUKA 蜂蜜；4-20×5÷30=0.7 表示因为 MANUKA 蜂蜜微博广告而购买的人数；(4-20×5÷30)÷50=1.4%表示因为 MANUKA 蜂蜜微博广告而购买的人数占总人数的百分比。因此，AEI 表示因为 MANUKA 蜂蜜微博广告而购买的人数占总人数的百分比，即通过 MANUKA 蜂蜜微博广告增加的购买百分数。将调查的结果进行整理，带入 AEI 公式，得到 AEI=(4-20×5÷300)÷50=1.4%。

所以微博广告的投入使 MANUKA 蜂蜜的购买增加了 1.4%，带来了一定的经济效益，体现了微博广告的影响及效益。

(5) 通过调研结果对此微博广告销售效果进行分析。

此次腾讯微博 MANUKA 蜂蜜广告的调查结果显示，4 人看了 MANUKA 蜂蜜微博广告以后购买，5 人未看 MANUKA 蜂蜜微博广告而购买，16 人看了 MANUKA 蜂蜜微博广告未购买，25 人未看 MANUKA 蜂蜜微博广告亦未购买。有 20÷50=40%的人阅读过 MANUKA 蜂蜜微博广告；在看了 MANUKA 蜂蜜微博广告的人中有 4÷20=20%的人购买该广告的商品；没有看广告的人有 5÷50=10%购买此商品。由此，我们可以计算此次 MANUKA 蜂蜜的微博纯广告销售效果。

阅读广告的人购买的比例=40%×20%=8%

没有阅读广告的人购买的比例=60%×10%=6%

购买的人的比例=8%+6%=14%

阅读广告的人中，因非广告因素而购买的比例=40%×10%=4%

受广告因素影响而购买的人的比例=8%-4%=4%

纯广告销售效果比率=4%÷14%=28.6%

MANUKA 品牌蜂蜜微博广告的纯广告销售效果比率为 28.6%。

资料来源：节选自华中师范大学学报(人文社会科学版)，2013(2)：124-127

讨论：

1．结合案例说明微博广告对于该蜂蜜销售增长的作用。

2．结合案例说明与其他形式的广告效果相比，微博广告的具体优势有哪些。

3．结合案例分析，除了AEI指数评价微博广告效果外，还有哪些指标可以应用评价。

课堂实训

　　班级各学习小组根据大学生广告艺术大赛的要求，根据每组选题角度，收集vivo手机广告效果相关数据和资料，确定最终广告效果分析方案，最终在广告策划案中形成相应的文字材料，由小组成员在课堂进行展示。

　　实训要求：请各小组根据大学生广告艺术大赛选题，为vivo手机进行高校市场广告推广制定广告效果分析方案。要求制定的广告效果分析方案要选用具体的方法及指标，方案具有可行性，通过对广告效果的分析及方案的实行，为各小组制定的广告策划案的实施及改进提供依据。

第12章

广告管理

广告管理属于经济管理范畴,是指国家工商行政管理机关会同广告行业协会和广告社会监督组织,依照广告管理法律、法规和有关政策规定,对广告行业和广告活动实施的指导、监督、协调与控制。

【本章要点】
1. 了解广告管理的内容、方法及特征。
2. 掌握广告组织结构的构成和主要组成部分。
3. 了解广告行业法规,以及我国和发达国家广告法规的主要内容。
4. 掌握广告行业自律的内容和作用。

导入案例

广告公司革命

来自美国互动广告局(Interactive Advertising Bureau,IAB)的消息称,2013年美国数字广告支出达到428亿美元,有史以来第一次超过传统电视广告,这一创纪录的数字中有71亿美元是移动广告的贡献。而全球的移动广告支出在2013年则达到了近180亿美元,连续3年以双倍以上的速度增长。2年前,不管是广告主还是代理公司,都还在犹豫到底该在移动平台上分配多少广告预算,是各类移动终端让一切都加速了。

1994年10月,Norman创办了全球第一家专门的数字化媒介购买公司CIA,该公司后来被WPP收购并重组,成为现在的尚扬媒介(MEC)。Norman总结过去一年广告行业发展状况,说:"数字化已经成为全球共识,消费者在数字、模拟或者固定、移动之间不再有明确的区分。"

美国市场和全球市场相比其实大同小异——越来越多的时间和注意力涌向了移动互联网。不管是Facebook、谷歌还是Twitter,这些技术公司拥有规模庞大的数据,已经成功地利用数据为广告商提供服务,对广告业的影响非常大。这才是目前广告公司所面对的真正问题——不仅是媒介的转移,更重要的是媒介使用方式的变化。消费者已经把他们的生活进行了数字化整合,广告公司也需要进行整合去适应消费者的数字化生活方式,这意味着广告公司必须重新安排自己的战略和人才。

目前，各大广告公司正在急速建立和扩张自己的数字化团队，甚至停止雇用任何不具备数字化知识的人才。如今的广告公司更像是传播公司，而不是传统意义上的代理公司，这意味着过去广告公司的任务是连接品牌和人，如今则变成了连接人和人。

这一切还得从社交网络说起，不管是新闻、购物、招聘，还是游戏娱乐类的移动客户端，都在不断添加社交的属性。如今在Facebook或亚马逊上，用户随意发布的一小段评论就能影响许多人，人们对某些品牌和产品的印象能惊人一致地在瞬间集体发生改变。过去我们到达一个消费者的目的是把品牌的故事告诉他，而现在我们到达一个消费者是为了让他再把这个故事告诉别人。到达本身不再是目的，目的变成了促成分享与参与。

5年前，一家广告公司的任务就是根据客户的要求给出一个广告创意，如今，除了广告创意人才，公司需要更多懂技术的人，这意味着如今在广告业，懂技术比拥有一座戛纳金狮奖的奖杯更吃香。谷歌、Facebook这样的技术公司已经成为整个广告行业竞相拉拢的宠儿，而技术公司也意识到广告代理商合作的必要性。人人都在宣称谷歌和Facebook已经成为它们最重要的战略合作伙伴，它们是眼下所有广告主最认可的金字招牌。

目前，各大广告平台在移动营销上的模式创新主要有以下几种。

(1) 信息流广告。这种广告模式最早是由Twitter在2012年3月在移动端推出的，它让广告看起来类似普通的Twitter信息，只是会被打上"Promoted"的标签。这样的广告被完全整合到用户阅读的信息流中，而不是像传统显示广告一样出现在页面的顶部、底部或者侧方。Twitter是一个"天生就适合移动互联网的广告平台"，这种广告原生性地植入用户的信息流当中，具有很高的到达率和精准性。

(2) 增强型广告。谷歌在2013年推出了增强型广告系列，主要是为广告主提供一个更好的跨屏营销解决方案。广告主可以在一个广告系列里根据地理位置、时段和设备类型等用户情景定制广告创意，跨多个设备覆盖目标受众，并且无须再创建和管理多个独立的广告系列。增强型广告系列让PC端展示广告都能通过智能手机和平板产生飞跃式增长。

(3) 实时竞价购买(real time biding，RTB)模式。这项服务的推出基于大数据，可以让广告主筛选出最匹配的目标受众，然后点对点逐条购买推送广告，解决了数字广告中的精准性难题。谷歌是最早推出这项服务的，它在2012年推出RTB产品Ad Exchange，这也是目前最大的RTB平台。第三方数据显示，通过RTB可以提高到达目标人群的效率。以视频前贴广告为例，最低可以提高10%~15%。此外，RTB以及其他移动广告创新模式彻底改变了广告业的生物钟。过去我们的市场营销计划可以6周甚至6个月写出来，但现在是6小时。速度就是差异化，这是所有广告公司都面临的严峻考验。

资料来源：李会娜，王清. 广告公司革命[J]. 第一财经周刊，2014-05-27.

12.1 广告管理概述

中国的广告业经过30多年的发展，作为一种新兴产业，不论是广告公司数量、广告公司规模、广告业从业人数，还是广告创意思维、广告艺术表现、广告发布方式等方面都有了飞速的进步，同时，为中国经济做出了巨大的贡献，必将在未来继续为企业、为人民、为社会服务。但是，在这个过程中，出现了一些违法、违规、不健康的广告，损害了消费者的利益和社会公众的利益，破坏了广告市场和产品市场的公平竞争环境，甚至损害了国家的经济利益和社会利益。所以，必须对广告行业和广告市场进行严格管理，规范参与广告的人员和组织的行为。

广告的规范管理源于三个方面：一有赖于国家制定法律法规，二有赖于全社会监督，三有赖于行业自律。

12.1.1 广告管理的含义及特征

1. 广告管理的含义

广告管理属于经济管理范畴，是指国家工商行政管理机关会同广告行业协会和广告社会监督组织，依照广告管理法律、法规和有关政策规定，对广告行业和广告活动实施的指导、监督、协调与控制。

广告管理从管理主体和管理范围上来看，可以分为广告宏观管理和广告微观管理。广告宏观管理是指国家和社会对全社会广告活动的管理，是我国工商行政管理的重要组成部分。这种管理的主要目的是协调广告活动与社会经济、文化、政治等之间的关系，是广告市场健康、有序运行的保证。广告微观管理是指企业或广告经营组织对广告活动的内部管理，指广告主对广告活动所涉及的人、财、物的管理。本章的广告管理专指广告宏观管理。

2. 广告管理的特征

1) 行政性

国家对广告的管理主要是通过各级工商行政管理部门来执行的。工商行政管理部门是国家经济行政管理的主体，替国家行使经济行政管理的权利，以便保障社会经济健康发展。它是一种外部宏观性管理，通过制定广告法律法规并监督执行，使广告活动始终被限制在法律法规允许的范围内。

2) 强制性

广告管理作为国家经济管理和信息传播管理的一部分，是严格依法进行的，具有强制性的特点。广告法规与其他国家法律一样，也是需要被管理对象强制执行的。

3) 广泛性

广告是一种信息传播活动，这种活动涉及面多，传播范围广。它与社会各个方面都有关联，所以对它的管理也具备广泛性特征。

4) 综合性

广告管理的综合性体现在两个方面：一是管理对象和管理内容是复杂多样的，所以广告管理不是针对一个广告对象、一个广告活动，或广告活动的某一环节或某一方面的管理，而是要对广告活动涉及的全部人员、全部过程、全部内容的全方位综合管理。二是参与广告管理的部门、人员也是多样化的，需要各部门人员的通力配合，运用各种管理法规，才能有效地进行广告管理。从这两个方面来看，广告管理是一项综合性管理。

12.1.2 广告管理的内容

广告管理的主要内容包括对广告主的管理、对广告经营者的管理、对广告发布者的管理、对广告信息的管理、对广告收费的管理、对户外广告的管理等。

1. 对广告主的管理

广告主是广告活动的发动者，是广告费用的实际支付者，广告主对是否做广告、做多少广告、选择哪家广告代理商(设计、制作、代理广告)，以及何时、通过何种媒介发布广告，都有绝对的自主权。因此，广告主的广告意识和广告行为将直接对广告活动产生决定性的影响。对广告主进行切实有效的管理，实质上是对广告活动的源头进行管理，无疑对保证广告的真实性与合法性，防止和杜绝虚假或违法广告的产生，进而净化整个广告市场，具有十分重要的意义。

根据现行广告管理法律、法规的有关规定，广告管理机关对广告主管理的内容主要包括以下几项。

(1) 要求广告主提供主体资格证明。

(2) 广告主的广告活动应在其经营范围或国家许可的范围内进行，不得超过其经营范围或者国家许可的范围。

(3) 广告主委托他人设计、制作、代理、发布广告，应委托具有合法经营资格的广告经营者、广告发布者进行。

(4) 广告主必须提供保证广告内容具有真实性、合法性的，真实、合法、有效的证明文件或者材料。

(5) 广告主应依法申请广告审查。

(6) 广告主在广告中使用他人名义、形象的，应当事先取得他人的书面同意。使用无民事行为能力的人，限制民事行为人的名义、形象的，应当事先取得其监护人的书面同意。

(7) 广告主发布烟、酒广告，必须经过广告管理机关批准。

(8) 广告主设置户外广告应符合当地城市的整体规划，并在工商行政管理机关的监督下实施。

(9) 广告主应合理编制广告预算，不得把广告费用挪作他用。

我国对广告主的管理主要实行验证管理制度。对广告主的验证管理是指广告主在委托广告经营者设计、制作、代理、发布广告时，必须向其出具相应的文件或材料，以证明自己主体资格和广告内容的真实、合法。广告经营者只有在对广告主提供的这些证明文件或材料的真实性、合法性和有效性进行充分审查后，才能为其设计、制作、代理、发布广告，并将所验证过的证明文件或材料存档备案。

对广告主的管理要分类进行，对一般广告主和对特殊广告主的管理是有区别的。

一般广告主在进行广告宣传活动的过程中，必须遵守最基本的法律法规，即对一般广告主要进行通用的法规管理。

药品和医药器械生产销售商、化妆品尤其是特殊化妆品生产销售商、食品生产销售商、烟草生产销售商、酒类生产销售商、农药生产销售商等作为广告主都属于特殊广告主，它们要宣传的产品具有特殊性。对于这类广告主,《中华人民共和国广告法》有专门的更加严格的管理法规规定。

(1) 药品、医疗器械广告不得有以下内容:含有不科学的表示功效的断言或者保证的;说明治愈率或者有效率的;与其他商品、医疗器械的功效和安全性比较的;利用医药科研单位、学术机构、医疗机构或者专家、医生、患者的名义和形象作为证明的;法律、行政法规禁止的其他内容。

(2) 药品广告的内容必须以国务院卫生行政或者省、自治区、直辖市卫生行政部门批准的说明书为准。

(3) 国家规定的应当在医生指导下使用的治疗性药品广告中,必须注明"按医生处方购买和使用"。

(4) 特别是麻醉药品、精神药品、毒性药品、放射性药品等特殊商品,不得做广告。

(5) 农药广告不得有下列内容:使用无毒、无害等表明安全性的绝对化断言的;含有不科学的表示功效的断言或者保证的;含有违反农药安全使用规程的文字、语言或者画面的;法律、行政法规规定禁止的其他内容。

(6) 禁止利用广播、电影、电视、报纸、期刊发布烟草广告。禁止在各类等候场所、影剧院、会议厅堂、体育比赛场馆等公共场所设置烟草广告。烟草广告中必须标明"吸烟有害健康"。

(7) 食品、酒类、化妆品广告内容必须符合卫生许可的事项,并不得使用医疗用语或者易与药品混淆的用语。

2. 对广告经营者的管理

广告经营者特指专业从事广告经营的广告公司,它是连接广告主和广告发布者的中间桥梁,是广告活动的重要主体之一,其广告行为是否规范对广告活动的影响至关重要。所以,加强对广告经营者的管理,是广告管理中尤为重要的内容。对广告经营者的管理主要包括对广告经营者的审批登记管理、广告业务员证制度、广告合同制度、广告业务档案制度、广告经营单位的年检注册制度。

1) 对广告经营者的审批登记管理

对广告经营者的审批登记管理属于政府的行政管理行为,是广告管理机关依照广告管理法律、法规对广告经营者实施管理的开始,广告经营者只有在获准登记、注册,取得广告经营资格后,才能从事广告经营活动。否则,即为非法经营。严格地说,广告经营者要取得合法的广告经营资格,必须符合《民法通则》的有关规定和企业登记的基本要求,必须具备广告法规中规定的资质和条件,必须按照一定的法律程序依法审批登记。

广告经营者的审批登记程序主要包括受理申请、审查条件、核准资格和发放证照4个阶段。

2) 广告业务员证制度

广告业务员是专职从事承揽、代理广告业务的工作人员,而广告业务员证则是广告人员外出开展广告业务活动的有效凭证。为了加强对广告宣传和广告经营活动的管理,保障其健康发展,国家工商行政管理局在1990年10月19日颁发了《关于实行〈广告业务员证〉制度的规定》(工商〔1990〕226号),决定在全国广告行业中统一实行广告业务员证制度,该规定自1991年1月1日起执行。因此,凡经批准经营广告业务的经营单位,其广告业务人员都必须按照国家工商行政管理局颁发的《关于实行〈广告业务员证〉制度的规定》,申领广告业务员证后,方可从事广告业务活动。

广告业务员申请办理广告业务员证,必须接受专业培训与考核,然后向所在地的工商行政管理机关提出书面申请,并提交本单位证明文件和有关材料,经省、自治区、直辖市或其授权的省辖市工商行政管理机关审核批准后,发放广告业务员证。

3) 广告合同制度

广告合同制度是指参与广告活动的各方,包括广告主、广告经营者和广告发布者,在广告活动前为了明确相互的权利和义务,必须依法签订协议的一种制度,以保护参与广告活动的各方的正当权益不受侵害。

广告合同纠纷是参与订立广告合同的各方当事人在依法订立广告合同后,对合同履行情况和违约责任承担等所产生的争议。它包括广告合同履行情况争议和违约责任承担问题争议两方面的内容。解决经济合同纠纷的主要办法有协商、调解、仲裁和诉讼4种。广告合同制度对于广告合同纠纷的处理给予了解释。

4) 广告业务档案制度

广告业务档案制度是指广告经营者(包括广告发布者)对广告所提供的关于主题资格和广告内容的各种证明文件、材料,以及在承办广告业务活动中涉及的承接登记,广告审查、广告设计制作、广告发布等情况的原始记录材料,进行整理、保存,并建立业务档案,以备随时查验的制度。

广告业务档案是在广告业务活动的过程中建立起来的,它是广告经营者(包括广告发布者)从承接登记,到收取和查验各种广告证明、材料,再到广告设计、制作、代理、发布等情况和结果的总汇,是广告业务活动的真实记录。因此,建立广告业务档案的作用主要有两个:一是作为业务参考,二是作为法律凭证。

5) 广告经营单位的年检注册制度

广告经营单位的年检注册制度是广告管理机关依照国家广告管理的法律、法规和政策规定,对广告经营单位一年来的经营状况进行检查验收的一种管理制度。它是各级工商行政管理机关对广告经营单位实施规范化管理的重要内容之一。任何广告经营单位都必须经过年检注册,取得"广告经营单位年检注册证"后,才有资格继续经营广告业务,否则即为非法经营。

3. 对广告发布者的管理

对广告发布者的管理又叫广告媒介管理,是指广告管理机关依照国家广告管理法律、法规的有关规定,对以广告发布者为主体的广告发布活动的全过程实施的监督管理行为。广告发布者管理是广告管理机关依法对发布广告的报纸、期刊、电台、电视台、出版社等事业单位和户外广告物的规划、设置、维护等实施的管理。

广告管理机关依法对广告发布者实施管理的主要内容如下。

1) 对广告发布者经营资格的管理

以广播电台、电视台,报纸、期刊和出版社等为主体的广告发布者(或广告媒介),其主要职责是宣传党的路线、方针、政策,发布信息,传播新闻,若同时以收费的形式兼营广告发布业务,传播经济信息则属于一种广告经营行为。所以,广告管理机关必须对其实行专门管理。要求广告发布者在发布广告前,必须到当地县级以上工商行政管理局办理兼营广告业务的登记手续,并由其审查是否具备直接发布广告的条件。对符合条件的广告发布者,广告管理机关依法予以登记,并发给广告经营资格证明。广告发布者只有办理了兼营广告发布业务的登记手续,并取得广告经营资格证明后,才能经营广告发布业务,否则即为非法经营。

2) 对广告发布者提供的媒介覆盖率的管理

媒介覆盖率是媒介覆盖范围和覆盖人数的总称,它随媒介的不同而有不同的名称。媒介覆盖率包括广播电台的覆盖范围与收听率,电视台的覆盖范围与收视率,报纸、期刊等印刷媒介的发行范围与发行量,以及户外场所的位置和人流量等。真实的媒介覆盖率是广告主、广告经营者实施广告战略和广告发布者确定收费标准的重要依据,因此,广告管理机关应该加强对广告发布者提供的媒介覆盖率的真实性进行管理,这对维护广告发布者的声誉、树立媒介自身形象、拓宽广告发布业务来源,以及保护广告主、广告经营者的合法权益,有着积极和重要的作用。

3) 对广告发布者利用媒介时间、版面和篇幅的管理

广告发布者虽然拥有对媒介的使用权,但是并不能无限制地扩展广告刊播的时间、版面和篇幅。国家行政管理机关会利用其行政职能,对媒介刊播广告的时间、版面和篇幅做出限制性的规定和控制,以确保媒介履行更为重要的社会职能,实现健康、协调的发展。

4. 对广告信息的管理

广告信息包括广告信息内容及其表现,它以广告作品的形式,经媒介的发布完成传播。对广告信息的管理是世界各国广告管理中尤为重要的内容。

1) 对广告内容的管理

对广告内容的管理即对广告内容的真实性、合法性进行管理,以确保广告内容的真实、合法与健康。《广告管理条例》第3条规定:"广告内容必须真实、健康、清晰、明白,不得以任何形式欺骗消费者。"《广告法》第7条规定:"广告内容应当有利于人民的身心健康,促进商品服务质量的提高,保护消费者的合法权益,遵守社会公德和职业道德,维护国家尊严和利益。"《广告法》第7条对广告中不得出现的内容做出了明确规定,《广告法》第14条和第17条对药品、医疗器械和农药广告中不得出现的内容做出了明确规定。

2) 对广告表现的管理

广告表现是指广告的表现方法和形式。广告作为一种劝说的艺术,必须借助一定的表现方法和形式,才能将商品或服务的信息传递给广告受众,并尽可能使其在广告受众心中留下深刻的印象,以促进广告受众购买行为的发生和完成。由于广告表现是广告主追求赢利目标针对社会公众所开展的宣传活动,所以它必须受到广告管理的法律、法规和道德的约束,必

须符合一定的社会规范。广告表现管理的内容主要包括对广告表现真实性的管理、对广告表现合法性的管理、对广告表现道德性的管理、对广告表现公益性的管理、对广告表现独创性的管理、对广告表现可识别性的管理等。

5. 对广告收费的管理

广告收费是指广告经营者、广告发布者在承接和完成广告主委托的广告业务后，所收取的广告设计费、制作费、代理费和发布费等费用。广告收费管理是指广告管理机关会同物价局、城建局、公安局等职能部门，依照广告管理法律、法规的有关规定，对广告经营者广告发布者在设计、制作、代理、发布等广告业务活动中的收费行为的合法性进行的管理。我国对广告收费实行国家定价管理和备案价格管理相结合的原则。

6. 对户外广告的管理

户外广告是指张贴、设置、绘制在城镇繁华地段、商业闹市中心、交叉道口、旅行沿线、机场、车站、码头、高大建筑物等露天场地和交通工具上的广告。对户外广告管理的一般要求是户外广告的设置不得妨碍交通，不得有损市容和风景地区的优美环境，不能破坏古物建筑等。户外广告要与社会人文环境、自然环境相适应。对户外广告的管理实行登记管理，即县级以上广告管理机关会同城建、环保、公安等有关部门，依照当地人民政府批准的户外广告设置规划和管理办法，对申请经营户外广告的单位或个人的经营资格、条件和设置户外广告的区域、地点等进行审查核准，对具备经营资格、条件的单位或个人，在核准其户外广告设置区域、地点符合当地户外广告规划和管理办法后，准予登记。未取得核准登记的单位或个人，不得经营户外广告。否则，即为非法经营，将被依法取缔。户外广告的内容要求真实、合法。

12.1.3　广告管理的方法

1. 法律管理

广告的法律管理是我国法律制度的组成部分，属于行政法规的范畴，它由国家制定或认可，体现国家意志，是以国家强制手段来保证实施的行为规范，主要被用于调整广告经营者、广告发布者和消费者在广告活动中的经济关系。广告管理法规的制定原则是遵循我国《宪法》及国家其他法律、法规，切合广告业发展的实际，有利于广告业健康的发展。我国早期的关于广告的主要法律是《广告管理暂行条例》，于1982年2月6日颁布，1982年5月1日试行，1987年12月1日废止。它是我国第一个全国性的广告管理法规，第一次确定工商行政管理总局和地方各级工商行政管理部门对广告实施管理。此后陆续颁布了《广告管理条例》(1987年)、《广告管理条例施行细则》(1988年、2004年)等法律法规。1994年10月27日颁布、1995年2月1日正式在全国施行的《中华人民共和国广告法》标志着我国广告法律制度的正式建立。

2. 社会监督

广告社会监督机制包括消费者监督和社会舆论监督。从国内外广告管理的发展历程和我国市场经济发展的实践来看，广告活动的监督管理仅仅依靠政府主管部门和国家法律是远远不够的。在实际运作中，许多广告问题是在社会舆论的压力和消费者联合监督下得以解决的。社会舆论监督主要依赖新闻媒体、广告管理机关、人民法院对虚假或违法广告及其责任人的曝光、查禁和惩处。消费者联合监督在我国主要指1984年12月26日在北京成立的中国消费者协会和各地设立的消费者协会所进行的监督。

社会监督的特点如下。

(1) 广告社会监督主体的广泛性：每个消费者和舆论机构都有广告监督的权利。

(2) 广告社会监督的法制大众性：通过民办组织的监督更能维护法律的尊严。

(3) 广告社会监督行为的自发性：由于广告受众意识到自己应该拥有接受真实广告信息的合法权利，并且维护自己购买广告产品的合法权益不受伤害会主动实施监督。

(4) 广告社会监督的无形权威性：虽然广告社会监督不是强制性法律监管，但是它的全社会性和消费者主体性会产生强大的无形的权威性。

(5) 广告社会监督的全面性：广告受众和舆论机构可以对广告进行全方位监督。

3. 行业自律

广告行业自律又叫广告行业的自我管理，一般是由广告主、广告经营者和广告发布者自发成立的民间性行业组织，根据国家法律、社会道德和职业规范，针对本行业特点制定准则、公约等进行约束的管理。行业自律条文是一种职业道德规范。世界上最早的国际性行业自律条文是20世纪60年代由国际广告协会发表的《广告自律白皮书》。在中国，中国广告协会于1990年制定了《广告行业自律规则》，对广告活动中应当遵循的基本原则和广告主、广告经营者、广告媒介所应体现的道德水准进行了规范，其特点是自发性、自愿性、道德约束性、舆论规范性、灵活性、非强制性。

12.2 广告组织机构

广告组织是为了更好地完成各项广告业务而设立的对广告活动进行计划、实施和调节，并对广告活动实行有效管理的经营机构。其中，各类专业广告公司、企业广告部门和传播媒介广告部门是共同承担广告经营活动的主体机构，是最重要的广告组织。此外，与广告行业有关或派生出来的各类广告团体，如行业性组织和学术研究性组织，也各自发挥其功能，保证广告活动的顺利开展及运作水平的不断提升。

12.2.1 企业广告组织

目前,多数规模较大的工商企业都在内部设有广告部,还有一部分企业甚至单独设立附属于自身的广告公司,代理企业自己的广告业务。企业广告部多由原来的业务部或销售部分化而来,随着其独立性越来越强、发展规模越来越大,广告部的负责人也逐渐成为企业的高管,这无疑强化和提升了广告业务在企业经营中的重要地位。

1. 企业广告管理模式与组织类型

1) 企业广告组织的结构类型

企业内部广告部的地位、隶属关系及其内部组织机构设置等应视具体情况而定,其间有较大差异。

(1) 组织机构设置。根据企业自身大小和特殊需要,广告部的组织机构设置通常呈现为表12-1所示的5种类型。具体组织结构如图12-1~图12-5所示。

表12-1 企业广告部的组织结构类型

类型	分工
职能型组织结构	按照广告美术、文案、媒体、调查、促销等各种职能进行分工,广告部内设专门与媒体单位接触的媒体室、专门从事广告设计的方案室、美术室,以及与广告制作部门联系的专门科室等(见图12-1)
产品型组织结构	按照不同的产品(品牌)设置科室,由相关人员专门负责某一产品的广告宣传工作,为每种主要产品提供更多、更好的广告服务。在产品线(品目)较多的企业,常采用这种形式(见图12-2)
地区型组织结构	按照产品销售不同区域市场的特点分设科室开展广告宣传工作。产品品种单一,但销往不同市场的企业常采用此种方式,使广告诉求针对性强,效果显著(见图12-3)
对象型组织结构	根据企业不同消费对象的消费动机与购买行为分设科室并采用不同的诉求方式。企业产品销售对象较集中、销售量又大的工业企业和批发商企业采用此种方式可收到较好的广告效果(见图12-4)
媒介型组织结构	按不同媒体要求分设科室,进行职能分工。因熟悉各种媒体特点,全面掌握相关媒体情况,在媒体选择、运用方面有优势,与媒体单位的联络沟通的效果较好,可提升媒体使用效果(见图12-5)

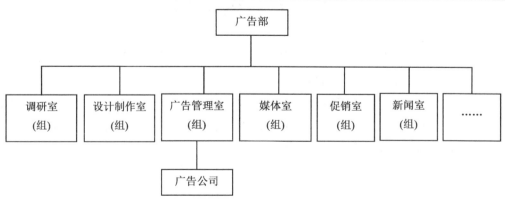

图12-1 职能型组织结构

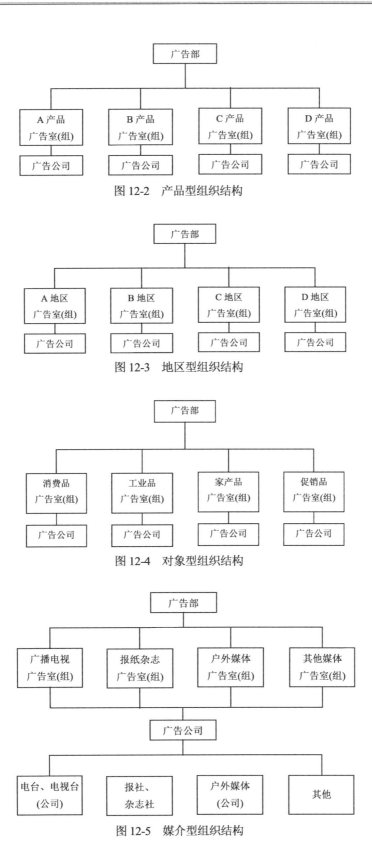

图 12-2 产品型组织结构

图 12-3 地区型组织结构

图 12-4 对象型组织结构

图 12-5 媒介型组织结构

(2) 管辖(隶属)关系。隶属关系又可以按广告部隶属关系划分和按广告部门集权程度划分。

① 按照广告部门隶属关系，一般而言，可将企业广告部门分为表12-2所示的三种类型。

管辖型广告部作为企业的二级下属机构，隶属于销售(业务)部门，在工作上对销售(业务)部门负责，这是传统的管理类型。

表12-2 企业广告部隶属关系类型

类型	隶属关系	广告部级别	部门领导
直辖型	总经理直辖	一级下属机构	总经理或副总经理兼任(见图12-6)
	负责销售的副总经理直辖		
管辖型	销售部门或业务部门管辖	二级下属机构	销售或业务部主管兼任(见图12-7)
法人型	专属广告公司	独立机构	企业高管兼任或另择人选担任

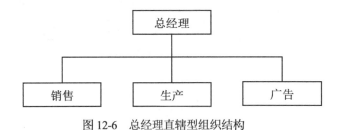

图 12-6 总经理直辖型组织结构

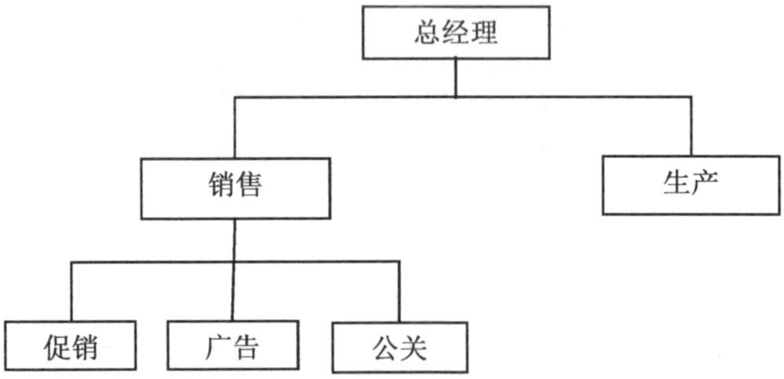

图 12-7 销售主管管辖型组织结构

直辖型的广告部门与企业其他职能部门地位相同，广告部门经理直接向总经理负责，甚至直接由企业总经理或副总经理兼任，全权负责广告部工作。企业在总厂或总公司领导下，不管有多少分厂或分公司，只设立一个广告部门，经营管理企业的全部广告业务。

② 按照广告部门集权程度，可将企业广告部门分为表12-3所示的三种类型。各类型的组织结构如图12-8～图12-10所示。

表12-3 企业广告部集权关系类型

类型	隶属关系	广告部级别	部门领导
集权型	总厂(公司)	一级下属机构	总厂经理或销售主管(见图12-8)
分权型	各分厂(公司)	二级单位内设机构	各分厂经理或销售主管(见图12-9)
集权与分权交互型	总部、分部均设广告部	兼而有之	兼而有之(见图12-10)

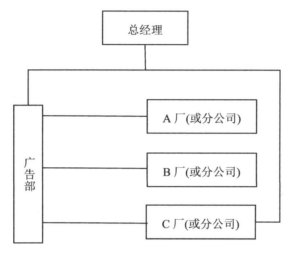

图 12-8 集权型组织结构

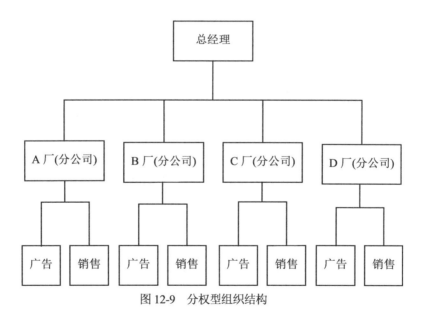

图 12-9 分权型组织结构

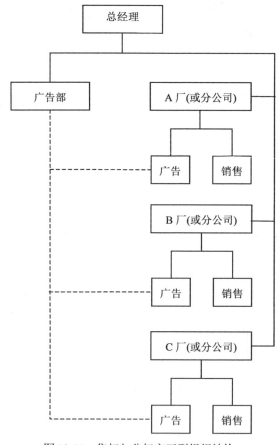

图 12-10 集权与分权交互型组织结构

在大型企业里,不管企业规模多大,只设立一个广告部,即设立在总厂或总公司之下作为其一级下属机构,向上直接对总经理负责,对下则统管企业的下属分厂或分公司的全部广告工作,这就是集权型组织结构。在隶属关系上,它既可以是总经理直辖也可以是销售主管管辖。

分权型组织结构容易造成部门本位主义作风,对自身广告活动、预算、促销等问题斤斤计较,而不太注重企业整体利益,广告有时缺乏统一性,不利于品牌形象建立,更甚者会在部门、品牌之间酿成不良竞争关系,导致混乱和内耗。为此,企业往往将集权与分权两种模式结合交互使用,总公司或总厂设置企业广告部门,所属分支机构也各自设立广告部门,承担自己的广告活动,但在业务上接受企业总广告部门的指导、监督与协调。这样便于在企业统一的广告决策下,充分发挥分支广告部门的能动性,分工协作,促进企业整体广告活动的健康、有序、高效地进行。

2) 企业经营活动流程及广告活动的位置

任何企业都是作为产品生产者或服务提供者存在于社会之中的,广告活动只是企业所有经营活动中的一部分。企业经营活动流程和广告活动的位置如图12-11所示。

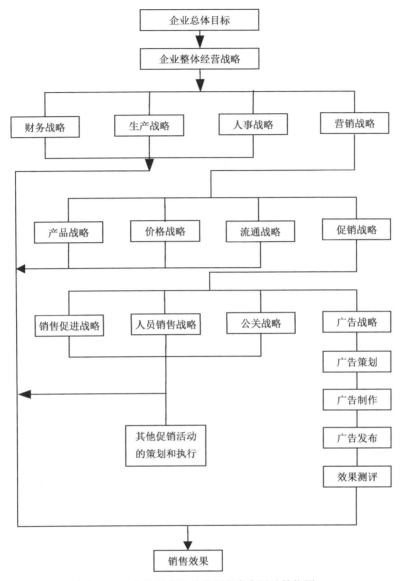

图 12-11 企业经营活动流程和广告活动的位置

企业主要的经营活动是制定企业发展目标，根据目标确定经营战略，包括确立财务战略、生产战略、人事战略、营销战略等；在营销战略中，要继续制定并执行产品、价格、流通、促销等多种具体战略。在促销战略中，企业要进一步制定销售促进战略、人员销售战略、公关战略以及广告战略等。最后，为实现各种战略还需制定具体战术安排及各种战术组合，以保证企业在残酷的市场竞争环境中能够生存下来并实现长期稳定的发展。

2. 企业广告运作流程与企业广告部门的职能

1) 企业广告运作流程

企业广告部门委托专业广告公司或媒体广告公司进行广告活动的运作流程(见图12-12)一

般可以分为三个阶段。

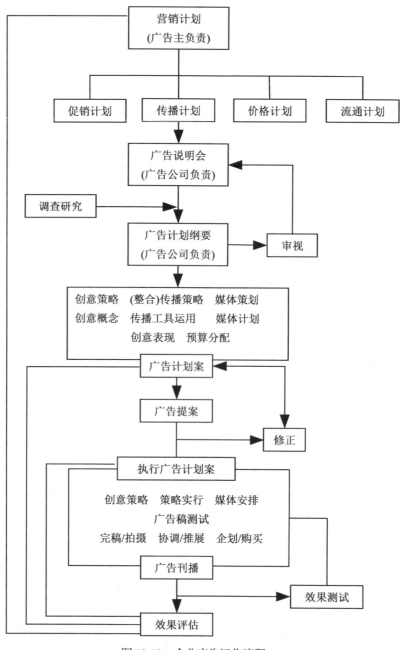

图 12-12　企业广告运作流程

第一，选择广告代理公司阶段。广告部门根据营销战略规划制订阶段性营销计划，主要涉及促销计划、传播计划、价格计划和流通计划等。然后，针对特定的传播计划形成相应的广告计划，继而召开广告定向说明会，向有关专业广告公司提出利用媒体开展广告活动的业务委托意向。

第二，广告活动开展阶段。这一阶段，广告部门主要负责协调、监督和管理，而广告公司则成为广告活动真正的主角。广告公司按照广告执行计划的规定,负责广告作品的设计制作,报社、杂志、电台、电视台、户外等媒体广告部门的联络,预约、购买所需媒体的空间或时间,安排广告发布的具体事宜。在这一过程中,企业广告部门要始终保持与广告公司的沟通和交流,随时了解工作进展情况,切实发挥监控、协调的作用,以保障广告活动按时保质地顺利进行。

第三,广告效果测评阶段。广告活动阶段性完成后,广告部门还应该组织进行(也可以委托第三方调查机构开展)广告效果测评,从而确认广告效果是否达到预期目标。更为关键的是,通过测评总结教训、积累经验,为今后广告部门的业务运营能力的提升奠定基础。

2) 企业广告部门的职能

企业广告部门的主要职能包括5项内容,如表12-4所示。

表12-4 企业广告部门的主要职能

主要职能	描述
广告决策	从企业营销战略角度出发,提出企业广告目标,为实现企业市场目标服务
广告管理	有效选择广告代理公司;制定广告预算方案;精心管理、有效利用广告费;参与、协调、监督广告公司的广告活动,确保广告计划的实施与广告效果的实现
广告调查	制定、实施广告效果测评方案,分析广告活动效力
员工培训	不断引进人才的同时,开展专业培训,提高员工业务水平
市场营销	协同配合其他营销部门(公关、促销等)开展业务活动,实现整合营销传播

美国舒尔茨和马丁在《战略性广告竞争》一书中绘制了广告计划系统图(见图12-13),从中可以了解企业广告部门的基本职能。

由图12-13中不难发现,企业广告部门的业务重心是进行广告管理,包括选择合作伙伴、广告预算、管理广告经费等。其中,最重要的是选择合适的广告代理公司、广告调查公司、广告制作公司以及其他广告业务合作机构,而要想选择适合企业自身的广告公司,有几方面的因素必须加以考虑。

首先,了解广告公司的基本情况,包括了解候选广告公司的性质、业务范围、内部机构设置、管理状况、客户情况、客户记录、资信、职业道德情况、与主要媒体的协作关系、有关人员在业务上的诚信水平、公司业务水平乃至公司内部重要人员的流动情况等。其中,关键是看其信用、业务能力和管理水平,这从广告公司的口碑、以往代理过的企业(品牌)和业已取得的成绩中不难发现。至于广告公司的规模,需要结合企业自身规模和市场竞争状况来加以确认,并非越大越好,应以适合自我为标准。其次,依据广告预算进行选择。再次,根据广告公司业务专长和企业本期广告活动的实际需要,选择最为匹配的合作者。最后,根据以往的合作经验做出判断。

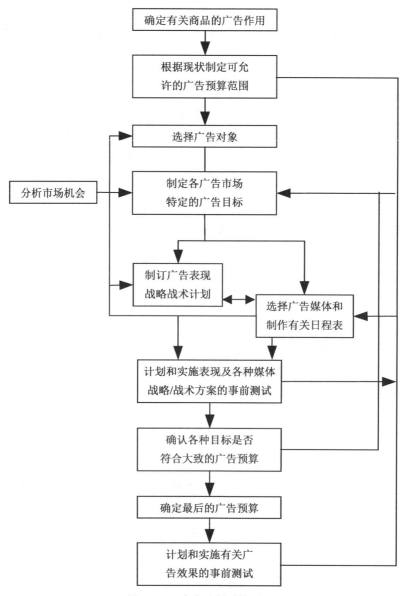

图 12-13　广告计划系统图

📖 案例链接

宝洁成立独立广告公司

据华尔街日报的报道，2018 年宝洁宣布成立一家全新的独立广告公司。这家独立广告公司由宝洁的北美织物护理业务(P&G Fabric Care)成立，有趣的是，这家广告公司的团队来自各大广告控股集团，包括 WPP 集团的 Grey、宏盟媒体集团的 Hearts&Science、Marina Maher Communications、阳狮集团的盛世长城、李奥·贝纳 5 家业内知名的营销代理公司。

宝洁成立广告公司，建立创意团队，志在尝试新的广告代理模式，如开放式广告承包和整合制作的形式，放弃过去单一的全案外包形式。新的模式将有效降低费用，提高宝洁对旗下品牌广告的把控力，进行更精准、有效的投放。

新媒体发展趋势下，这几年品牌营销减少代理数量的势头强劲，内部化模式逐渐回归，苹果、IBM、Facebook、百事可乐以及 Verizon 等大牌金主纷纷成立内部品牌营销团队。

资料来源：(根据网络资料整理)

12.2.2 专业广告公司

1. 广告公司的类型与业务范围

美国《现代经济词典》对广告公司的定义是：以替委托人设计和制作广告方案为主要职能的服务性行业。我国《广告法》所称的广告经营者，即广告公司，是指受委托提供广告设计、制作、代理服务的法人、其他经济组织或者个人。可见，广告公司是专门从事广告代理与广告经营的商业性服务机构，通常它会站在广告主的立场上，为广告主制定广告方案并根据方案购买媒介时间和空间，进而实施广告活动，因此，广告公司处于广告企业和广告媒体之间，通过自身桥梁式的信息传播，连接企业、媒体和消费者，它是现代广告经营的核心力量。

1) 广告公司的类型

依据不同标准，可以把广告公司分为以下几种类型。

(1) 以承担的职能为标准划分，可将广告公司分为综合服务型广告公司和专项服务型广告公司两种类型。

① 综合服务型广告公司。这种广告公司通常规模较大，内部组织机构健全，可以为广告客户提供包括市场调查和研究、广告战略策划与执行、广告计划具体设计与制作、广告媒介选用与发布、广告预算制定、广告效果测定等全方位综合性的服务。此外，随着整合营销传播理念的普及，这类广告公司还能为广告主提供信息咨询、企业形象设计等战略层面的服务和建议，并具体策划和组织各类展会、文化活动、现场促销以及公关服务等。

② 专项服务型广告公司。这种广告公司通常规模不大，功能有限，往往只凭借其业务专长，为广告主提供广告活动中的某一项或几项服务，如单一的设计、制作、媒体购买等业务。由于其特点突出，能够满足企业某些特殊需要，所以在广告行业中这类广告公司同样发挥着巨大作用，占据着重要地位。

(2) 以隶属关系为标准划分，一般可将广告公司分为独立经营的广告公司和专属广告公司两种类型。

① 独立经营的广告公司。按照美国广告协会AAAA的定义，专门从事广告和营销计划、广告作品以及其他促销工具的制作与准备的创意人员和工商人员组成的独立机构，便是独立经营的广告公司。综合服务型广告公司和专项服务型广告公司大多归属于这一类型，这类广告公司是我国广告公司的主体，也是广告业发展的中坚力量。

② 专属广告公司。专属广告公司是指由企业或媒体组建、完全附属于企业或者媒体，只

经营本企业或媒体自己的广告业务的广告代理公司。这种类型的广告公司具有比较鲜明的中国特色，主要包括大型企业自办广告公司和媒体自办广告公司两种。在机构设置和人员配备方面，这些广告公司往往与企业或媒体的广告部是两个牌子、一套班子。专属型广告公司实际上是我国广告代理制不够健全、广告业恢复时期传媒业不够发达、媒体垄断没被完全打破，而当时国内的广告公司鱼龙混杂、服务水平低下等多种原因所共同导致的产物。

(3) 以服务所及地域为标准划分，可将广告公司分为全球性广告公司、全国性广告公司和地方性广告公司。

① 全球性广告公司。20世纪90年代以后，全球经济一体化进程明显加快。21世纪被公认为是全球化的世纪，配合企业拓展全球市场的需要，面对文化多元化的国际市场，"全球化策划与本土化执行相结合"的理念逐步被人们接受并付诸实施，因此，可以将业务延展至全球。跨国广告公司的规模不断扩张，并成为广告业发展的新标杆。

② 全国性广告公司。顾名思义，这类广告公司能够在全国范围内开展广告代理业务，除跨国广告公司外，在本土广告公司中，通常多以综合服务型广告公司和媒介购买公司为主。其规模较大、业务能力较强，又因其了解本国国情、最懂本土文化，也成为国外企业进入中国市场进行广告宣传推广时首选的合作对象。

③ 地方性广告公司。这类广告公司主要为企业地方性市场拓展提供广告代理业务，通常规模较小，以专项服务型广告公司为主。这类广告公司的竞争力主要体现在作为大型广告公司的补缺者，因其地域性较强，故能以更具针对性的服务满足企业开发重点市场的需求。

2) 广告公司的主要业务范围

应该说，广告主的任何广告需求在现代社会中都可以通过一家或多家广告公司获得满足，现代广告行业能够涉及的业务内容众多，简单来说包括以下内容。

(1) 广告策划。广告公司以广告代理为业务核心，为代理客户进行广告策划则是广告公司最本质的功能和最常规的工作，具体包括为广告客户进行有关商品的市场调查和研究分析工作，为企业发展确立市场目标和广告目标，为代理客户制订广告计划进行媒体选择。广告公司从自己的专业领域出发，为广告客户提供广告主题和实现广告主题的广告创意、构思和策划。

(2) 广告制作，是指广告公司将创造性构思和创意转换成广告作品具体外在表现形式的活动。选择最具表现力、影响力和感染力的手法，使用客观、真实、具有美感和艺术性的表现形式去传播具有创造性的广告思想，这是对广告制作的根本要求。

(3) 广告发布。广告公司在策划和制作出广告作品之后，通过广告媒介的合理选择和应用，把广告信息及时、迅速地传递给广大社会公众。发布广告时，广告公司要为客户利益着想，注意选择最具表现力和传播效果的媒介，也就是以最低投入，将广告信息传递给最多的潜在购买者，从而引导社会公众对广告客户信息的认可、接受并最终产生购买行为。

(4) 广告信息反馈与广告效果评估。广告发布后，广告公司要对所发布的广告进行市场调查和研究，对广告效果进行科学测定和评估，及时向广告客户反馈有关市场的销售信息及相关的变动信息。

(5) 提供咨询服务。广告公司要为广告客户的产品(品牌)设计、产品(品牌)计划、市场定位、营销策略、广告活动和公共关系等提供全方位、综合性信息，为客户提供各方面的咨询服务，从而实现企业资源的合理流向与最佳配置，推动经营企业的发展。

除上述主营业务之外，目前部分广告公司还可以开展DM媒体运营、网站运营、庆典礼仪以及文化传播等相关业务，从而更好地为企业服务，推动广告业的不断发展。

2. 广告公司的机构设置与部门职能划分

不同类型的广告公司具有不同的规模和形式，大的广告公司在世界各地可以拥有成百上千名员工，每年处理过亿元的订单，而最小的广告公司则可能只有承担广告创意工作和广告客户接洽工作的一两个人。另外，与其他任何一个行业一样，广告行业也处于不断变革之中，广告公司内部机构设置、组织职能以及管理运营模式，自然也随着行业发展和具体业务需要，而趋于不断调整和完善。

1) 广告公司的机构设置

部门制和小组制是目前广告公司较多采用的两种机构设置方式。

(1) 按职能设置部门。广告公司的组织结构并不完全相同，典型的是以职能为基础设置部门(也叫部门制组织形式)，将广告公司内部分设创意部门、客户部门、行销部门和财务管理部门四大部门，每个部门都有特定的工作范围与专业要求，四部门分工协作保障整个广告公司日常业务的正常运转(见图12-14)。

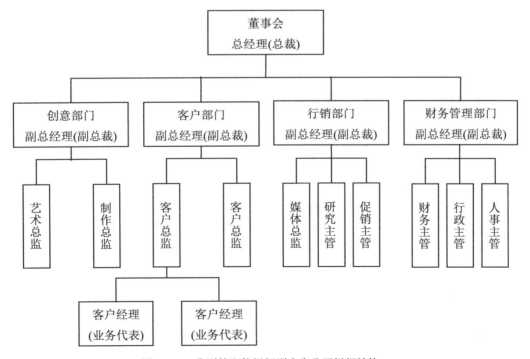

图12-14 典型的职能组织型广告公司组织结构

综合服务型广告公司一般会采用这种组织结构。如图12-14所示，在公司中，总经理(总裁)处于最重要的位置，其下至少设有4个大部门，分别由数位副总经理(副总裁)负责，同时在各部门设立总监，总监既可以由副总经理担任，也可以另外择定人选。

当公司发展形成一定规模后，有些广告公司会在上述基础上对各部门做一些调整。最常见的是在保留创意部门和客户部门两个部门的同时，把行销部门中的媒体部门与市场研究部门一分为二。另外，单独设置人事和财务这两个重要部门；为加强管理，行政办公室也要单独设置，并作为公司的管理中枢，保障各部门的正常运转(见图12-15)。

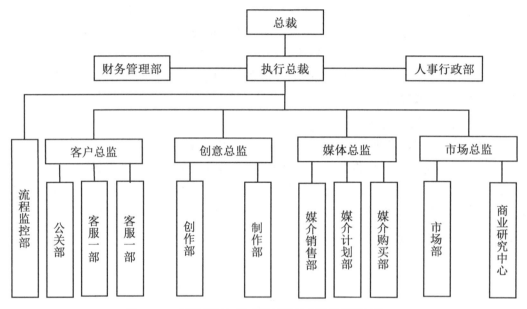

图 12-15　职能部门与行政管理部门分设的组织结构

按职能设置部门有利于公司的系统化、专业化运作，能够充分调动各职能部门主管的积极性和能动性，便于日常业务活动的开展与管理。同时，还能够简化员工培训工作，充分发挥人力资源优势，提高工作效率。但是，各部门工作难以及时沟通交流，因而有时候不能最大限度满足广告客户的特殊要求，而且易于形成部门本位主义的狭隘认识，导致全局观念、整体意识缺失。

(2) 按客户设置部门。按客户设置部门(见图12-16)，简单地说就是将除财务部、人事部、办公室、媒体部和市场调研部外的其他各部门均按服务的客户对象编组设置，实施集中化管理、分散化执行。这种结构也称为小组制组织结构，它是在综合服务型广告公司的部门制基础上发展起来的。职能型部门组织结构，能够通过组织结构的良好运作，将广告公司的人力资源、物力资源加以集中使用，便于公司的有效管理。但是，许多大型综合服务型广告公司在实际业务开展过程中发现，由于种种原因，各部门之间很难做到预想中的协同一致，往往会出现工作脱节、沟通障碍，最终导致业务混乱、效率低下。按客户设置部门的小组制组织结构(也称专业制度、专户制度或AE制度)由此孕育而生。

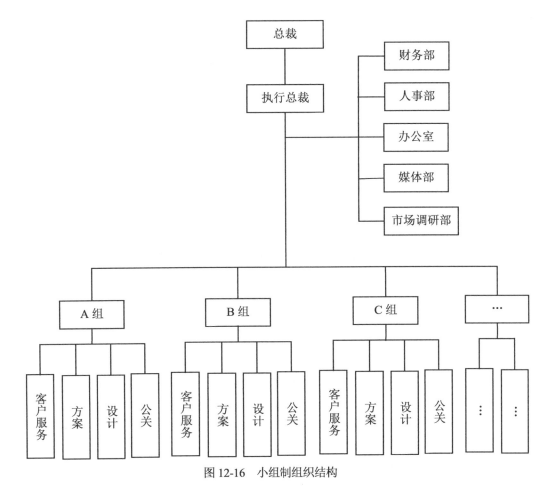

图 12-16 小组制组织结构

专业小组服务制度比较适应不同广告主的不同业务特征的需要，运作较为协调、灵便，具有一定的优势，因而受广告客户的欢迎。但是，这种组织结构同样存在一些问题，比如，不同小组之间、小组与其他功能性管理部门之间往往缺乏联络，协调性较弱；人员和设备的利用率不高；一旦出现"跳槽"或挖墙脚情况，客户往往会随着业务负责人的离开而流失，给公司造成巨大损失。

2) 广告公司的部门职能划分

在组织机构设置健全的基础上，各部门还必须明确各自的职能划分，这样才能做到责、权、利分明，继而才能在分工明确的基础上实现各负其责、协调运行、相互制约和相互促进。以典型的职能组织型广告公司的部门设置为例，各部门职责划分、人员配备、作业流程及发展趋势等如下。

(1) 创意部门。创意部门是整个广告公司的生产中心，其核心业务就是负责广告创意、设计和制作。该部门的核心人物是行政创作总监，其职责是生产、照顾并维护好广告公司最珍贵的资产——创意作品。一般来说，行政创作总监的职位每家广告公司只有1人，不过近年来却开始出现由两人分工处理不同客户或联合处理相同客户业务的趋势。行政创作总监的工作具体包括：负责本部门行政工作、拟订创作宗旨、协调本部门人员、保证按计划和预算完成广告制作并掌控作品水准。

需要指出的是,随着广告公司业务和规模不断增加,广告制作的种类越来越多,对设备、人员的要求也就越来越高,尤其是影视广告制作,因此,要求一个广告公司能够从事各类广告制作变得越来越困难。为减轻制作负担、节省运营成本,有些广告代理公司干脆只集中进行广告创意,只负责提供广告设计和广告制作的具体方案,而将广告制作方面的业务委托独立、专门的广告制作机构去完成。这种运行方式有利于充分发挥广告代理公司和广告制作机构各自的优势,在当今社会已逐步为许多广告代理公司所采用。如果实现创意和制作分离,那么创意部门的职能也就变成了以下两个:一是负责广告创意,提供广告设计与制作的具体方案;二是负责对广告制作机构的广告制作过程进行监督,确保广告创意准确表达以及广告作品的质量和水准。

(2) 客户部门。客户部门也可称为业务部或客户服务部,是广告代理公司与广告客户之间的桥梁,负责两者之间的信息沟通与传递。因此,客户部的主管实际上分属两个不同的世界:一方面,作为广告公司的部门主管,理所当然地应该熟悉广告业务;同时,他又应该是自己公司所代理的广告主所属行业的研究者和熟悉者,否则他就无法很好地担负起自己的职责——对外寻找并保持与广告客户的密切联系和有效沟通,对内督促创意部门保质保量按照客户要求及时并且出色地完成既定任务。

需要指出的是,作为广告活动的组织中心,代表广告公司直接与客户打交道的往往是客户主管。客户主管直接代表公司形象,他必须善于协调与具体广告业务有关联的内内外外、方方面面的各种关系:对外,既要善于听取客户意见,又要善于向客户解释、推销公司的宣传方案,使客户愉快地认可;对内,既要善于尊重各职能部门的创造性劳动,又要善于把公司总体决策方案让各级职能部门接受下来并按时保质完成。因此,他既是市场方面的专家,同时,又必须十分熟悉广告业务的每一个工作环节乃至细节。所以,当前在广告公司中,对于具体广告业务的开展,客户主管的作用极为重要。没有一流的客户主管,就不可能有一流的广告经营,没有一流客户主管团队的公司,也绝不可能成为一流的广告公司。

(3) 行销部门。按职能和规模的不同,有许多广告公司将行销部门一分为二,分设媒体部门和市场调研部门。由此可见,两者虽同属行销范畴,但又有着明确分工,且都具有举足轻重的地位和作用,下面分别说明。

① 媒体部门。媒体部门通常设部门经理1名。各广告公司依据各自业务的运转情况,有的按媒体类别下设若干媒体组,分管各类媒体工作,如报纸组、电视组等;有的则按地区划分下设若干地区媒体组,具体负责各地区的媒体工作。

需要指出的是,通常人们在认识上存在一个误区,认为媒体部门只负责一些单调死板的技术性工作,实则不然。在现代广告中,对媒体的选择和使用同样体现着创意,比如,对新兴媒介、特殊媒介的选用,对传统媒介的创新运用等(见图12-17)。要做到这些,自然离不开媒体部门的奇思异想以及更为关键的有效落实。所以,从这个意义上讲,媒体部门的作用远不止我们现在所见到的这些。

图 12-17 两则异型路牌广告

媒体部门的职能要求部门员工必须具有丰富的媒介知识，熟悉各种媒体的特征，掌握各相关媒体的详细情况，并能够与各有关媒体机构始终保持密切联系，建立长期、稳定的良好关系。

② 市场调研部门。市场调研部门的工作贯穿广告活动始终，其工作流程及主要职能为：首先，在广告策划阶段开展事前测定，即根据广告活动需要，参照客户部门提供的客户相关资料、媒体部门初步形成的媒体选择方案，组织开展市场调查、产品调查、消费者调查以及媒体调查，并对调查结果予以分析，形成更为客观、全面的意见，为广告公司和广告客户制订广告计划，提供全方位信息资料和信息咨询。其次，在广告活动进程中开展即时研究，通过事中测定，一方面向广告公司和广告客户及时反馈广告实施的相关信息，为广告计划的调整、完善提供参考；另一方面不断积累资料，为广告效果测定做积极准备。最后，广告活动阶段性完成后开展事后测定，对广告经济效果、传播效果、心理效果和社会效果进行综合测评，总结教训、积累经验，以利于广告公司业务运作水平的不断提升。

需要看到的是，目前，由于世界范围内信息革命的刺激和推动，广告公司的信息功能业已开始不断强化扩大，市场调研部门进一步发展成为现代广告公司信息收集、处理、储存中心。因此，市场调研部门的职责就不能再仅仅局限于围绕某一具体的广告活动展开相关调研，而是应当围绕广告公司的整个业务范围，进行有计划、有目的的经常性信息采集、调研工作，从而为加强现代广告公司的信息咨询和信息服务功能，为拓展现代广告公司的经营业务，发挥越来越重要的作用。

此外，随着广告公司业务的扩展和职能的转变，特别是适应整合营销传播的需要，在行销部门中又有一些新的业务部门开始设置并开展各自的业务。常见的是专门协助客户进行有关宣传工作的公关部门和专门参与客户促销活动，帮助客户组织展会、抽奖以及其他一些文化活动的促销部门，这些部门配合其他业务部门，为客户提供整体的综合信息交流服务。

(4) 行政管理部门。在广告公司的所有职能部门中，行政管理部门属于非业务性职能部门，它主要担负公司计划、人事、财务、审计、机要和后勤等全面管理职责，是公司的管理中枢。由于人事、财务在广告公司的经营管理中具有极为重要的地位，因此，许多广告公司也常将其单列为行政管理部门之外的独立部门。

对于广告客户和专业媒体来说，一个管理有序、工作高效的广告公司无疑是最佳合作伙伴，因此，加强广告公司的自身管理对广告公司的生存和发展都具有重大意义。广告公司的管理具体包括以下几个方面。

① 财务管理。广告公司的财务管理是对公司经营活动中资金形成、分配、使用等一系列问题，进行计划、组织、协调、控制、监督与核算。其中，收取广告费、参与广告预算制定、监督广告预算执行、公司行政费用管理、财产及物资出入账管理、专项基金管理、缴纳税金等，都是财务管理部门的常规性工作。

② 人事管理。人事管理是指广告公司对内部员工的管理。当今社会，企业竞争的实质是市场竞争，而市场竞争归根到底是人才竞争，对广告公司而言更是如此。因为广告业属于知识密集、技术密集、人才密集的高新技术产业，所以，广告公司存在和发展的核心竞争力就体现为是否拥有一支高素质、高效率的工作团队。为管理和使用好人才，广告公司人事管理部门必须做好人员录用、培养、考核、定级、晋级及奖惩等各方面的工作。

③ 行政管理。广告公司的行政管理就是围绕公司广告战略和广告目标的实现而展开的计划、组织、指挥、协调和控制过程。行政管理的目的是实现企业内部工作的有序运行，行政管理往往涉及业务管理和日常事务管理两个方面。

12.2.3 广告媒体单位

广告代理公司最早就是从媒体中分化出来的。媒体最初的广告经营是集承揽、制作、发布广告等多种职能于一身，随着现代广告业的独立发展、广告经营机制的逐步确立，媒体广告经营也经历了职能与角色的转换过程，即由集承揽、发布等多种职能于一身转向专司广告发布的单一职能，而实现和完成这一转换的便是广告代理制的建立与推行。

当今社会，对媒体发展而言，由一个专门机构统一负责、协调安排广告业务，能保证媒体广告经营长期稳定、有序高效地进行，提高广告服务质量，增加广告收入，最终使媒体经营效益得到增强。随着传播产业的发展，目前，广播、电视、报纸和杂志四大传媒都已相应地设立了自己的广告组织，并且日臻完善和复杂化，成为这些媒介组织的有机构成部分，更是媒介经营的主要经济来源。

广告媒体单位指利用自身拥有的媒介发布广告的单位，主要包括广播、电视、报纸、期刊等大众媒介组织。这些单位在内部设立专门的广告部门统一负责广告承揽发布业务。媒介广告部门的主要任务和职责有以下几点。

(1) 按照与广告公司或广告客户签订的合同，将广告内容及时、准确地发布出去。

(2) 查验广告证明、审查广告内容，保证广告真实、合法。不论是媒介单位直接承揽的广告，还是广告公司代理的广告，媒介广告部门都要依照广告法规的规定，查验有关证明，审查广告内容，对证明非良好或内容违法的广告，不予发布。

(3) 开展媒介本身广告效果的调查研究。准确把握媒介覆盖面、收视率、发行量，视听受众数量和构成等数据，并提供给广告公司、广告客户和有关单位。

(4) 接受咨询、处理投诉，对于广告客户、广告公司、广告受众对媒介情况的查询、了解，及时予以答复。及时处理社会各方对广告的投诉，或转交有关部门。

12.2.4 广告团体组织

广告团体组织是指具有民间性质的广告行业协会组织或学术组织。它是由从事广告业务、学术研究、广告教育或其他与广告业有密切关系的组织及人员自愿联合组成的群众性组织，如广告行业协会(公会)、广告学会、广告业联谊会和广告业联合会等。各类广告团体对促进广告行业的业务交流、沟通、协调以及增强行业自律和管理等，都具有重要作用。

1. 专业广告行业协会的类型

专业广告行业协会组织按照地域范围可分为国际性广告行业组织、地区性国际广告行业组织和我国国内广告行业组织。

1) 国际性广告行业组织

近年来，随着国际广告事业的发展，还出现了地区性国际广告组织和全球性国际广告组织。国际性的广告行业组织主要有国际广告协会和世界广告行销公司等。

(1) 国际广告协会(简称IAA)创建于1938年，是目前最大和最权威的国际广告组织，总部设在美国纽约。它是由个人会员和团体会员组成的非营利性组织，会员遍布世界近80个国家和地区。该协会每两年召开一次世界广告会议，交流广告经验并探讨有关广告理论与实务方面的问题。我国于1987年5月12日，以"国际广告协会中国分会"的名义加入了国际广告协会。

(2) 世界广告行销公司(简称WAN)由世界各地著名的广告公司组成，总部设在英国伦敦，该组织主要为成员提供业务帮助，如人员培训、交流国际经济与市场动态信息等。

2) 地区性国际广告行业组织

亚洲广告协会联盟(简称亚广联)是典型的地区性国际广告组织，它成立于1978年，是一个松散型的组织，是由亚洲地区的广告公司协会、与广告有关的贸易协会，以及国际广告协会在亚洲各国、各地区的分会等联合组成的洲际广告行业组织，每两年召开一次广告会议。我国于1987年6月14日以"亚洲广告联盟中国国家委员会"的名义加入亚广联。

3) 我国国内广告行业组织

我国国内广告行业组织分为两种类型。

(1) 广告行业组织——广告协会。

广告协会是广告经营单位联合组成的行业组织，是代表政府对广告行业进行指导、协调、咨询、服务活动和执行行业自律的广告行业组织。

1979年，我国广告市场得以恢复和发展，广告行业组织也获得飞速发展。1981年，中国对外经济贸易广告协会成立。1983年，中国广告协会成立。随后，全国相继成立了省、市、地、县等各级广告协会，各地区的媒介也先后成立了广告协会组织。

① 中国对外经济贸易广告协会。中国对外经济贸易广告协会是对外经济贸易部领导的全国性社会经济团体，具有法人资格，对外代表中国对外经济贸易广告界，参加国际广告活

动。协会由全国对外经济贸易系统的专业广告公司和报刊、出版社等兼营广告的单位，以及对外经济贸易专业进出口总公司和工贸进出口公司的广告宣传部门联合组成。

② 中国广告协会。1983年12月27日，中国广告协会(简称中广协)成立，其组织机构如图12-18所示。

中国广告协会是经民政部批准登记的具有社团法人资格的全国性广告行业组织，其办事机构是国家工商行政管理局的直属事业单位。该协会以坚持四项基本原则，贯彻执行改革开放的方针，代表和维护会员的正当权益，团结全国广告工作者，抓自律，促发展，为建设社会主义物质文明和精神文明服务为宗旨。在国家工商行政管理局的指导下，按照国家有关方针、政策和法规，对行业进行指导、协调、服务、监督是其基本职能。1994年12月7日，中国广告协会制定并通过了《中国广告协会章程》和《中国广告协会自律规则》，成为我国广告行业自律的重要依据。

中国广告协会是我国目前最大的全国性广告行业组织，会员为团体会员，由国内的广告经营单位联合组成，每两年举行一次会议。其最高权力机构是会员代表大会，它对我国的广告行业具有较强的指导力和监督力。

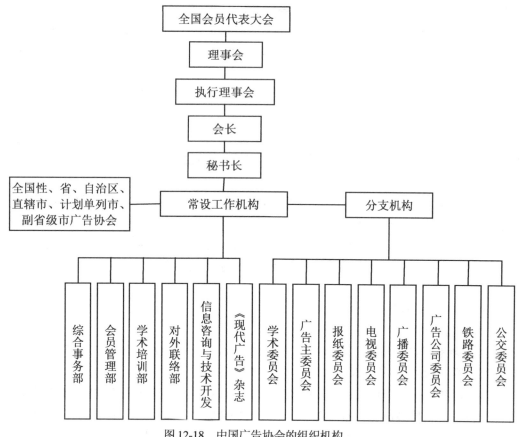

图12-18 中国广告协会的组织机构

(2) 广告学术组织——广告学会。

广告学会主要由广告行业中有关广告理论研究、广告管理部门联合组成的民间学术研究组织，从事广告工作的艺术人员、业务人员、科研人员、教育工作者以及广告专业企业、兼营单位、大专院校有关广告专业等组成的团体。其目的是联络上述广告人员和组织，积极开展广告理论的学术研究和交流探讨，提高广告的专业水平和理论水平。

2. 专业广告行业协会的职能

行业协会是介于政府和企业之间、商品生产者与经营者之间，提供服务、咨询、沟通、监督、公正、自律、协调的社会中介组织，作为一种民间性组织，它不属于政府的管理机构系列，而是政府与企业的桥梁和纽带。基于此种属性，专业广告行业协会的职能大致可以归结为两类，即协会基本职能与行业自律职能。

1) 协会基本职能

广告协会的基本职能如表12-5所示。

表12-5 广告协会基本职能

基本职能	描述
代表职能	代表本行业全体经营者的共同利益
沟通职能	作为政府与企业之间的桥梁，向政府传达企业共同要求，同时协助政府制定和实施行业发展规划、产业政策、行政法规和有关法律
协调职能	制定并执行行规行约和各类标准，协调同行业之间的经营行为
监督职能	对本行业产品和服务质量、竞争手段、经营作风进行严格监督，维护行业信誉，鼓励公平竞争，打击违法、违规行为
公正职能	受政府委托，进行资格审查、签发证照，如市场准入资格认证等
统计职能	对本行业的基本情况进行统计、分析，并发布结果
研究职能	开展对本行业国内外发展情况的基础调查，研究本行业面临的问题，提出建议、出版刊物，供企业和政府参考
特定服务职能	信息服务、教育与培训服务、咨询服务、举办展览、组织会议等

2) 行业自律职能

作为自律性组织，行业协会在市场经济中的作用主要体现为以下三个方面。

第一，维护经营者的合法权益，沟通政府与企业的关系，营造良好的市场经营环境。

我国社会主义市场经济的运行方式，是国家间接宏观管理与调控下的市场资源配置方式。这种经济运行的基本形式，一方面决定了政府的职能主要集中在立法、管理、监督、协调、服务、调控等间接性的管理工作方面，政府不再包揽或直接管理经营者的各项具体事务；另一方面也要求经营者必须是具有自主经营、自负盈亏、自我约束、自我发展的完全独立的经营主体。

另外，在建立和完善社会主义市场经济体制的过程中，行业协会的建立与完善，也为转变政府职能、规范政府经济管理行为、提高政府工作效率、完善市场经济管理体制和宏观调控机制，发挥了重要的作用。

第二，维护经营者之间公平的市场竞争关系，创造良好的市场竞争秩序。

在市场经济条件下,行业之间以及行业内部经营者之间的激烈竞争是市场经济规律的内在体现和客观现实。如何正确处理、协调和规范这种竞争关系,避免行业、经营者之间的不正当竞争,这就需要行业协会来发挥协调、处理、规范行业、经营者之间的竞争关系和各类经营关系的作用,达到协调和维护经营者之间合理有序竞争的目的。

第三,降低交易活动费用与风险,提高交易效率和经营管理水平。

在经营活动中,经营者必然遇到各种繁杂的事务性工作和各种各样的纠纷等,在具体办理时,也往往会感到种种困难与不足。为提高交易效率、降低交易费用与风险,行业协会就需要出面解决各类问题,以求公正、快捷、方便地办好这些事务性工作和公正地解决好经营纠纷。

12.3 广告法规

12.3.1 广告法规概述

广告法规是广告管制机关行使监督职能,对广告宣传、广告经营、广告发布等涉及广告的活动和行为实施管制的法律法规。广告法规规定所有从事广告活动的当事人,哪些行为是必需的,哪些行为是许可的,哪些行为是禁止的。它是广告管制机关依法管理、依法办事的依据,也是广告主、广告经营者和广告发布者从事合法广告活动的法律保障。

广告法规不是单指某一个具体的法律,而是指所有有关的约束广告行为的法律规范的集合,它包括以下几个方面。

1. 宪法

宪法是国家的根本大法,具有最高的法律地位和法律效力,是制定其他法律、法规的依据,也是司法、执法的依据。公民、组织和政府的一切行为都必须符合宪法的要求,广告行为和广告管制也不例外。

2. 法律

法律是国家最高权力机关根据立法程序制定和颁布的规范性文件,在我国专指全国人民代表大会以及人大常委会制定和颁布的规范性文件,如《中华人民共和国刑法》《中华人民共和国合同法》《中华人民共和国商标法》《中华人民共和国广告法》等。法律是仅次于宪法的规范性文件。《中华人民共和国广告法》是专门规范广告行为的法律。

3. 行政法规

行政法规是国家行政管理机关为执行法律和履行职能,在其职权范围内,根据宪法和法律赋予的权限,所制定和颁发的规范性文件。在我国,国务院是制定和颁布行政法规的最高权力机关,有权根据宪法和法律规定行政措施,制定行政法规,颁发决定和命令。1982年的《广告管理暂行条例》和1987年的《广告管理条例》都是由国务院制定和颁布的行政法规。

4. 行政规章

行政规章是指国家工商行政管理局会同有关部、委、办、局联合制定的部门规章。目前，有关广告管制的规章主要有：

- 《广告管理条例实施细则》(1988)；
- 《关于实行〈广告业务员证〉制度的规定》(1990)；
- 《关于全国范围内实行广告业专用发票制度的通知》(1990)；
- 《关于伪造、涂改、出租、出借、转让、出卖，或者擅自复制广告经营许可证行为处罚问题的规定》(1991)；
- 《关于广告经营违法案件非法所得计算方法问题的通知》(1991)；
- 《关于实行广告业务发布合同示范文本的通知》(1992)；
- 《广告审查标准》(1993)；
- 《药品广告审查办法》(1995)；
- 《农药广告审查办法》(1995)；
- 《兽药广告管制办法》(1995)；
- 《医疗器械广告审查办法》(1995)；
- 《药品广告管制办法》(1992)；
- 《医疗器械广告管制办法》(1992)；
- 《食品广告管制办法》(1993)；
- 《化妆品广告管制办法》(1993)；
- 《医疗广告管制办法》(1993)；
- 《房地产广告发布暂行规定》(1997)；
- 《印刷品广告管制暂行办法》(1997)；
- 《关于加强海峡两岸广告交流管理的通知》(1994)；
- 《关于加强融资广告管制的通知》(1993)；
- 《关于进行广告代理制试点工作的若干规定》(1993)；
- 《关于加快广告业发展的规划纲要》(1993)；
- 《关于加强对各类奖券广告管制的通知》(1985)；
- 《关于加强体育广告管制工作的通知》(1986)；
- 《关于做好农药广告管制工作的通知》(1987)；
- 《关于严禁刊播有关性生活产品广告的规定》(1989)；
- 《关于报社、期刊社和出版社刊登、经营广告的几项规定》(1990)；
- 《关于坚决制止非法使用党和政府领导人的名义、形象、言论进行广告宣传的通知》(1992)。

12.3.2 我国广告法规的主要内容

《中华人民共和国广告法》(简称《广告法》)已由中华人民共和国第十二届全国人民代表大会常务委员会第十四次会议于2015年4月24日修订通过，自2015年9月1日起施行。《广告法》共分六章，七十五条，分别从总则、内容准则、广告行为规范、监督管理、法律责任、附则六个方面做出了规定，并在广告代言人、广告内容细则、虚假广告、未成年人保护以及互联网广告等方面进行了重大修改与补充。

> **案例链接**
>
> ### 2015年涉嫌违反《广告法》的典型案例
>
> 2015年9月1日，最新修订的《广告法》正式实施了，国家工商总局公布了2015年涉嫌违反《广告法》的十大典型案例，以下为其中4项典型案例。
>
> **案例1：十大传世名画**
>
> 案件当事人河北信超企业管理咨询公司制作、发布"国宝十绝——中国十大传世名画"的广告，自行或委托广告代理，在多地电视媒体进行发布。其内容含有利用虚构的"由国际收藏家协会监制""限量发行""中国梦文化惠民工程"等词语夸大该书画的收藏价值，且宣称其书画是"免费赠送"消费者。利用知名艺人进行涉嫌虚假宣传，提升自身产品影响力。经工商部门调查核实，所谓的"传世名画"只是浙江某工艺品厂生产的丝绸制印刷品。其行为误导了消费者并进行虚假宣传。
>
> **案例2：十二幅书画真迹大全套**
>
> 广告宣称所销售的是中国十二位书画大师传人或再传弟子的作品真迹，可能创造千百倍的升值，并有文化部颁布的"润格"价为证，十二幅作品免费赠送，只收取装裱费。经工商部门调查，所谓"大师传人或再传弟子"，只是说被某某大师指点过，或者听过某某大师的课，或者自认为与某某大师的艺术风格接近，甚至只是与某某大师及其家人合过影、吃过饭。文化部并未颁布"润格"价，属于内容涉嫌虚假，欺骗和误导消费者。
>
> **案例3：金斗寻宝**
>
> 该广告中使用绝对化用语"中国最有价值的五大文玩投资手串套组""中国第一套最昂贵的红木手串大全""世界前几位的顶级材质""中国第一套正规发行带有国家检测证书手串套组"，涉嫌虚假宣传，如免费赠送，仅收取报关税及加工费1680元；虚构观众打进热线电话抢购中国五大投资手串的场景；以中国木材与制品流通委员会和北京国博文物鉴定中心的名义，联合推出放心收藏活动；将该手串套组与2014年奇楠沉香制手串价格做不科学的比较，暗示该手串升值空间大。该广告还宣传治疗疾病的作用，称该手串套组中的紫檀对于呕吐和气喘等病症有一定的帮助。
>
> **案例4：第五套人民币收藏**
>
> 广告中含有虚假内容，误导消费者购买，经营者利用广告或者其他方法，对商品做引人误解的虚假宣传。
>
> 资料来源：新浪新闻

12.3.3 发达国家广告法规的主要内容

1. 美国的广告管制

美国的广告管制基本上由政府管理和广告业的自律两大体系构成，此外消费者监督也起到了重要作用。美国政府通过广告立法活动来加强对广告的管理。涉及广告管制的法规很多，其中最重要的是《联邦贸易委员会法》。该法规规定了虚假广告的含义和发布虚假广告应承担的法律责任。

第一条规定，虚假广告的管理机关是联邦委员会，该委员会的委员由总统任命，经参议院推荐及批准，对于虚假广告，该委员会可以发出禁止令；第十二条规定，任何个人、合伙人、公司传播或者导致传播虚假广告，都是非法的；该法第十五条规定，虚假广告是指在主要方面是欺骗性的广告。

美国的广告业自律十分严格，广告业的自律受到广告界自身、消费者及政府的欢迎。有了广告行业自律组织的帮助和审查，广告业人员可以减少因违法而受到重罚的风险，消费者也有了一个不用诉诸法律就可以解决因虚假广告而受到损害问题的地方，政府因此也减轻了负担。美国的广告业自律体系比较健全，政府通过行业组织审查广告、处理纠纷，收到了良好的效果。美国的行业自律体系包括全国广告业行业自律、地方广告业自律、行业协会自律。全国广告审查理事会是美国全国性的广告自律机构，下设两个广告管制部门，一个是全国广告部，另一个是广告审查委员会。全国广告部有权要求广告主修改广告或停止刊播广告。全国广告审查委员会主要是在全国广告部调解无效的情况下，负责仲裁经过全国广告部调查和调解上诉的案件。总之，通过广告行业的自律，不仅提高了广告的信誉，维护了消费者的利益，而且有力地促进了广告行业的健康发展。

2. 英国的广告管制

英国是世界上第一个通过广告法规来加强广告管制的国家，也是广告法规比较健全的国家之一。英国广告管制法律法规包括判例法和成文法两种，以判例法为主。以成文法出现的法律法规大多散见于有关法律法规中，大约40多个法律法规中涉及限制、管理或影响广告的内容，比较重要的有《公平贸易法》《儿童与青年法》《食品和药物法》《消费者保护法》《版权法》《诽谤法》《商标法》《独立广播电台法规》《消费者信用法》等。

3. 日本的广告管制

虽然日本尚未有一部专门性的广告法，但是各种有关的法律、条例、规约、标准等都对广告活动做了明确的规定，形成了一个庞大的广告法治网络。日本政府实施广告管制所涉及的法律主要有《民法》《不正当竞争防止法》《不当赠品及不当表示防治法》《户外广告物法》《消费者保护基本法》等。

日本的《民法》中，第五百二十九条～第五百三十二条规定了广告主、广告代理公司及媒介三者的权利与义务，为调节广告法律关系确立了基本的法律规范。《不正当竞争防治法》制定于1934年，1975年又进行了修改。该法从防止不正当竞争的角度对广告做了禁止性规定：一是在广告上对商品的质量、内容、制作方法、用途或数量做出令人误解的表示；二是在广告中对商品的原产地做虚假表示；三是在广告上做出可以使人错认为该商品是在出产、制造或加工地以外的地方出产制作或加工的表示；四是陈述虚假事实，妨害有竞争关系的他人的信用。

日本广告业自律的严谨、细致、全面、具体还表现在广告业的行业协会之外，其他各行业协会也制定了本行业广告应当遵守的规则。

4. 韩国的广告管制

韩国也没有专门性的广告法，但是涉及广告限制及管理的法律法规有180多种，其中具有代表性的法律为1980年颁发的《反垄断及公正交易法》。韩国有关广告的法律法规大致分为4种类型：一是有关商业交易的法律法规，如《商法》《反垄断及公正交易法》《不公正竞争防止法》《商标法》等；二是有关广告媒体的法律法规，如《广播法》《综合有线广播法》《定期刊物登记法》《户外广告管制法》等；三是有关广告业务的法律法规，如《国民投票法》《公演法》《消费者保护法》《产业涉及包装法》《电影法》等；四是有关限制广告行为及表现的法律法规，如《儿童福祉法》《未成年人保护法》《食品卫生法》《公共卫生法》《广播审查规定》《印刷出版物广告审查规定》等。

从上述美国、英国、日本、韩国广告管制的考察中，我们可以看出，这些国家的广告法律法规比较全面、系统，广告业的自律体系也比较完善，具有较强的约束力，并且法律规则与自律规则相协调。我国可以借鉴国外的经验，改变现在完全由政府行政管理的现状，提高加强广告业的自律，以自律的方式来监管广告，增强广告协会的监管作用。特别是我国《广告法》以及其他法规中，有些内容是原则性的，而没有规定具体的行为规范，这在具体管制过程中往往引起漏洞。

12.4 广告行业自律

12.4.1 广告行业自律的定义

建立广告行业规范，实行广告行业自律，是广告业组织与管理的重要内容，它与政府对广告业的管理和消费者对广告活动的监督共同构成对广告业的组织与管理体系。这里所称的广告行业规范不是指国家对广告行业的管理规定，而是指广告行业组织、广告经营者和广告主自行制定的约束本行业或企业从事广告活动的协议和规则。

广告行业自律是指广告业者通过章程、准则、规范等形式进行自我约束和管理，使自己的行为符合国家法律、社会道德和职业道德要求的一种制度。广告行业自律主要通过建立、实施广告行业规范来完成，行业规范的贯彻落实主要依靠行业自律组织进行。

12.4.2 广告行业自律的特点

广告行业规范和行业自律为广告业者遵循的规则和制度，主要有以下特点。

1. 自愿性

遵守行业规范、实行行业自律是广告活动参加者自愿的行为，不需要也没有任何组织和个人的强制，更不像法律、法规那样，由国家的强制力来保证实行。它们一般是在自愿的基础上组成行业组织，制定组织章程和共同遵守的行为准则，目的是通过维护行业整体的利益来维护各自的应得利益。因此，行业自律主要是依靠参加者的信念及社会和行业同仁的舆论监督作用来实现的。违反者也主要依靠舆论的谴责予以惩戒。

2. 广泛性

广告行业自律调整的范围比法律、法规调整的范围更加广泛。广告活动涉及面广，而且在不断发展变化，广告法律、法规不可能把广告活动的方方面面都规定得十分具体，而行业规范则可以做到这一点，它不仅在法律、法规的范围内，而且在法律没有规范的地方也能发挥其自我约束的作用。

3. 灵活性

广告法律、法规的制定、修改和废止需要经过严格的法定程序，而行业规范等自律条约只需经过大多数参加人的同意，即可进行修改、补充。

12.4.3 广告行业自律的作用

广告行业自律是广告业发展到一定阶段的必然产物，它对于提高广告行业自身的服务水平、维护广告活动秩序有着不可替代的作用。世界上广告业比较发达的国家都十分重视广告行业自律对于广告业发展的积极意义，行业自律会逐步形成系统和规模，不断得到加强和完善。

首先，行业自律是避免广告纠纷的有效途径。广告行业组织要求广告主和广告经营者了解有关法律，增强法制观念，熟悉《广告法》及各种具体实施办法规定。通过促使广告经营者加强自律，正确、科学地运用广告，恰当地进行广告操作，杜绝广告中的不正当竞争。行业自律使广告主不一味地追求广告内容的新、奇、险，不盲目地与同类产品或商家攀比，不为求得一时的轰动效应而虚张声势，引起无谓的广告大战和广告纠纷。即使出现广告行业纠纷，广告行业组织也能发挥调解功能。

其次，行业自律是国家广告监督管理的重要补充。国家的监管与广告行业的自律作为控制广告合法发布的两大力量，在推动广告业健康发展的过程中都起着重要的作用。有效的国家监管机制和较为完备的广告行业自律体系都是推动经济发展所不可缺少的，过分强调任何一方面的作用都可能造成不良的结果。国家对广告的监管和广告行业自律不是谁取代谁的问题，而是两者有机配合和协调的问题。行业自律是国家广告监督管理的重要补充。

再次，行业自律是广告事业健康发展的保障。从我国实际情况来看，广告运行的外部环境良好，由于社会主义市场经济的发展正处于一个前所未有的良好时期，对于广告业的发展很有利。但是，从广告业的内容来看却不尽如人意。广告经营者和广告从业人员的资质良莠不齐，虚假广告屡禁不绝，损害了广告行业的整体声誉。一些有远见的广告主、广告经营者、广告发布者已经认识到这一问题的严重性，决心通过行业自律消除害群之马，达到广告业自身净化的目的。这既是广告行业组织发展的需要，也是广告业健康发展的要求。

最后，行业自律是广告法律环境的组成部分。我国现已形成完整的广告法律环境，包括政府行政机关对广告的监管、广告行业自律、消费者权益维护和广告监管法律、法规与行政规章4个方面。广告行业自律虽然与工商行政管理机关的广告监管职能一样，都是对广告活动的管理，但是两者却有根本的不同。广告行业组织是社团组织，自律的方式是建立在自律规则的基础上，调整的范围仅限于自愿加入行业组织的广告行业成员。它可以利用行业规范和社会舆论来制裁违约者，而不同于工商行政管理机关通过立法、行政执法、以强制力调整社会的全体公民和组织的广告行为，并对违法者依法追究法律责任。

本章思考题

1. 简述广告公司各部门的基本职能。
2. 简述广告行政管理的内容。
3. 广告管理的特点与方法有哪些？
4. 中国的广告法规包含哪些基本内容？
5. 请问你对中国广告社会监督的管理办法有什么看法？

案例分析与讨论

解读江苏虚假广告典型案例

在20××年3月15日来临之前，江苏省消费者协会(以下简称"省消协")召开了20××年江苏维权新闻发布会。为了提醒广大消费者识别商家的虚假广告，避免给消费者带来健康和经济的损失，省消协特向社会公布了十多起典型的案例，并邀请省消协法律部主任、江苏××××律师事务所高级律师杜××，对公布的几起案例做了法律点评，以帮助广大消费者理性看待当今商家所做的广告宣传。

案例一：

20××年，滨海县某媒体连续发布了3个药品广告，其内容分别为："××药，骨病新药，专治骨质增生，纯中药制剂，绿色治疗，药效强劲，治病除根"；"××药，治疗胆结石、肾结石、膀胱结石、肝胆管结石、尿路结石等特效用药，治疗彻底不复发"；"××药由国家药品监督局质量认证，中华中药医学会推广治疗肺病的首选品种，能有效地治疗慢性肺炎、慢性支气管炎、肺气肿、尘肺、矽肺、干咳、久咳不愈等"。

案例二：

20××年，射阳县某大药房的广告宣称：销售的特效药品平喘清肺胶囊，能够2分钟止咳、3分钟平喘、4天治哮喘、24天彻底清除哮喘病的发病根源。射阳一位七旬老人，被上述神奇药品广告所打动，购买了上述药品，并按说明书进行服用，服用了一段时间却毫无疗效，差点使原本只患哮喘病的老人走上不归路。

案例三：

20××年，山西省某公司在南京发布了"吸油基——多 V 氏谷精"印刷品广告。广告中标有"××吸油基，6 小时见效，20 天吸平女人的肚子"，"不愧为太空科技，宇航员专用"，同时，还使用了患者和消费者的形象。

资料来源：华律网

讨论：
1. 上述广告存在的共同违规特点是什么？
2. 在现代市场经济条件下，政府部门如何规范和管理广告市场？

课堂实训

上海市公布2015年典型违法广告案例

药品医械类

案例：上海在握生物基因科技发展有限公司为推销拉弗爱斯渐变多焦视力铁医疗器械产品，于2015年1月至3月多次利用报纸发布广告宣称"解决青少年近视有了新方法，沪上近视青少年有救了"，"有效治疗近视，恢复健康视力"等，超出监管部门核准的"有效控制青少年近视的发展"的相关内容。

工商行政管理机关处罚：罚款219万元。

数码影像类

案例：上海森桂行经贸有限公司为推销其E视界MP4DV产品，于2015年年初利用电视媒体发布广告宣称是"一款最高可达1100万像素的DV"。经查，该产品的实际最大像素仅为500万，电视广告中所表现的产品拍摄效果也并非出自E视界MP4DV产品本身。

工商行政管理机关处罚：责令停止发布，罚款15万元。

学习教育类

案例：北京中育慧之光教育科技有限公司为推销其《2015中、高考试题猜想》书籍，于2015年4月在报纸媒体发布广告。经查，广告中宣传的"《试题猜想》第一次大规模集中了全国百位名师的心血力作，并经过七次科学论证"等内容与事实不符，广告还虚构"北大某某教育研发中心"误导消费者。

工商行政管理机关处罚：责令停止发布，罚款7.5万元。

实训要求：学生分组，模拟不同部门和角色，对违法广告进行管理，并谈谈自己的看法。结合材料，掌握对违法广告的处罚依据。各组展示，教师讲评。

参 考 文 献

[1] 吕巍. 广告学[M]. 2版. 北京：北京师范大学出版社，2014.
[2] 段轩如，李晓东. 广告学[M]. 北京：清华大学出版社，2016.
[3] 冯莉. 广告学[M]. 北京：中国铁道出版社，2016.
[4] 吴柏林. 广告学原理[M]. 2版. 北京：清华大学出版社，2014.
[5] 秦勇，李东进. 当代广告学[M]. 北京：清华大学出版社，北京交通大学出版社，2013.
[6] 刘林清. 论广告行业自律[J]. 中国工商管理研究，2001，07：25-27.
[7] 傅根清，杨明. 广告学概论[M]. 济南：山东大学出版社，2004.
[8] 曹胜斌. 当代广告学[M]. 西安：西北大学出版社，2006.
[9] 苏士梅. 中国近代商业广告史[M]. 开封：河南大学出版社，2006.
[10] 严学军，汪涛. 广告策划与管理[M]. 北京：高等教育出版社，2006.
[11] 吴柏林. 广告策划实务与案例[M]. 北京：机械工业出版社，2010.
[12] 钟静. 广告策划理论、案例、实务[M]. 北京：人民邮电出版社，2016.
[13] 粟娟. 广告管理[M]. 北京：电子工业出版社，2010.
[14] 印富贵. 广告学概论[M]. 3版. 北京：电子工业出版社，2014.
[15] 蔡嘉清. 广告学教程[M]. 北京：北京大学出版社，2015.
[16] 苗杰. 现代广告学[M]. 6版. 北京：中国人民大学出版社，2015.
[17] 黎青，孙丰国. 广告策划与创意[M]. 长沙：湖南大学出版社，2013.
[18] 丹·海金司. 广告写作艺术[M]. 北京：中国友谊出版社，1991.
[19] David Ogilvy. 奥格威谈广告[M]. 洪良浩，宫如玉，译. 台北：哈佛企业管理顾问公司，1984.
[20] 吴柏林. 广告策划实务与案例[M]. 3版. 北京：机械工业出版社，2017.
[21] 严学军，汪涛. 广告策划与管理[M]. 4版. 北京：高等教育出版社，2017.
[22] 王军元. 现代广告学[M]. 苏州：苏州大学出版社，2007.
[23] 吴柏林. 广告策划实务与案例[M]. 2版. 北京：机械工业出版社，2013.
[24] 刘宝成，张玲潇. 广告策划与创意[M]. 北京：清华大学出版社，2014.
[25] 印富贵. 广告学概论[M]. 2版. 北京：电子工业出版社，2009.